présent cependant, le sallon nous a constamment offert quelque incident inopiné, quelques combinaisons nouvelles, sur-tout quelques anecdotes particulieres, propres à jeter du piquant & de l'intérêt dans le journal de cette collection périodique. Aujourd'hui, par exemple, malgré l'abondance des tableaux d'histoire qu'on trouve en ce lieu, telle qu'on n'y en a pas encore vue, malgré l'excellence des maîtres nombreux luttant dans la lice du grand genre, qui le croiroit, & ne sera-ce point un blasphême ? le sceptre d'Apollon semble tombé en quenouille, & c'est une femme qui emporte la palme. Je m'explique : cela ne veut pas dire qu'il y ait plus de génie dans un tableau de deux ou trois figures aux trois quarts, que dans un d'une composition vaste, de dix ou douze personnages de grandeur naturelle; dans un tableau dont l'idée est simple, que dans un dont le plan complexe équivaut à un poëme entier; cela signifie seulement que les ouvrages de la Minerve moderne attirent les premiers les regards du spectateur, qu'ils les rappellent sans cesse, les saisissent, s'en emparent, lui arrachent ces exclamations de plaisir & d'admiration dont les artistes sont si jaloux, & communément le sceau des productions supérieures. Les tableaux dont il s'agit, sont aussi les plus vantés ; ce sont ceux dont on parle, dont on s'entretient le plus à la cour & à la ville, dans les soupers, dans les cercles, jusques dans les atteliers. Lorsque quelqu'un annonce qu'il arrive du sallon, on lui demande d'abord, avez-vous vu Mad. *le Brun* ? Que pensez-vous de Mad. *le Brun* ? Et en même temps on lui suggère sa réponse : N'est-il pas vrai que c'est une femme étonnante, que Mad. *le*

Brun ? Tel est le nom, Monsieur, de la femme que j'ai en vue, devenue si célebre en aussi peu de temps ; car elle n'est que depuis quelques mois reçue académicienne d'emblée, suivant le privilege de son sexe, & dans une des quatre places qui lui sont uniquement & spécialement affectées.

Au reste, ce qui n'a pas peu contribué à étendre la réputation de madame *le Brun*, c'est que c'est une jeune & jolie femme, pleine d'esprit & de graces, bien aimable, voyant la meilleure compagnie de Paris & de Versailles, donnant des soupers fins aux artistes, aux auteurs, aux gens de qualité ; c'est que sa maison est l'asyle où les *Polignac*, les *Vaudreuil*, les *Polastron*, les courtisans les plus accrédités & les plus délicats, viennent chercher une retraite contre les ennuis de la cour, & rencontrent le plaisir qui les fuit ailleurs. Il n'a fallu rien moins que des protections aussi puissantes pour lui faire franchir les barrieres de l'académie, où, malgré son mérite, elle n'auroit point été admise, à raison de son mari dégradant l'art par des manœuvres mercantilles, cause essentielle d'exclusion (1). Mais il est temps, après vous avoir fait connoître sa personne, de vous analyser ses ouvrages.

J'ignore dans quelle classe l'académie a placé Mad. *le Brun*, ou de l'histoire, ou du genre, ou de portraits ; mais elle n'est point indigne d'aucune, même de la premiere. Je regarde son tableau de réception comme très-susceptible de l'y faire admettre. C'est *la Paix ramenant*

---

(1) M. le Brun est marchand & brocanteur de tableaux.

MÉMOIRES
SECRETS
POUR SERVIR A L'HISTOIRE
DE LA
RÉPUBLIQUE DES LETTRES
EN FRANCE,

DEPUIS MDCCLXII JUSQU'A NOS JOURS;
OU
JOURNAL
D'UN OBSERVATEUR,

CONTENANT les Analyses des Pieces de Théatre qui ont paru durant cet intervalle ; les Relations des Assemblées Littéraires ; les notices des Livres nouveaux, clandestins, prohibés ; les Pieces fugitives, rares ou manuscrites, en prose ou en vers ; les Vaudevilles sur la Cour ; les Anecdotes & Bons Mots ; les Eloges des Savants, des Artistes, des Hommes de Lettres morts, &c. &c. &c.

TOME VINGT-QUATRIEME.

. . . . *huc propius me,*
. . . . . . *vos ordine adite,*
Hor. L. II. Sat. 3. ⱴ. 81 & 82.

A LONDRES,
CHEZ JOHN ADAMSON.

M. DCC. LXXXIV.

MÉMOIRES
SECRETS

POUR SERVIR A L'HISTOIRE DE LA RÉPUBLIQUE DES LETTRES EN FRANCE, DEPUIS MDCCLXII JUSQU'A NOS JOURS.

ANNÉE M. DCC. LXXXIII.

PREMIERE LETTRE

Sur les Peintures, Sculptures & Gravures exposées au sallon du Loüvre, le 25 août 1783.

Comme les arts d'imitation, Monsieur, tout parfaits qu'on les suppose, ne peuvent jamais égaler la fécondité inépuisable, la variété infinie de la nature, leur modèle; il sembleroit à craindre pour l'historien des productions des premiers, en revenant trop souvent sur les mêmes objets, de se rendre à la fin monotone & fastidieux : jusqu'à

A 2

l'*Abondance*, allégorie auſſi naturelle qu'ingénieuſe : on ne peut mieux choiſir pour les circonſtances. La premiere figure, noble, décente, modeſte comme la paix que la France vient de conclure, ſe caractériſe par l'olivier, ſon arbuſte favori ; elle en montre une branche dans ſa main droite, dont elle enlace mollement la ſeconde qui la regarde avec complaiſance & paroît céder ſans effort à ſon impulſion. Celles-ci s'annonce avec des épis de bled qu'elle tient à poignée dans ſa main gauche, & qu'elle eſt prête à répandre. De l'autre, elle verſe avec profuſion d'une corne d'abondance les différents fruits de la terre ; des outres remplies de vin completent toutes les jouiſſances néceſſaires aux premiers beſoins du peuple ſur qui les bénédictions de la paix ſont principalement appellées.

Du reſte, le perſonnage qui repréſente l'Abondance eſt une femme ſuperbe, à la *Rubens*, dans ces fortes proportions, indices de la ſanté, de la vigueur & de la joie. Les chairs en ſont fermes, élaſtiques, & ſa gorge ſe ſouleve pour ainſi dire, ſous la toile. Elle a dans ſa carnation une fraîcheur, un éclat qu'on trouve plus beau que la nature, parce qu'on compare cette femme à nos petites-maîtreſſes de Paris, & que le modele au contraire en a été tiré ſans doute, comme il devoit l'être, de tout ce que les campagnes préſentent de plus ſain & de plus robuſte, approprié cependant avec une ſorte d'art ſans fauſſeté, & embelli de ces agréments vrais que puiſe à ſa toilette une bonne bourgeoiſe de la ville.

Examine-t-on enſuite ces figures en artiſte, on les juge grouppées ſupérieurement ; on admire les formes larges, les contours moëlleux, l'attitud pittoresque de l'Abondance savamment posée; tandis que la Paix, fille du ciel, est dessinée d'un trait plus précis; elle porte répandus sur sa figure cette douceur, ce calme, ce repos des habitants de l'Olympe: son vêtement uni & sévere contraste à merveille avec le brillant des étoffes que laisse flotter négligemment sa compagne, tout-à-fait terrestre. Celle-ci est plus élégamment coëffée; mille fleurs ceignent sa tête, tandis que l'autre n'est couronnée que de feuilles d'olivier. De ces diverses oppositions, il résulte une harmonie dans le tableau qui cause au spectateur ce ravissement dont le principe ignoré du vulgaire, est bientôt saisi par les connoisseurs.

Si cette composition, Monsieur, ne pouvoit encore mériter à Mad. le Brun l'honneur de s'asseoir parmi les peintres d'histoire: il seroit difficile de résister à une autre, dont le motif, tiré *d'Homere*, prouve qu'elle peut s'enthousiasmer comme ses maîtres aux divins ouvrages du prince des poëtes & des peintres, puisque ces derniers ne cessent de le prendre pour leur inspirateur. Le sujet est *Junon venant emprunter la ceinture de Vénus*. Il y a trois figures dans celui-ci où l'amour fait un rôle & s'égaie en se jouant avec cette ceinture, déja livrée à la souveraine de l'Olympe: il a peine à la laisser aller, comme s'il en sentoit tout le prix, & ne craignoit que sa mere avec elle ne perdît ses charmes les plus précieux. En effet, soit une suite de cette idée, soit hommage rendu à la premiere des déesses dont l'artiste a cru devoir faire sa figure principale, il n'est aucun amateur qui, dans cette occasion, ne préférât *Junon* à *Vénus*. L'une est une brune joignant à la majesté du trône tout le piquant de la beauté ; l'autre, une blonde n'ayant rien de la nobleſſe d'une divinité, tirant même ſur la griſette, un peu fade, & ſans ſéduction conſéquemment. A ce défaut près dans la tête, capital relativement à l'hiſtorique, le corps eſt rempli d'appas, c'eſt une nudité dans le genre de Boucher, très-amoureuſement traitée & de ſon ton de couleur ; à en juger par le prix qu'il a coûté, il faut que ce tableau ait un très-grand mérite, puiſqu'on a conſeillé à M. le comte d'Artois de le payer quinze mille francs ; il l'a acheté cette ſomme, & ſon alteſſe royale en eſt aujourd'hui propriétaire.

Ce qui me confirmeroit que madame *le Brun* a eu dans le tableau dont je viens de parler, l'idée de ſubordonner *Vénus* à *Junon* & de porter ſur celle-ci l'attention du ſpectateur, c'eſt que dans ſon troiſieme morceau qui eſt *Vénus liant les ailes de l'Amour*, la mere du petit dieu reſpire mieux la divinité ; elle a un air de tête plus noble, ſon corps eſt dans de plus riches proportions : l'auteur a ſenti qu'il falloit lui donner ici une dignité convenable à l'acte maternel qu'elle exerce ; car en peinture comme en poéſie, il ne ſuffit pas d'exprimer le caractere général d'une perſonne, on doit le modifier par le caractere local, c'eſt-à-dire par le genre de paſſion dont il eſt animé. C'eſt ainſi que *Cupidon*, repréſenté ordinairement comme un enfant malin, gentil, riant, folâtre, a dans la circonſtance quelque choſe de boudeur & de mauſſade. Enviſagée ſous ſon vrai point de vue, cette jolie allégorie eſt charmante ; & la critique du froid qui regne ſur la phyſionomie de l'une, & du renfrogné ſur celle de l'autre, ſe trouve injuſte & tombe.

Outre ces trois morceaux, madame *le Brun* a exposé trois portraits de la famille royale, ceux de la reine, de *monsieur*, de *madame*. Les deux princesses sont en chemise (1), costume imaginé depuis peu par les femmes. Bien des gens ont trouvé déplacé qu'on offrît en public ces augustes personnages sous un vêtement réservé pour l'intérieur de leur palais; il est à présumer que l'auteur y a été autorisé & n'auroit pas pris d'elle-même une pareille liberté. Quoi qu'il en soit, sa majesté est très-bien; elle a cet air leste & délibéré, cette aisance qu'elle préfere à la gêne de la représentation, & qui chez elle ne fait point tort à la noblesse de son rôle. Quelques critiques lui trouvent le cou trop élancé ; ce seroit une petite faute de dessin : du reste, beaucoup de fraîcheur dans la figure, d'élégance dans le maintien, de naturel dans l'attitude, font aimer ce portrait ; il intéresse même ceux qui, au premier coup d'œil, n'y reconnoîtroient point la reine.

Madame a quelque chose de plus sévere, de plus réservé, de plus réfléchi ; attributs qui forment son caractere dominant. Elle est fort ressemblante aussi ; l'on voudroit seulement que ses bras jouassent & ne fussent pas collés sur son corps, ce qui lui donne un air de mannequin. Quant au prince, à la gaieté qui regne sur sa figure, chose très-rare dans les portraits, on juge qu'il

---

(1) Depuis que ceci est écrit, on a fait sentir apparemment l'indécence de ce costume, sur-tout pour la reine, & il est venu des ordres supérieurs de retirer le tableau.

ne s'est point ennuyé lorsqu'on le tiroit. On le croit aisément, quand on voit le portrait de Mad. le Brun peint par elle-même. Et cependant elle s'est moins efforcée d'y faire valoir ses charmes que d'y déployer le talents de l'artiste. Elle est en chapeau à ailes rabattues très-larges, dont l'ombre savamment ménagée porte sur sa figure & la laisse plutôt deviner qu'envisager, petit défaut de sens commun avec son genre d'occupation actuelle, indiqué par la palette & le pinceau qu'elle tient, ce qui exigeroit toute la liberté de ses yeux. Un mantelet dont elle est ceinte ne va point encore avec la jouissance des mains & des bras qu'elle ne sauroit en cet instant avoir aussi trop entière. Cela, m'ont répondu les peintres, est plus pittoresque, & encore un coup, il s'agissoit non de convenances, mais de tours de force de l'art. Il n'en a point fallu à madame le Brun, lorsqu'elle a rendu Mad. la marquise de la Guiche en jardiniere. De pareilles figures servent trop bien l'artiste. Les accessoires ne sont pas moins charmants; les fleurs, les vêtements, l'agencement seul du fichu est délicieux, & le haut ton de couleur de ce tableau qu'à l'abord on seroit tenté de regarder comme déplacé dans ce sujet villageois, est une finesse, indiquant, si l'on s'y méprenoit, sous ce déguisement simple, la fantaisie d'une femme de qualité.

En finissant l'article de Mad. le Brun, sur laquelle, Monsieur, je me serois moins étendu, si je ne connoissois votre goût pour le sexe, & si réellement elle n'étoit un phénomene digne de remarque, je ne dissimulerai pas un bruit accrédité parmi ses confreres: on insinue qu'elle ne fait pas les tableaux, qu'elle ne les finit pas du moins;

& qu'un artiste (1), amoureux d'elle, lui prête son secours. J'avouerai même que la réunion de celui-ci, qui s'est logé sous le même toit, favorise grandement le soupçon; il faut ajouter aussi que la jalousie des peintres est excessive & peut se porter quelquefois jusqu'à la calomnie. Elle pourroit donc jouer un grand rôle dans cette anecdote & l'avoir imaginée. Quoi qu'il en soit, les tableaux de Mad. *le Brun* lui appartiendront tant que le véritable coopérateur ne les lui contestera pas; & c'est à elle, en se soutenant par de nouveaux chef-d'œuvres, en se surpassant elle-même, s'il est possible, à justifier sa réputation & à démentir ces indignes propos.

Ce qui met le comble, Monsieur, au triomphe de Mad. *le Brun*, c'est que les amateurs impartiaux, d'accord sur son compte, ne le sont plus dès qu'il s'agit d'assigner le premier rang entre les concurrents dans le genre de l'histoire: ils se divisent presque en autant de partis qu'il y a de tableaux de cette espece. Les uns sont pour monsieur *Vien*, d'autres pour M. *de la Grenée*; ceux-là pour M. *Ménageot*; ceux-ci pour M. *Berthelemy*; M. *Vincent* a ses admirateurs, M. *David* aussi, & M. *Renaud*, nouvel agréé, est regardé par certains comme déja supérieur aux maîtres. Ne pouvant entrer dans le détail de tant de compositions différentes dont il y en a de fort compliquées, je vous rapporterai succinctement ce qu'on loue & ce qu'on critique le plus en eux.

D'abord, en général les vrais connoisseurs reconnoissent avec satisfaction que l'*Ecole de Boucher*

___

(1) M. Ménageot.

A 6

disparoît sensiblement, & qu'à son style précieux & maniéré, qui a si long-temps infecté l'école françoise, succede enfin aujourd'hui le bon goût de la peinture, & l'imitation, quoique bien éloignée encore, de l'antique. Elle se manifeste sur-tout dans le tableau de M. *Vien*, dont le sujet est, *Priam partant pour supplier Achille de lui rendre le corps de son fils Hector*.

« Ce roi est représenté dans le moment où
„ il se dispose à monter sur son char; Paris tient les
„ rênes des chevaux, tandis que ses freres s'em-
„ pressent de charger sur d'autres chars, les vases,
„ trépieds & tapis, que ce pere destine en présent
„ au vainqueur de son fils. Andromaque, accablée
„ de douleur, s'appuie sur l'épaule de Priam,
„ & Hécube, suivie de ses femmes, & tenant
„ une coupe d'or, semble exciter son époux à
„ faire des libations, pour obtenir des dieux un
„ heureux succès. L'aigle, qui plane dans le
„ ciel, annonce que ses vœux seront exaucés. »

Un pareil sujet, absolument dans le genre de l'auteur, ne pouvoit manquer de réussir entre ses mains; il n'exige ni chaleur ni grande expression; un caractere religieux est ce qui doit y dominer. Du reste, vaste ordonnance, superbe architecture, variété de têtes, riches accessoires, costume exact & savant; il est susceptible de cette foule de détails dans lesquels excelle M. *Vien*, & on les y trouve. Mais on en critique le ciel qui n'a rien de vaporeux ni d'aérien. La perspective mal entendue en ce que les chevaux du char semblent toucher au chapiteau des colonnes du palais, & ce défaut ne peut s'excuser par la supposition de la distance, puisqu'il est impossible d'admettre que Priam soit loin du char où il doit monter. On trouve aussi le coloris foible & uniforme ; enfin beaucoup de gens n'aiment pas cette longue file de personnages droits sur la même ligne : de mauvais plaisants, car il s'en trouve toujours dans une multitude de spectateurs oisifs, comparent cette féerie de figures aux capucins de carte avec lesquels jouent les enfants, & qu'ils ont grand soin de placer bien directement à la suite l'un de l'autre, pour que le premier touché en tombant les renverse tous. Malgré ces défauts, quel artiste ne desireroit en faire autant à soixante-six ans ; car c'est l'âge que donnent à M. *Vien* ses amis, & l'excuse qu'ils opposent à tous ses détracteurs.

Quoique M. *de la Grenée* l'aîné n'ait pas cet âge à beaucoup près, bien des gens estiment qu'il baisse déja sensiblement. On ne croiroit jamais que l'auteur de tant de tableaux charmants, remplis d'enjouement, de facilité & de grace, qui l'ont fait surnommer l'*Albane François*, se fût accommodé d'un sujet aussi austere & aussi triste que celui qu'il a traité cette année. Il s'agit de *deux veuves d'un Indien*.

Vous vous rappellez, Monsieur, *la Veuve du Malabar*, tragédie de M. *le Miere*. L'artiste a enchéri sur le poëte & établi un combat entre deux femmes qui se disputent l'honneur d'être brûlées avec leur mari défunt ; car la loi n'en admettoit qu'une ; voilà le mot de l'énigme pittoresque qui ne seroit pas aisée à deviner sans cette explication. L'une est plus âgée & fait valoir son droit d'ancienneté ; l'autre plus jeune est enceinte, & se prévaut de cet avantage pour l'emporter. Ce seroit la matiere d'un plaidoyer très-éloquent sur le papier ; mais comment l'exprimer sur la toile ?

L'artiste de plus de génie n'auroit peut-être pas pu s'en tirer, à plus forte raison celui-ci, plus susceptible de rendre le physique que les conceptions morales ; les passions douces, que les passions fortes ; les jouissances de l'amour enfin, que l'héroïsme ou l'enthousiasme de l'honneur.

Un défaut capital de cette composition, c'est que le premier objet à présenter aux yeux du spectateur soit un cadavre, image toujours dégoûtante, quoique l'auteur ait eu ici l'attention de faire tuer son héros dans une bataille.

Le second provient du fond du sujet aussi, qui ne permet pas de mettre une assez grande différence entre les deux femmes, pour qu'il en résulte quelqu'une de ces oppositions si favorables à l'art ; opposition qui auroit été d'autant plus nécessaire ici sur les visages, qu'elle ne pouvoit exister dans l'intention. L'une est bien flétrie par les ans ; mais la vraisemblance ne permet pas de sillonner encore son front des rides de la vieillesse : l'autre est beaucoup plus jeune ; mais sa grossesse annoncée en a nécessairement altéré les traits, &, vu cet état fatigant, elle doit se rapprocher de la premiere.

La vraie maniere de sauver cette monotonie, étoit donc de choisir l'instant après le jugement ; & c'est ce qu'a fait M. de la Grenée. Mais a-t-il réussi ? Tout le monde n'en convient pas. Il falloit, suivant ses critiques, peindre la femme victorieuse, montant avec joie sur le bûcher, tandis que sa rivale désolée, égarée & furieuse, auroit en vain voulu se précipiter dans les flammes, dont les sacrificateurs & les prêtres l'auroient repoussée impitoyablement, & non la détacher du grouppe principal, la mettre dans la demi-teinte, fuyant, déchirant ses habits, s'arrachant les cheveux, genre de douleur convenant à la perte qu'elle a faite, mais n'exprimant pas assez celle dont elle est atteinte. Dans ce moment sa fuite sur-tout est un un vrai contre-sens. Du reste, ce personnage est bien en mouvement, & c'est sans doute celui de tout le tableau qui a le plus d'expression; car la veuve qui l'emporte est beaucoup trop grave & trop froide. Son frere la conduisant à ce triomphe, suivant le préjugé religieux de sa nation, montre une tristesse déplacée, & devroit au contraire, saisi d'un enthousiasme fanatique, s'en réjouir avec elle.

M. la Grenée, dans la notice de son sujet, nous annonce que celle-ci étoit parée de ses plus riches ornements, comme dans un jour de noces; c'étoit par conséquent le cas de déployer toute la magnificence, tout le brillant de son pinceau; mais les vêtements de la jeune femme sont aussi ternes que sa figure. En un mot, je ne vois point dans ce tableau la vigueur de ton, l'accord, la touche ferme, les grands effets pittoresques qu'y trouvent ses enthousiastes, & qu'ils regardent comme le fruit de son séjour & de ses méditations à Rome, où il est à présent directeur de l'académie de France.

Les admirateurs de M. Ménageot conviennent que son tableau d'*Astyanax arraché des bras d'Andromaque*, ne répond pas à ce qu'ils attendoient de lui. Ils conviennent qu'*Ulysse* a plutôt l'air d'un exécuteur de la haute justice présidant à un acte de barbarie de quelqu'un de ses acolytes, que d'un monarque circonspect, froid, remplissant malgré lui un ordre nécessaire à la tranquillité de la Grece. Ils conviennent que la princesse a une posture forcée, que le peintre a choisie sans doute à dessein de faire mieux valoir son art, mais ôtant à cette mere suppliante une partie de son expression, qui devroit pourtant être si naturelle & si tendre : ils se retranchent sur le tableau *allégorique ordonné par la ville de Paris au sujet de la naissance du dauphin*, sujet ingrat & dont il a vaincu les difficultés de façon à rendre le sien peut-être le meilleur de tous ceux composés depuis long-temps en pareille occasion.

En général, Monsieur, les gens de goût n'aiment pas le mélange de la fable avec l'histoire, à plus forte raison des divinités allégoriques, des êtres moraux toujours froids, tels qu'on en voit ici. Il suffira de vous exposer le sujet pour vous en faire sentir le galimatias, & par conséquent le ridicule. " La France tient entre ses bras
„ le dauphin nouvellement né ; la Sagesse le pré-
„ cede & la Santé le soutient : à la suite sont la
„ Justice, la Paix & l'Abondance sur un perron,
„ qui occupe le premier plan du tableau : le corps
„ de ville vient recevoir l'auguste enfant, &
„ remercie le ciel de ce présent. Du côté opposé,
„ le peuple en foule exprime par son empressement
„ la joie & la félicité publique. Dans le fond du
„ tableau est la pyramide de l'Immortalité, ornée
„ des portraits du roi & de la reine. On apperçoit
„ au haut du monument la Victoire qui y grave
„ cette époque précieuse, ce qui fait allusion à
„ la prise de York-Town, dont la nouvelle est
„ arrivée le même jour de l'accouchement de sa
„ majesté.

Pour exprimer tant de choses, le compositeur a été obligé de déroger au précepte d'*Annibal car-*

vache, qui ne vouloit pas plus de trois grands grouppes dans un tableau. Il y en a quatre dans celui-ci, indiqués par la division même du sujet. Le premier est le grouppe des gouverneurs, prévôt & échevins de la ville, qui ayant payé ont, comme de raison, demandé à figurer éminemment dans cette scene. Le peintre les a satisfaits, car il n'est aucun membre du corps municipal qui ne s'y reconnoisse parfaitement, jusqu'au receveur *Bussau*.

Afin de réparer ce défaut de bienséance, le peintre a eu recours à une absurdité : il a placé au milieu du tableau plus élevé & sur des nuages, entouré des figures qui l'accompagnent, le dauphin caractérisé par le cordon bleu qu'il porte dès cet instant, suivant le privilege de sa naissance. Il n'a point oublié de le décorer de la croix de Saint-Louis, nouveau costume établi sous ce roi-ci (1), dans l'espoir de donner plus de relief à un ordre, le prix du sang répandu pour la patrie.

A ce second grouppe succede celui de trois divinités, attributs que le poëte suppose caractériser le futur regne de l'héritier présomptif du trône.

Enfin quelques personnages de grandeur naturelle forment le quatrieme grouppe. Ils annoncent les flots de curieux dont ils sont suivis, qui se

---

(1) Autrefois le roi & les cordons bleus ne portoient leur croix de Saint-Louis qu'au bas du cordon, où elle ne se voyoit pas. Aujourd'hui ils la portent à la boutonniere.

dégradent & se perdent par degrés dans l'éloignement.

On peut encore regarder comme un cinquieme grouppe, la Victoire qui figure dans cette ordonnance d'une immense étendue, & le rapprochement de l'heureuse circonstance qu'elle conserve à la mémoire de la postérité, est sans contredit le trait le plus ingénieux & le plus vrai de toute l'allégorie.

Au surplus, si M. *Ménageot* n'a pas été heureux dans l'imagination de son sujet, confus & alambiqué, il mérite de grands éloges pour l'exécution. Belles masses, grouppes bien distincts, netteté, pureté dans le dessin, coloris harmonieux. Son talent se reproduit tout entier dans ce tableau, auquel on reproche cependant un ton généralement trop brillant, mais qui me semble devoir être celui d'une pareille fête.

M. *Berthelemy*, plus heureux que son rival dans son sujet national aussi, a trouvé un degré d'intérêt dont l'autre n'étoit pas susceptible, & l'on juge à l'exécution combien il a été enthousiasmé. C'est *Maillard tuant Marcel*. C'est bien encore ici un prévôt de la ville de Paris, mais armé, mais factieux, mais méditant une importante révolution, puisqu'il ne vouloit rien moins que livrer la capitale de la France au roi de Navarre, & priver le dauphin de la régence pendant la captivité du roi Jean. On voit de l'autre part, un simple bourgeois, mais capitaine de quartier, sujet fidele, homme de tête, rempli d'énergie, qui, convaincu de la trahison du chef municipal, leve sur lui sa hache d'armes, le frappe à la tête si vigoureusement qu'il l'abat à ses pieds & lui fend le crâne, malgré le pot de fer qui le garantiſſoit. La figure principale eſt ſupérieurement agencée; ſon attitude eſt d'une fierté répondante à ſon action, & toute cette compoſition eſt pleine d'une chaleur qui ne ſe trouve dans aucun des autres tableaux du ſallon. La rage reſpire encore ſur le viſage de *Martel* terraſſé, & quelque choſe de ſiniſtre dans ſon regard décele le traître. Un troiſieme perſonnage de la ſuite de *Maillard* éclaire cette ſcene nocture, & y répand l'horreur, effet naturel d'une cataſtrophe auſſi tragique, augmenté encore par le ſombre & le ſilence qui regne ſur tout le reſte. Il eſt fâcheux que le petit champ de la toile n'ait pas permis au peintre d'y mettre plus de figures. On ne peut qu'exhorter M. *Berthelemy* à conſerver ce feu ſacré dont il eſt animé, & qui l'approche du bon temps de M. *Doyen*.

Ceux qui réclament la palme pour M. Vincent étalent trois tableaux d'hiſtoire de ce maître, tous du grand genre & du premier mérite, à leur gré. Ils demandent lequel des autres peut apporter autant de titres à la victoire. On leur objecte que l'*Achille ſecouru par Vulcain, lorſqu'il combat les fleuves du Xante & du Simoïs*, n'a rien de cette chaleur, de ce terrible de celui d'Homere; qu'il a eu la mal-adreſſe de le repréſenter hors des eaux, ce qui en ôte tout le danger & l'intérêt conſéquemment. Quant à *l'enlevement d'Orithie*, l'on ne peut blâmer le grouppe principal; mais on trouve le Borée lourd, il ſemble déja fatigué de ſon effort qui n'eſt pas encore grand, puiſque la nymphe n'eſt pas hors de portée, & que ſa mere ſemble la reſſaiſir déja dans ſes bras. Du reſte, il eſt vigoureux, bien empâté, & d'un bon ton de couleur & d'un effet réſolu.

Le Paralytique guéri à la Piſcine, paroît réunir le

plus de suffrages. Cette figure est d'une vérité unique ; malheureusement celle de Jesus-Christ qui lui dit *Surge & ambula*, levez-vous & marchez, ne remplit point l'intention du sujet : non-seulement l'homme-dieu n'a pas la conviction intime du miracle qu'il doit opérer ; mais dans son embarras, il a l'air de douter le premier de sa toute-puissance. A ce défaut capital près, la composition de la scene est remplie de sagesse, & l'on y admire l'onction du Poussin.

M. *David* n'offre cette fois qu'un seul morceau historique, *La douleur & les regrets d'Andromaque sur le corps d'Hector son mari*. Encore un cadavre hideux ; puisque c'est celui d'Hector traîné trois fois autour des murs de Troye. Ce spectacle repoussant renvoie bientôt les regards sur la tête de la princesse d'une beauté majestueuse & touchante. On y critique un défaut d'idée en ce qu'une épouse aussi attachée à son mari, devroit se jeter sur son corps, l'embrasser, le serrer, se livrer en un mot à la désolation la plus vive & la plus emportée ; & peut-être eût-ce été un contre-sens dans le caractere donné d'Andromaque. Les grandes douleurs sont muettes, la sensibilité excessive chez les femmes tendres dégenere en une stupeur qu'on prendroit pour de l'insensibilité, si l'on n'en connoissoit la cause. Telle est la situation de l'héroïne de M. *David*. Son *Astyanax* n'est pas aussi bien pensé ; sa petite main qu'il éleve vers le sein de sa mere, est plutôt le geste d'un enfant qui se joue en la caressant, que l'affection naïve de la part qu'il prend à ses regrets. La maniere noire de cet artiste se retrouve encore ici, & il a si fortement ombré la tête d'*Astyanax*, que j'ai entendu de bonnes gens qui le prenoient pour un négrillon. Les partisans de M. *Renaud*, qui le mettent déja en concurrence avec nos meilleurs peintres d'histoire, passent assez condamnation sur son *Persée délivrant Andromede & la remettant entre les mains de ses parents*; grouppe si mal agencé, que les deux figures semblent n'en faire qu'une, & que le héros, ni vêtu, ni armé, dans ce dénument absolu, n'a nullement l'air d'un vainqueur : en un mot, ce tableau mal composé, mal colorié, manque également d'intention & d'effet; mais son *Education d'Achille par le centaure Chiron* est si supérieur au premier tableau, si différent d'agencement & de maniere, qu'on ne le croiroit jamais du même artiste, & sur-tout du même temps. On ne peut nier qu'il n'y ait un mérite rare dans celui-ci, uniquement, il est vrai, pour les effets pittoresques, & non pour l'invention n'exigeant nul génie. Ce sont, suivant les apréciateurs séveres du talent de l'artiste, plutôt deux académies qu'un grouppe d'histoire. Dans cette action purement physique, les passions n'y peuvent entrer en jeu, & leur développement seul, qu'on appelle *expression* en terme de l'art, est la pierre de touche du peintre sublime. Du reste, position heureuse, attitude fiere, savante anatomie, coloris mâle; il n'y auroit rien à desirer dans ce morceau, si l'auteur en noircissant trop le fond de son tableau n'en eût fait une scene de nuit; ce qui est contre le bon sens.

Il faut vous laisser, Monsieur, digérer un peu, tant de notices de tableaux accumulées, ou plutôt tant de descriptions détaillées dont le nombre vous fatigueroit enfin. Je remets à un autre ordinaire la suite des tableaux d'histoire; car il en eſt encore pluſieurs qui méritent d'être connus avant que je paſſe aux tableaux de gente dans leſquels le ſallon eſt moins fécond : c'eſt la malheureuſe condition de l'homme borné dans ſes facultés, de perdre d'un côté ce qu'il gagne de l'autre.

J'ai l'honneur d'être, &c.

Paris, ce 13 ſeptembre 1783.

SECONDE LETTRE

Sur le Sallon.

D'ABORD, Monſieur, honneur à M. Taraval, dont je crois ne vous avoir point encore entretenu juſqu'à préſent, ou dont je ne vous aurai dit qu'un mot en m'égayant ſur ſes inſipides & ridicules productions. C'eſt très-ſérieuſement cette fois que je loüerai ſon *Sacrifice de Noé au ſortir de l'arche*, tableau pour le roi, dans lequel, à l'exemple de M. Brenet, ſortant de ſon obſcurité, quoiqu'un peu tard, il ſe montre digne d'un travail que le public ne lui voyoit confié qu'avec peine. Les critiques même aſſurent ne point le reconnoître dans celui-ci, & le trouver bien ſupérieur à ſes autres ouvrages. La compoſition en eſt excellente, la figure principale bien en action, tout en eſt raiſonné & plein de bon ſens, le ton ferme & vigoureux ; on doit ſurtout le féliciter d'avoir renoncé à cette maniere factice que lui reprochoit, il y a quelques années, l'auteur des *Dialogues sur la peinture* (1). Il est aujourd'hui, au contraire, naturel, vrai; il a cette onction précieuse qui doit régner ordinairement dans les sujets sacrés.

Ces mêmes critiques, en revanche, ont de quoi plaisanter sur M. *du Rameau*, un des maîtres de l'école françoise ayant le plus de prétentions, & détestable cette année. Il a donné une *Herminie sous les armes de Cloriade*, avec une longue explication qui annonce la foule de conception qu'il a voulu y faire entrer. On assure, en effet, qu'il a été six ans à composer ce tableau, & c'est à coup sûr le plus mauvais du sallon. On en peut juger par les journalistes, ordinairement louangeurs, & dont aucun n'a osé faire l'apologie de celui-ci, quoique son auteur soit peintre de la chambre & du cabinet de sa majesté.

M. *Brenet*, toujours sage, correct & froid, ne pouvoit réussir dans le sujet qui lui avoit été choisi pour le roi : *Virginius prêt à poignarder sa fille*; aussi les détails en sont-ils fort loués de ses confreres, & les deux figures principales manquées. Comment cet artiste auroit-il exprimé sur le visage du pere une dissimulation profonde, un fureur concentrée, une douleur sublime, en un mot une quantité de passions diverses dont il devoit être combattu, & qui auroient exigé tout le génie de *Raphaël*? Comment auroit-il rendu la beauté rare, naïve, touchante de *Virginie*, sur-tout la pitié filiale avec laquelle elle doit

---

(1) Ouvrage qui a paru en 1773.

recevoir le coup mortel de l'auteur de ses jours, lui donnant en ce moment le dernier, le plus pénible & sans doute le plus grand témoignage de sa tendresse? Sa *courtoisie du chevalier Bayard*, sans être à beaucoup près aussi difficile à peindre sur la toile, est cependant d'un génie de galanterie auquel le pinceau toujours austere de M. Brenet, ne pouvoit encore suffire. On y remarque une sécheresse d'expression trop sensible dans une pareille scene, où il falloit répandre beaucoup de fraîcheur & d'harmonie brillante.

Messieurs Bardin & Taillasson sont deux agréés, dont celui-ci débute pour la premiere fois, & celui-là, quoiqu'ancien, n'avoit point encore attiré l'attention des amateurs. Le premier a composé *Jesus-Christ chez le Pharisien, ou la Pénitence*. La forme ingrate de ce tableau, d'une trop petite hauteur relativement à sa longueur (1), a beaucoup gêné l'artiste, qui dessine comme les plus grands maîtres, mais ne peut rien mettre sur la toile qu'il ne perde infiniment par le défaut de coloris. On doit reprocher au second d'avoir traité, dans sa *Naissance de Louis XIII*, un sujet, le chef-d'œuvre de *Rubens*; car, quoiqu'il annonce une autre intention, quand il ne feroit qu'en rappeller le souvenir, ce seroit alors, sinon une présomption intolérable, au moins une grande mal-adresse de sa part.

Outre les douze tableaux ordonnés pour le roi, on voit, *Monsieur*, cette année au sallon,

---

(1) Il a quinze pieds de long sur six pieds & demi de haut.

quatre autres grands sujets, aussi commandés par sa majesté, mais destinés à être exécutés en tapisseries. Ce sont les quatre saisons traitées allégoriquement. Je glisse légérement sur les deux premiers par égard dû à des artistes estimés; l'un est le dernier des *Wanloo*, qui pour l'honneur du nom n'auroit pas dû inscrire le sien au *Zéphyr & Flore* indiquant le printemps. L'autre est M. *Suvée* : il a traité l'*Eté* par une *Fête à Palès*, où l'on retrouve son défaut essentiel de ne point mettre d'ensemble dans ses compositions toujours décousues, de ne point offrir de masses. Je me réserve à parler plus loin de M. *la Grenée* le jeune, auteur d'une *Fête à Bacchus*, ou *les Vandanges*, qui désignent l'*Automne*. M. *Callet* s'étoit chargé de l'*Hiver* indiqué par les *Saturnales*. Les amateurs, dont un grand nombre l'avoient déja vu dans son attelier, le vantoient d'avance. L'auteur malade y ayant mis la derniere main, n'a que depuis peu placé son tableau sous les yeux de la multitude, qui par son empressement à le considérer, en fait l'éloge. On desireroit cependant plus de personnages, plus de mouvement & d'action.

Dans le nombre des hommes de quelque profession que ce soit, s'offrant en public, il en est, *Monsieur*, toujours quelques-uns voués, ce semble, ou par goût, ou par destinée, à faire rire les autres. Entre les peintres d'histoire, depuis plusieurs sallons, c'est assez volontiers M. *Robin* qui remplit cet emploi. Il a toujours l'art de choisir des sujets, quoique pris dans la religion, très-susceptibles de ridicule, & le devenant encore plus par la maniere dont il les traite, qui les fait dégénérer en charges. Par exemple, quoi de plus sublime aujourd'hui que *Jesus-Christ répan-*

dant fur le globe du monde les lumieres de la foi par le miniftere des apôtres ? Et quoi de plus comique que d'éparpiller, de faire voltiger dans les airs ces prédicateurs évangéliques avec leur longue barbe & leur lourd vêtement. Je brife là, dans la crainte de vous fcandalifer, en m'arrêtant plus long-temps à railler l'artifte dans une matiere auffi grave.

Tandis que par l'extravagance du peintre, l'hiftoire n'eft plus ainfi qu'une farce révoltante, je cherche en vain au contraire le mot pour rire dans les tableaux de genre qu'on croiroit deftinés à tempérer le férieux des premiers. La gaieté femble avoir difparu du fallon avec les *Beaudoin*, les *Loutherbourg*, les *Theaulon*, les *le Prince*. Ce n'eft pas M. *la Grenée* le jeune qui nous la ramenera malgré deux jeux d'enfants, l'un repréfentant une *Vendange*, & l'autre une *Moiffon*. Rarement un poëte tragique réuffit dans la comédie ; il en eft de même du peintre d'hiftoire, dont la vocation eft trop oppofée à la familiarité des petits fujets. Celui-ci fur-tout prouve qu'il eft moins fait qu'un autre pour les traiter. Il a une maniere févere, que des cenfeurs plus difficiles appelleroient dure, qui ne va point avec la gentilleffe qu'ils exigent. Auffi, n'a-t-il pas réuffi même dans fon grand morceau d'hiftoire, dont l'idée réfiftoit à fon génie. L'exécution de fon *Allégorie relative à l'établiffement du Mufœum dans l'ancienne galerie des plans au Louvre*, plaît davantage ; mais on eft révolté de la fade adulation qui l'a fait concevoir. « Près du
» piédeftal fur lequel on voit le bufte du roi,
» l'Immortalité reçoit des mains de la Peinture,
» de la Juftice & de la Bienfaifance, le portrait

» de M. le comte d'Angiviller, pour être placé
» dans son temple. Derriere la figure de l'Immor-
» talité, le Génie des arts releve un rideau, &
» l'on apperçoit une partie de la grande galerie,
» où plusieurs petits génies transportent & pla-
» cent les tableaux du roi. » A la bonne heure
que l'artiste paie, au nom de ses confreres, au
directeur actuel des bâtiments, le tribut de reconnoissance qu'ils lui doivent, & non qu'il lui
décerne une couronne qui ne s'acquiert pas si facilement, encore moins qu'il appelle à ce triomphe
la Justice & la Bienfaisance, qui n'ont pas besoin
en pareille affaire. Du reste, il y a de l'esprit,
de l'adresse, une excellente touche & beaucoup
d'effet dans cette composition.

M. l'*Epicier* se fait toujours goûter, quand il
ne veut pas s'élever au genre d'histoire; il a
une vérité, une naïveté précieuse qui rendent ses
grotesques aimables, sans exciter le rire.

Rien de touchant, de spirituel, ou de dramatique de la part de M. *W.lle* le fils. Ses
Etrennes à Julie offrent un contre-sens, en ce
que la figure principale chez qui ce cadeau devroit
répandre la sérénité, a un air maussade en le
recevant. Son *Déjeûner* doit déplaire aux poëtes,
pouvant lui reprocher l'indécence avec laquelle il
traduit en scene un de leurs confreres pauvrement
& ridiculement accoutré. Dans le *Bouquet*, la
jeune personne qui se mire n'est point en face de
la glace. Dans les *Délices maternelles* la dame
est assise à côté de son fauteuil. Outre ces défauts
de perspective, on en objecte plusieurs de dessin
à l'artiste, ne manquant toutefois pas de partisans qui l'assimilent à *Gerard Dow*.

Quoique M. *Bucourt* mérite encore des éloges

pour ſes petites compoſitions remplies de fineſſe & touchées avec eſprit, il n'a point fait depuis deux ans les progrès que ſon début promettoit. Il eſt ſec & d'un ton un peu gris, ſur-tout dans ſon morceau capital, la *Vue de la halle priſe à l'inſtant des réjouiſſances publiques données à l'occaſion de la naiſſance du Dauphin.* Ce ſujet national, à portée de toutes les eſpeces de ſpectateurs, devroit au moins attirer le peuple & l'attacher ; mais il ne le regarde point, ou le voit froidement. C'eſt qu'il n'y regne en rien cette gaieté pétillante des peintres flamands, dont cependant l'artiſte imite aſſez les effets de couleur & le fini précieux. Ses détracteurs lui reprochent un défaut de perſpective qui fait manquer ſes maiſons d'à-plomb, en ſorte qu'elles ſemblent ſur le point de s'écrouler.

M. *Hue* nous conſole tellement de M. *Vernet* vieilliſſant, par une imitation parfaite, qu'on a prétendu qu'il copioit les tableaux de ce maître, & que ç'a été un grief pour l'exclure du rang d'académicien pendant long-temps. Enfin, il a paru original dans la *vue d'une forêt priſe à Fontainebleau*, & il a ſiégé à côté de ſon modele. Il ſe montre avec encore plus de ſuccès à ce ſallon-ci. On aime ſur-tout la variété de ſes productions dans un genre monotone, au point que dans une ſeule, on diſtingue pluſieurs eſpeces d'arbres.

Plus empreſſé, *Monſieur*, de vous faire connoître les débutants que de vous rendre compte des maîtres déja connus & au deſſus de tout éloge, tels que M. *Vernet* dont je viens de vous parler, je ne m'arrête point ſur M. *Machy*, toujours riche, fécond & précis dans ſes détails, toujours séduisant par les agréables illusions de sa perspective ; sur M. *Robert*, toujours d'une facilité qui dégénere souvent en médiocrité ; mais toujours soigneux de relever sa réputation par deux ou trois chef-d'œuvres où il déploie son pinceau également savant & hardi ; sur M. *Cazanove*, toujours chaud, brillant & rempli d'effets piquants : je m'atrête sur messieurs de *Marne* & *Nivard*, qui font aujourd'hui leur entrée au sallon.

Le premier plaît beaucoup à ceux qui aiment la maniere du dernier peintre que je viens de vous nommer, de M. *Cazanove*. C'est sur-tout dans son *attaque de Hussards* qu'on peut le comparer avec son modele. Le sujet de ce tableau, qui appartient à S. M. le roi de Pologne, lui avoit été donné par ce monarque, & il s'en est tiré avec beaucoup de succès. Composition vive, ordonnance nette, attitudes fieres & variées. L'action a tant de vérité, qu'on s'imagine être au milieu de cette scene inopinée. On s'anime, on respire l'ardeur du butin avec les pillards; on tremble, on fuit, on enleve les effets précieux; on se cache avec les villageois. Ses deux *batailles* ne sont pas moins chaudes. M. de *Marne* rend aussi les animaux, les paysages, les ruines, mais pas avec autant de succès, puisqu'on y trouve des détails qui laissent quelquefois à désirer par rapport à la vérité de la nature & à la correction du dessin. On convient assez généralement que son coloris est excellent.

Le second peintre ne court pas une carriere aussi étendue & aussi brillante que M. *de Marne*. Il s'en tient jusqu'à présent à des vues charmantes de château, de village, de ferme, d'église. Ses âtres, ſes fabriques, ſes feuillages ſont d'un bon goût. Rien n'y reſſent la palette ; tout y eſt correct, précis, & fait cependant avec beaucoup de facilité.

Les portraits reproduits en foule cette fois, ſont dans le genre ce qu'il y a de plus abondant ; mais au moins ſont-ils preſque tous curieux ou intéreſſants.

M. *Dupleſſis*, que ſes enthouſiaſtes, un peu outrés ſans doute, appellent le *Vandick* de l'école françoiſe, nous offre M. & Mad. *Necker* devant leſquels on ſe ſeroit mis à genoux il y a deux ans, & qu'on ne regarde aujourd'hui que pour en admirer le faire. L'air de tête du mari eſt d'une grande vérité : la dureté de ſon ame perce à travers la ſenſibilité hypocrite dont il ſe paroit durant ſon miniſtere, & ſi contraire à ſon eſſence, qu'il en eſt gêné ; ſa morgue y domine toujours, & dans ſon regard hautain, il ſemble dire encore cette phraſe ſi révoltante de ſon compte rendu, & qu'on lui a tant reprochée : *Quand un homme de mon caractere.....* Le portrait de la femme n'eſt pas traité avec autant de vigueur & d'intelligence, & ne l'exigeoit pas. Elle a bien cette bonhommie pédanteſque d'une virtuoſe qui de la préſidence d'un bureau d'eſprit étoit paſſée à celle du *bureau de commiſération* (1). Les artiſtes aiment dans ce portrait-ci l'imitation parfaite des étoffes.

---

(1) Nom d'un bureau nouveau établi par monſieur Necker, auquel il renvoyoit tous les malheureux qu'il faiſoit.

Si cette qualité suffisoit pour faire un bon tableau; celui de M. *Roslin* où une *jeune fille s'apprête à orner la statue de l'amour d'une guirlande de fleurs*, seroit admirable; sa robe de satin est d'une beauté rare, d'une vérité unique. Mais, outre que l'idée du sujet n'est qu'une réminiscence de celui de M. *Greuze*, c'est que la dévote au petit dieu est dans une attitude qui n'est point naturelle; elle a un pied en l'air, comme si elle alloit danser. Du reste, il a bien rendu sur le visage de l'archevêque de Narbonne cet air de jubilation qui réjouissoit Louis XV dès qu'il se montroit devant S. M.; sur celui de madame *Vallayer Coster*, cette physionomie où les graces du sexe & la vigueur de son talent mâle se trouvent réunis; enfin sur le sien propre, cette aménité qui caractérise le grand nombre de ses ouvrages.

Je vous ai entretenu plusieurs fois de ces artistes, *Monsieur*, ainsi que de M. *Pasquier*, à qui l'on sait un gré infini de nous reproduire les portraits du comte & de la comtesse du *Nord* peints à Lyon, & dont les images restées dans nos cœurs suffisent à la comparaison; de Messieurs *Weyser* & *Hall*, rivaux dignes l'un de l'autre pour l'émail & la miniature, quoique celui-là soit académicien & celui-ci encore agréé; de M. *Van-spaendonck*, qu'on est sans cesse tenté de prendre pour *Van-Huisum* ressuscité; de M. *Sauvage*, cet enchanteur animant la nature morte, & donnant un relief trompeur aux surfaces les plus planes. Leur genre est trop circonscrit pour m'étendre long-temps sur eux. Je passe à madame *Guiard* & finis par elle mon énumération des artistes les plus distingués. Reçue académicienne en même temps que madame le *Brun*, madame *Guiard* n'a point pris un essor aussi brillant ; elle se voue uniquement au portrait historié, & dans ce genre déploie un talent très-marqué. Aucune de ses têtes qui n'ait du caractere. Elle a rendu M. *Vien*, M. *Pajou*, modelant le portrait de M. le *Moine*, son maître ; M. *Bachelier*, M. *Gois*, M. *Suvée*, M. *Beaufort*, M. *Voiriot*, & a pour ainsi dire exprimé l'esprit, le genre de chacun de ces artistes sur leur physionomie. Son portrait de M. le comte de *Clermont-Tonnerre*, en habit militaire, est d'une vigueur qui le dispute au pinceau le plus fier ; mais ses deux chef-d'œuvres sont le sien propre & celui du sieur *Brizard*.

Madame *Guiard* tient le pinceau à la main ; son corps est penché en avant & dans cette attitude de l'abandon où l'ame est toute entiere occupée de son objet. Sa tête vigoureuse annonce les conceptions fortes dont elle est pleine ; & son vêtement simple & pittoresque atteste & son talent & sa modestie.

Quant au sieur *Brizard*, il est peint dans le rôle du *roi Léar*, au bord de la caverne & à l'instant du réveil, acte quatre, scene cinquieme, lorsqu'il s'écrie : ô *la douce lumiere* !

Le monarque imbécille, tracé d'après le caractere donné par M. *Ducis*, est d'une vérité frappante ; il excite d'abord la pitié vague qu'on ressent pour tout être malheureux, mais qu'on repousse bientôt comme ne pouvant être d'aucun secours à un prince dégradé, qu'il faut soustraire aux regards en lui ouvrant ces asyles de l'idiotisme & de la démence.

Depuis le sallon ouvert, *Monsieur*, un étranger

s'est présenté à l'académie, dans le genre du portrait, & a été agréé sur le champ. Ses ouvrages sont maintenant exposés & écrasent tous les autres par la beauté du coloris. L'artiste vraisemblablement se pique peu d'avoir des têtes à caractere; il n'a choisi que des figures allemandes, bien grasses, bien blanches, bien dessinées; mais sans expression. On préfere M. le baron *de Stahl*, ministre plénipotentiaire du roi de Suede à la cour de France, chambellan de S. M. le roi de Suede, & chevalier de l'ordre de l'épée. Ce portrait en pied est savamment traité & artistement costumé. L'auteur de ces nouvelles productions se nomme *Vertmuller*.

Avant de clorre ma lettre, je me permettrai, *Monsieur*, encore une réflexion au sujet de ce nouveau venu, trop honorable à l'académie pour la taire. C'est que, malgré les plaintes dédaigneuses des nationaux qui, ne voyant point parmi les coriphées du sallon ni *le Brun*, ni *le Sueur*, ni *le Poussin*, ni *Jouenet*, ni *le Moine*, s'écrient que tout y est médiocre, mauvais, détestable. Il faut que depuis quelque temps la réputation de l'école françoise ait prodigieusement cru chez les étrangers, puisqu'il n'est point d'exposition où quelques-uns ne briguent l'avantage de figurer; & que ces aspirants ne sont point des hommes rejetés de leur patrie; mais au contraire les plus distingués par leur talent; les plus propres à le conserver, & à l'illustrer.

Nous ne faisons point de semblable acquisition en sculpture, parce qu'un artiste de ce genre ne se transporte pas aussi facilement : l'excellence des nôtres se remarque d'une autre maniere; c'est que si les souverains, si les grands, si les par-

B 5

ticuliers riches des royaumes les plus éloignés ont quelque monument à faire faire, ils ont recours à nos sculpteurs, ou même les appellent auprès d'eux. Je vous dirai ce que j'en pense, ou plutôt ce que le public en pense dans ma troisieme & derniere lettre.

J'ai l'honneur d'être, &c.

Paris, ce 22 septembre 1783.

TROISIEME LETTRE

Sur le Sallon.

JE vous ai entendu, *Monsieur*, gémir souvent de l'état de dégradation où l'on avoit laissé tomber sur le Pont-Neuf la statue de *Henri* dans un siecle où son nom répété sans cesse de bouche en bouche, sembloit le rendre plus cher à la France; où un grand poëte en avoit fait le héros d'un poëme national ; où on l'avoit reproduit plusieurs fois en scene sur deux théatres & représenté en quelque sorte sous toutes les faces, sous tous les points de vue ; où enfin l'adulation, si adroite à saisir l'à-propos, avoit cru ne pouvoir chatouiller plus agréablement le cœur du jeune monarque & son peuple, qu'en le faisant marcher sur les traces de ce bon roi. Quoi qu'il en soit de cette inconséquence trop ordinaire aux François, M. *Gois*, indigné sans doute d'une pareille indifférence, dans un enthousiasme d'autant plus louable qu'on ne le dit excité en rien par le gouvernement, a proposé le *Nouveau projet d'un piédestal à la gloire de Henri IV & de Louis XVI.*

L'artiste conserve la statue telle qu'elle est & au même lieu, puisqu'elle ne pouvoit être mieux placée, avec cette inscription d'un poëme ancien que je voudrois qu'on y ajoutât : *Et spectat populum pater, & spectatur ab illo.*

« Sur la face principale est représentée la France, » qui pose le médaillon de Louis XVI sur l'autel » consacré par l'amour des peuples, & le couronne » du cercle de l'immortalité, comme annonçant » les vertus de Henri IV. A sa gauche deux » génies : l'un grave sur une table d'airain les » principaux traits qui ont déja illustré le regne » du jeune monarque, tels que la servitude abolie » dans les domaines de S. M. ; les loix crimi- » nelles réformées, &c. L'autre, sous le carac- » tere de la félicité publique, orne de fleurs son » image. Sur le corps de l'autel, on voit un » dauphin environné de rayons ; ce qui rappelle » l'événement heureux qui a fini l'année 1781. » La main droite de la France, élevée vers » Henri IV, semble le montrer au peuple, » comme le modele des rois : au bas du piédes- » tal est placé le médaillon de *Sully*, grouppé » avec les attributs de la fidélité.

» A droite on voit Hercule, vainqueur de » l'Hydre : allégorie relative aux obstacles que » ce prince a eus à surmonter pour affermir la » couronne sur sa tête.

» A gauche, Minerve, déesse de la sagesse & » de la paix, est accompagnée de tous les sym- » boles caractéristiques des vertus de Henri. La » corne d'abondance désigne l'établissement des

« manufactures & la prospérité du commerce ;
« le livre, l'épée & la balance, le maintien des
« loix ; le lion, sa force & sa générosité ; le
« miroir & le serpent, sa prudence ; le coq, son
« activité ; les palmes & les lauriers, l'heureux
« succès de ses armes.

« Du côté opposé à la premiere face, l'Histoire,
« un livre à la main, écrit la vie de ce grand
« roi. Parmi d'autres livres qui sont épars aux
« pieds de la figure de l'Histoire, on distingue
« les *Mémoires de Sully*. La faux brisée désigne
« l'inutilité des efforts du temps pour détruire le
« monument élevé à la mémoire de ce monar-
« que. Parmi les attributs des arts le sculpteur a
« placé le buste de *Titus*.

Deux bas-reliefs sur les deux côtés plus longs du socle de la statue enrichissent encore ce monument. Dans l'un *Henri IV fournit lui-même du pain à la capitale assiégée* ; dans l'autre il paroît *accompagné de la Victoire & de la Paix ; la Ville, suivie des Magistrats, lui remet les clefs*.

Enfin on lit en avant cette inscription : *Il vit un successeur & n'eut point de modele*. Et par derriere : *Ce monument a été élevé à la mémoire de Henri IV, sous le regne de Louis XVI*, 1782.

Je ne sais, *Monsieur*, comment ce modele sera exécuté, ou même si jamais il se réalisera ; mais je doute qu'aucun des confreres de M. *Gois* eût eu la tête assez fortement organisée pour en concevoir le plan. C'est un poëme entier de la plus vaste ordonnance, de la plus riche imagination ; & l'on sait que les productions de celle-ci sont rarement sans défauts. On en reproche plusieurs à M. *Gois* dans sa composition. Le plus capital, c'est de n'avoir pas assez lié ses deux sujets ; de n'avoir pas subordonné l'un à l'autre; de s'occuper trop de Louis XVI & de le mettre en premiere ligne, lorsque ce devroit être Henri IV, puis de le faire perdre absolument de vue & de ne pas le ramemer en scene, au moins à la fin. On veut aussi que par trop d'abondance, il y ait un peu de confusion dans les différents chants; on veut qu'il y ait de l'obscurité dans quelques-unes de ses idées.

Une faute impardonnable, parce qu'elle est contre le bon sens, faute qui montre à quel point l'enthousiasme peut égarer le génie, c'est de vouloir représenter indestructible par le temps un monument dont sa restauration même à cet instant, atteste trop énergiquement que rien ne résiste à ce destructeur de tous les êtres.

Au reste, ceci n'est qu'une simple esquisse : l'artiste se réformera sans doute, soit par ses propres réflexions, soit par le conseil de ses amis. On ne peut prononcer définitivement : de quelque façon que ce soit, on doit desirer qu'il ait la faculté d'exécuter son projet. Quant à présent, il a mis dans cet essai tout le feu toute la liberté, toute la verve dont il est capable & dont le plâtre est susceptible dans un sujet aussi réduit; car toute cette machine n'a guere qu'un pied & demi de long.

Outre ce grand morceau de sculpture pour la composition, on en trouve quelques autres en grouppes qui, sans satisfaire autant l'imagination, plaisent aux yeux par le travail du ciseau : par exemple, *les Eléments rendant hommage à l'amitié*, de M. BOIZOT, sont une idée plate, indigne de génie de ce maître; mais le faire en est supérieur, & le marbre semble s'amollir comme la cire sous sa main, fe modeler & prendre avec docilité toutes les formes qu'il veut lui donner.

Un bas-relief en plâtre de M. *le Comte* représentant un *voyageur qui se repose*, de grandeur naturelle, est dans un excellent style; l'anatomie en est savante, l'attitude bien prise, & l'expression vraie. Son buste de M. *d'Aubenton*, a l'aimable bonhommie du naturaliste, membre de l'académie des sciences: mais le sculpteur semble avoir réservé tout l'art, toute la précision, tout le moëlleux de son ciseau pour le buste de la reine, représentée dans son habillement d'apparat. Il est en marbre, & S. M. porte le portrait du roi en médaillon. On ne peut réunir sur une physionomie, à un plus haut degré, la grace & la noblesse. Ce buste est bien supérieur à cet égard au double portrait que madame *le Brun* a successivement offert au public de l'auguste souveraine; & comme c'est ce qui caractérise principalement son air de tête, la ressemblance en est plus parfaite. Cette même grace, cette même noblesse brillent dans sa coëffure, dont les détails sont d'une délicatesse précieuse. On distingue jusqu'aux racines des cheveux; le reste de l'ajustement est traité avec autant de goût & de vérité.

Les grands morceaux de M. *Houdon* ne sont point au sallon. On n'y admire que des bustes, entr'autres celui de M. le comte *de Buffon*, exécuté en marbre aux frais de S. M. l'impératrice des Russies; celui du sieur *Larive*, de la comédie françoise, dans le rôle de Brutus; mais sur-tout celui de madame la princesse *Achkow*, directrice de l'académie des sciences de Saint-Pétersbourg; Il est en bronze, d'une ampleur, d'un savant &

d'une auſtérité qui répondent aux fonctions de l'illuſtre étrangere.

Une figure en plâtre repréſentant un *Victimaire qui attend l'ordre du ſacrificateur pour immoler la victime*, n'eſt point dans le genre du ciſeau de M. *Monnot*, ordinairement doux & gracieux. Il y prouve cependant qu'il n'eſt pas dénué, quand il veut, de vigueur & d'énergie. Le buſte du révérend pere *Elizée* le confirme; les artiſtes en aiment les ſavants méplats, c'eſt-à-dire, les rides & replis de la peau bien imités. Mais on retrouve avec plus de plaiſir M. *Monnot* dans ſon buſte de *monſeigneur le duc d'Angoulème*, où l'on reconnoît toute la naïveté de l'enfance; dans celui de *ſon alteſſe royale Fréderic-Guillaume, prince de Pruſſe*, où reſpirent cette ſageſſe, ce calme de l'ame du modele paſſé dans l'ouvrage de l'auteur, qui en outre a revêtu ſon héros d'une armure polie, finie avec le plus grand ſoin; dans ceux enfin de *M. le comte & de madame la comteſſe de Ségur*, pleins de grace & de fineſſe.

Meſſieurs *Roland* & *Moëtte* ſont deux agréés qui expoſent pour la premiere fois, & le premier étonne par une grace de conception dont il n'offre qu'une partie: c'eſt un bas-relief de deux pieds de long ſur cinq de haut, repréſentant un *ſacrifice des anciens*, & deſtiné pour l'hôtel de ſon alteſſe ſéréniſſime monſeigneur le prince régnant de *Salm-Kirbourg*. On y découvre une parfaite connoiſſance de l'antiquité, & une étude ſentie des bons principes de ſon art.. Son *Caton d'Utique* eſt vraiment fier & d'une exécution hardie; aucun muſcle qui ne ſoit vigoureuſement prononcé & n'exprime la mort violente du Romain, ſouffrant encore plus des maux de sa patrie que de ceux qu'il se procure volontairement.

Le second de ces agréés en sculpture a mis peu d'ouvrages, & ne prend l'essor que dans un *Oreste*, dont il a bien connu & caractérisé les fureurs.

Observez, *Monsieur*, qu'excepté les bustes, ouvrages de commande, presque tous les morceaux historiques de sculpture dont je viens de vous faire l'énumération en petit nombre, ne sont guere que des essais, des études, des caprices de ces artistes s'exerçant pour leur propre compte; qu'ils seroient restés la plupart dans une oisiveté honteuse pour la nation, si les uns n'avoient eû des statues pour le roi à finir, & d'autres des statues à modeler. Les premiers nous ont reproduit *Catinat*, & *Montesquieu*, exécutés aujourd'hui en marbre. Il n'y a rien à dire de l'un, conservant & les mêmes beautés & les mêmes défauts. Son auteur, M. de *Joux*, n'a pas mieux réussi dans un *Achille*, figure lourde, d'une expression maussade, gênée d'ailleurs dans son attitude, en sorte qu'il semble avoir peine à tirer son épée. Quant à l'autre, on doit louer M. *Clodion Michel*, de sa docilité aux conseils des amateurs & certainement son ouvrage y a beaucoup gagné; quoiqu'on désirât encore quelque chose dans la tête trop jeune, n'ayant pas cette méditation profonde de l'auteur de *l'Esprit des loix*, il fait infiniment d'honneur à l'artiste, principalement pour le costume qu'il a parfaitement suivi, & pour les détails dont le faire est au dessus de tout éloge.

Vous vous rappellez sans doute, *Monsieur*,

ces vers en l'honneur de *Turenne*, conservés dans tous les *Ana*.

> Pour prix de ses fameux exploits,
> Turenne ici repose au milieu de nos rois.
> Par une telle récompense
> Louis voulut prouver aux siecles à venir,
> Qu'il n'est aucune différence
> De porter la couronne ou de la soutenir.

Cette inscription mise à son mausolée à St. Denis, en fut ôtée lorsque le cardinal de Bouillon eut le malheur de déplaire à *Louis XIV* & de tomber dans sa disgrace.

M. *Pajou* chargé de la statue de ce grand homme, une des quatre ordonnées pour 1783, a eu la hardiesse de tirer son idée de celle du poëte. Il a représenté *Turenne* semblant dans l'intention de défendre la couronne de France, qu'il soutient de la main gauche, tandis que de la droite il tient son épée nue. Je ne sais si le gouvernement lui en saura gré ; bien des gens même, généralisant cette idée, trouvent indécent de faire ainsi dépendre d'un seul homme le sort d'une nation entiere. Ce n'est pas ici le lieu de disserter là-dessus ; au moins personne ne peut disconvenir que ce ne soit une conception sublime. La figure du héros y répond ; quoiqu'il fût naturellement laid, l'artiste lui donne un si grand caractere de zele patriotique & d'enthousiasme guerrier, qu'il devient superbe en ce moment. Sa *pose*, en terme de l'art, est des plus fieres : il est debout, prêt à marcher. Quant au vêtement militaire, où l'on voit que tout l'art de M. *Pajou* s'est étudié à bien en rendre les formes, les plis, les contours, les franges & jufqu'aux différentes étoffes, matieres & fabriques, il eft fi ingrat, que l'artifte n'a pu lui donner de nobleffe, lui ôter une forte de pefanteur, de rufticité, de grotefque même qui regne dans tout *l'accommodement* de fa ftatue.

Quoique le coftume de *Vauban*, par M. *Bridan*, ne foit pas d'une exécution plus noble & plus facile, le même défaut ne s'y remarque pas, en ce que ce maréchal de France eft dans l'attitude feule du commandement, que fa figure eft calme & froide. Il montre les plans de plufieurs places dont il affure la prife; tout cela n'exige que du flegme, & point cette ardeur qui refpire dans l'habitude entiere du corps de *Turenne*; ainfi, malgré la reffemblance qu'offrent les deux ftatues au premier coup d'œil, en méditant fur le fujet de chacune, on y trouve une grande différence; le premier étoit fans doute beaucoup plus difficile à traiter à caufe de la tête qui exigeoit un feu prodigieux, & l'enfemble du perfonnage un tout autre mouvement.

Si M. *Caffiery* avoit fait attention à ce que l'on avoit critiqué en 1781, dans fon bufte de *Moliere*, il auroit évité les reproches qu'on fait cette année à fa ftatue. Le prince des poëtes comiques, au lieu d'effrayer les fpectateurs par l'attitude d'un prédicateur énergumene, les attireroit avec ce fourire fin & malin qui doit le caractérifer. Cette ftatue d'un genre outré eft abfolument à refaire. Il a beaucoup mieux réuffi dans fon bufte de *Rotrou*, poëte tragique, où un peu de gigantefque dans la figure, l'attitude & l'expreffion ne font point déplacés. Son *Thomas Corneille* eft d'un *faire* fingulier, mais on retrouve toute l'aménité de fon ciseau dans le buste de M. *Favart*; son génie paroît s'être accommodé infiniment mieux de ce poëte aimable.

Les connoisseurs s'accordent assez, *Monsieur*, à regarder l'auteur du la *Fontaine*, la quatrième & derniere statue qui devoit paroître cette année, comme celui qui a le mieux réussi. C'est un chef-d'œuvre pour l'expression.

« La Fontaine travailloit par-tout où il se
» trouvoit. Un jour la duchesse de Bouillon allant
» à Versailles le vit le matin rêvant sous un arbre
» du cours, & l'y retrouva le même soir, au
» même endroit & dans la même attitude. » Monsieur *Julien* nous avertit que c'est ce moment qu'il a choisi.

Le *bon homme*, ainsi que *Boileau* & *Racine* appelloient *la Fontaine*, est rendu ici dans toute sa vérité. Il a cette immobilité, cette végétation insensibles du *fablier* qui, suivant la comparaison de Mad. *de la Fayette*, produisoit des fables, comme un pommier produit des pommes. Les accessoires sont charmants. Le renard le regarde & semble s'étonner de la simplicité de celui qui l'a si bien peint & mis si finement en scene. Autour du socle de la statue sont en bas-relief les fables principales de cet auteur.

Comme je ne puis mieux terminer, *Monsieur*, ma revue des sculpteurs que par ce morceau, je passe aux graveurs, la derniere classe de l'académie qui me reste à parcourir.

En général les tableaux & les statues sont d'un prix si excessivement cher, qu'il n'est que les souverains, les princes, ou quelques particuliers puissamment riches en état d'avoir cette passion & de la satisfaire. Il n'en est pas de même des estampes ; elles sont à la portée de tout le monde, & c'est aujourd'hui une sorte de luxe fort à la mode. On en orne non-seulement les cabinets, les galeries, les chambres à coucher, les boudoirs, mais on en a en porte-feuille. Cette vogue devroit exciter une grande émulation parmi les artistes de ce genre & contribuer beaucoup à leur perfection. Cependant on ne juge point qu'ils fassent aucun progrès. On attribue cette inertie à la défense qu'ont les graveurs de travailler sur les ouvrages des peintres vivants, sans leur consentement, & sur ceux des peintres morts, sans le consentement de l'académie. L'esprit du réglement sans doute est louable en ce qu'il tend à empêcher que l'original ne soit dégradé ou tourné en ridicule aux yeux des étrangers par un traducteur inepte ou malveillant. Mais aussi cette prohibition refroidit la communication entre le peintre & le graveur qui pouvoit en tirer de grandes lumieres ; elle nuit même à la célébrité que l'école françoise pourroit acquérir dans toute l'Europe, en donnant aux autres nations connoissance de plusieurs maîtres dont la réputation reste circonscrite dans leur pays ; enfin, elle arrête l'essor de l'homme de talent, qui ne peut s'approprier, comme il voudroit, les sujets de son goût, & qu'il se sent le plus de dispositions à traiter : de-là nul intérêt dans la plupart de nos gravures modernes ; de-là les amateurs se portent en foule vers les gravures angloises dans la maniere noire, pleines de feu & d'énergie, à la vente desquelles les marchands se consacrent spécialement.

L'espece de schisme dont je vous ai parlé plus haut, Monsieur, établi entre les peintres & les graveurs, se prouve par ce qu'on voit au sallon de cette année. Presque toutes les estampes qui y figurent sont gravées d'après des tableaux de maîtres d'autres écoles ou de nos anciens morts, & sur des sujets rebattus.

Messieurs *le Vasseur, Beauvarlet, Cathelin, Miger*, & *Strange*, semblent même s'être donné le mot pour annoncer une égale stérilité.

Le premier n'offre que la *Laitière* d'après monsieur *Greuse*, qui n'est point de l'académie. Vous connoissez la manière de ce graveur, facile & naturelle comme celle du peintre.

Le second a travaillé d'après *de Troy*, mort il y a long-temps. Il en est encore à son *Histoire d'Assuerus*. Son burin est toujours ferme & magnifique; mais on lui reproche quelques incorrections de dessin.

Le troisième s'est attaché à *Pellegrini*, & a traité sa *mort de Lucrèce*, où il y a de la vigueur & de l'énergie.

Le quatrième s'est enthousiasmé de la vieille histoire d'*Hercule* & *Omphale*. C'est un tableau de *Dumont le Romain*, mort, & c'étoit son morceau de réception, fait il y a peut-être cinquante ans.

Enfin, le dernier, réduit aussi à l'unité, nous reproduit de plus le *Charles premier* d'après *Vandick*, dont je vous ai parlé il y a deux ans.

M. *Delaunay* est plus fécond : sa *Partie de plaisir* d'après *Wienix*, sa *Gaieté conjugale* d'après M. *Frendeberg*, plaisent sur-tout par une gaieté franche & piquante.

Un débutant & un étranger semblent encore, Monsieur, être venu prendre sur les nationaux une supériorité qui les réveillera peut-être de leur engourdissement. M. *Henriquez*, dont il s'agit, est un graveur de sa majesté impériale de toutes les Russies & de l'académie de Saint-Pétersbourg.

Dans ses *Honneurs rendus au connétable du Guesclin*, il a enchéri sur l'original de M. *Brenet*; il a corrigé ce que le pinceau du peintre a souvent de trop sec, & mis dans toutes les figures une onction que le tableau laisse quelquefois à desirer.

M. *Duplessis* ne doit pas savoir moins de gré à cet artiste d'avoir gravé son *portrait de son altesse sérénissime madame la duchesse de Chartres*, qui suit des yeux son mari voguant sur les eaux, ou plutôt il doit en être très-fâché; car il empêche ceux qui connoissent les deux de regretter l'original.

M. de *Saint-Aubin* s'en tient à son talent qui est de dessiner à la mine de plomb, & de faire ainsi d'excellents portraits; il n'en a choisi que d'intéressants cette année. Ceux de messieurs *Peronnet*, chevalier de l'ordre du roi, premier ingénieur des ponts & chaussées; *de la Motte-Piquet*, chef d'escadre; *Pigalle*, chevalier de l'ordre du roi; *Linguet*; & *Pelerin*, savant antiquaire: tous ces portraits sont touchés avec le caractere qui leur est propre. Le dernier plaît sur-tout par l'esprit, la finesse, la bonhommie qui regnent sur cette vieille tête.

Les dessins de M. *Moreau* sont ceux qui attirent le plus le public par l'intérêt des sujets. Les principaux sont une *allégorie à l'occasion de la convalescence de madame la comtesse d'Artois*, qui n'a d'autres défauts que d'être trop compliquée, & quatre représentant *les fêtes de la ville à l'occasion de la naissance du Dauphin*: savoir 1°. *l'arrivée de la reine à l'hôtel-de-ville*, 2°. *le feu* d'*artifice*, 3°. le *repas donné par la ville à leurs majestés*, 4°. le *bal masqué*.

Quoique ces dessins soient remplis de détails immenses, il n'y a point de confusion, parce que l'auteur a singuliérement varié ses petites figures, ce dont il résulte beaucoup d'effet.

M. *Duvivier* continue de remplir ses fonctions de graveur général des monnoies de France & des médailles du roi, & toujours avec le même succès. Mais ce qu'on aime le mieux de lui cette année, c'est un *portrait du roi* au crayon, qui, quoique le trait en soit sec & la maniere mesquine, est d'une vérité unique.

Trois procédés, ou peu connus, ou peu usités, ont attiré, Monsieur, l'attention des curieux, & n'auroit pas complété le compte que j'ai entrepris de vous rendre, si je ne vous en parlois au moins succinctement comme de nouveautés qui distinguent ce sallon.

D'abord, M. *de la Grenée* le jeune nous a exposé un tableau peint à l'huile & collé sur glace, ainsi que les arabesques de la bordure. Cette invention est due à Mad. de Montpetit, qui a déposé son secret au sein de l'académie des sciences, & a reçu l'approbation de cette compagnie.

M. *Sauvage*, de son côté, a trompé par des camées à gouache, représentant des fêtes à *Cérès* & à *Bacchus*, imitant tellement le relief, que le spectateur étoit obligé d'y porter la main.

Enfin, M. *Gois* a étonné par des modeles en cire, non-seulement de portraits, mais de scenes entieres où se trouve une précision de dessin & une expression animée qu'on n'auroit jamais pu croire. Ces prestiges sans doute seroient peu de chose sans le vrai talent; mais ces trois artistes en ont un qui ne peut leur faire supposer d'autre prétention ici que de se jouer & d'amuser le public dont le grand nombre se plaît plus à ces prodiges de patience qu'aux vrais chef-d'œuvres du génie.

J'ai l'honneur d'être, &c.

Paris, ce 26 septembre 1783.

26 Novembre. Il circule une chanson en forme d'adieux entre M. le contrôleur-général d'Ormesson renvoyé, & M. le garde-des-sceaux. Il y a grande apparence que cette méchanceté vient de la part des ennemis de celui-ci qui n'introduisent en scene l'expulsé, que pour tomber plus vivement sur le dernier, dont ils travaillent depuis si long-temps à opérer aussi la disgrace.

27 Novembre. On a parlé de l'hôpital ouvert aux célestins pour y recevoir les malades que messieurs *le Dru* pere & fils y traitent par des procédés électriques. Ils y président sous le titre *de Physiciens du roi & de la faculté de médecine de Paris,* qui leur a été conféré. Cette derniere a nommé vingt de ses membres, pour suivre ce traitement médico-électrique, en qualité de commissaires.

Jeudi 20 l'inauguration de l'établissement s'est faite en présence de M. le lieutenant-général de police.

M. *Cosnier,* l'un des commissaires de la faculté, a prononcé un discours dans lequel il a exposé les cas où l'électricité est applicable, ceux dans lesquels

quels on en obtient le plus de succès, & sur-tout les accidents qui pourroient résulter de son application mal-entendue.

Plus de deux cents individus réunis dans une salle attestoient avoir été guéris de maux réputés incurables, ou avoir déja obtenu un soulagement marqué.

M. *Franklin*, à qui est due la découverte de l'électricité, & même son application avec succès à l'économie animale, n'a pas manqué de jouir de ce spectacle intéressant & glorieux.

Ce n'a pas été un spectacle non moins curieux pour le public accoutumé à voir le sieur *Comus* ne parler que de tours & d'escamotage, discuter gravement aujourd'hui sur le but de cet établissement patriotique & médical, tracer les devoirs que lui & son fils se sont imposés, & donner dogmatiquement l'abrégé de sa théorie.

27 *Novembre*. Il est question d'établir aux invalides des *Lieux à l'Angloise*. Cette dénomination seule, qui semble convertir en objet de luxe un endroit nécessaire, a fait rire pour un hôtel où il peut y avoir quatre à cinq mille hommes. Cependant M. *Brogniart* l'architecte, en a tellement fait connoître l'avantage, que le ministere y a consenti, & qu'on est disposé à y sacrifier 100,000 francs, que doit coûter cette superfluité apparente.

M. *Brogniart* a en même temps offert des ressources: il a donné un plan pour abattre la belle allée de Breteuil, faisant face à la porte du dôme, appellée *Porte royale*, parce qu'elle ne s'ouvre que pour le roi, & pour la procession de la fête-dieu. Il y trace ensuite une grande demi-lune en face, d'où il aligne quatre grandes rues; deux du côté de Paris, & deux du côté de Vaugirard & de l'école militaire; il bâtit dans le surplus des maisons au profit de l'hôtel, & il se ménage encore une autre demi-lune pour y élever un obélisque ou quelque monument de cette espece.

Ce plan est adopté, & en conséquence on a déja abbattu l'allée de Breteuil.

27 *Novembre.* On doit jouer incessamment sur le théatre lyrique l'opéra de *Didon*, exécuté à Fontainebleau, où il a eu beaucoup de succès, sur-tout le second acte. Le poëme est en trois actes. Les paroles sont de M. *Marmontel*, & la musique de M. *Piccini*.

Pour remplir la durée du spectacle en hiver, le sieur Gardel y a joint un ballet de sa composition, intitulé : *l'Amour vengé.*

28 *Novembre.* L'*Errotika Biblion* n'a qu'environ huit feuilles d'impression in-8°. & est subdivisé en dix titres d'un seul mot, qui ne sont pas plus intelligibles au commun des lecteurs. Ils forment comme autant de chapitres séparés, dont la liaison a peine à se découvrir, mais dont le but général est assez celui indiqué de prouver que les anciens nous surpassoient infiniment du côté de la corruption des mœurs ; ils sont dans leur briéveté remplis de recherches savantes & même infiniment curieuses, qui rendent l'ouvrage aussi érudit qu'agréable. L'auteur, outre le talent de posséder parfaitement les langues mortes, a celui d'écrire très-bien la sienne, de plaisanter légérement & de singer souvent Voltaire ; dans les tableaux très-sales qu'il présente par fois, il se sert toujours d'expressions honnêtes ou techniques ; du reste, il paroît fort versé dans l'art des voluptés, & en donne des leçons que lui en-

vieroient les *Gourdan* & les *Briſſon*, en un mot les plus expertes en ce genre.

Les éditeurs annoncent dans un *avis* qu'ils ont du même auteur, d'autres manuſcrits de même mérite & d'un intérêt non moins piquant, & ils promettent de les livrer inceſſamment au public ; on ne peut que les deſirer avec avidité.

29 *Novembre*. Extrait d'une lettre de Lyon, du 25 novembre..... Il faut que la cour ſoit fortement indiſpoſée contre M. *de Myons*, & il n'y a pas d'eſpérance que ſon exil, qui dure déja depuis pluſieurs mois, finiſſe de ſitôt. Voici ce qui lui eſt arrivé :

Sa terre de Myons s'eſt trouvée infecté d'une maladie épidemique, au point qu'il lui eſt mort en peu de temps quatre domeſtiques ; frappé de terreur, l'exilé a envoyé en cour les extraits mortuaires de ces gens-là, des atteſtations des médecins reconnoiſſant que c'étoit l'inſalubrité de l'air qui avoit cauſé leur maladie, & le danger pour M. de Myons d'en être atteint. En conſéquence, il demandoit d'être exilé dans la ville de Lyon, aſſez voiſine de ſa terre, pour qu'il y vienne tous les jours, mais dont il étoit obligé de partir le ſoir, ne pouvant pas découcher : il donnoit l'alternative de lui permettre de voyager. On ne lui a accordé aucune des deux graces ; il lui a ſeulement été permis de ſe tranſporter à Villefranche, où il eſt fort incommodément.

29 *Novembre*. Le roi vient d'acheter de M. le duc de Penthievre la terre de Rambouillet, dont la forêt voiſine de Saint-Hubert étend conſidérablement les plaiſirs de ſa majeſté pour la chaſſe. Cependant, quoiqu'elle deſirât depuis long-temps de faire cette acquiſition, elle réſiſtoit à ſon

goût, fachant qu'elle feroit chere. Le roi femblé n'y avoir acquiefcé que par les follicitations du prince, dont cette vente arrange mieux les affaires.

Le prix eft de 18 millions environ, compris les intérêts, en trois ans, à raifon de 6 millions par an. On prétend, du refte, que Rambouillet rapporte 300,000 livres de revenu.

M. le duc de Penthievre a fait exhumer les corps de fes ancêtres qui y étoient enterrés, & les a fait transférer avec beaucoup de pompe, le mardi 25 de ce mois, dans une autre terre.

La reine eft allé voir le château qui eft gothique, & lui a fort déplu. En conféquence monfieur *d'Angiviller* a fait s'éverruer les talents des artiftes, & a préfenté les plans à fa majefté. Mais le roi a trouvé le devis des bâtiments trop confidérable, & a dit qu'il falloit attendre.

Quant à M. le duc de Penthievre, on prétend que ce prince eft dérangé à force d'arrangement; qu'il a une quantité confidérable de châteaux, tous bien meublés, bien entretenus, bien gardés, toujours prêts à le recevoir, & qu'il vifite fucceffivement; ce qui lui occafione une dépenfe énorme, augmentée encore par les exceffives charités qui ne diminuent point, & portées 400,000 liv. par an.

Du refte, M. le duc de *Chartres* a vu de très-mauvais œil une vente qui le fruftre de beaux domaines fur lefquels il comptoit.

19 *Novembre*. Meffieurs les directeurs de la caiffe d'efcompte, quoiqu'ils faffent bonne contenance, font fort embarraffés. Ils ont tenu une nouvelle affemblée générale le 26 de ce mois,

dont les débats ont été continués au lendemain 27, & ne sont pas encore finis.

Ces directeurs voudroient qu'il se formât seulement un comité subsistant de quelques actionnaires, auquel on communiqueroit les secrets de l'administration, qui resteroient toujours cachés à la multitude de ses membres; ceux-ci ne veulent pas y consentir: ils prétendent que leur établissement n'est point d'une nature à rien faire de secret pour personne, encore moins pour eux.

Cette division laisse les affaires en suspens, & la caisse ne va point pendant ce temps.

30 *Novembre*. L'expérience de messieurs *Charles* & *Robert* étant d'une importance beaucoup plus grande que toutes celles faites jusqu'à présent, & sur-tout que les colifichets & joujous dont on a amusé les Parisiens depuis quatre mois, ayant d'ailleurs été entreprise par une souscription fort chere, & sous les auspices des protecteurs les plus distingués, n'étoit nullement susceptible des défenses de la police annoncées, & leurs auteurs ont eu toute la liberté d'en prévenir le public. Ils ont obtenu la faveur singuliere de l'exécuter dans les Tuileries fermées. Ce vaste emplacement, la beauté du local, la commodité d'y aborder de toutes parts leur ont suggéré une spéculation de fortune: en conséquence ils ont annoncé qu'on n'entreroit qu'avec des billets à 3 livres piece. C'est une fureur pour en avoir; & l'on ne doute pas qu'ils ne retirent un bénéfice énorme.

Depuis quelques jours messieurs *Charles* & *Robert* entretiennent la curiosité & l'excitent par les diverses parties de leur machine aérostatique offertes aux regards. On a parlé du *ballon* qui, travaillé dans sa contexture avec une propreté exquise, enchante déja les plus ignorants. Il est à côtes & a la forme d'un melon ; il est composé de taffetas découpé en losanges par compartiments rouges & jaunes, extrêmement lisses & polis.

On voit à côté un petit ballon en taffetas vert de quelques pieds de diametre seulement, qui doit être le précurseur du grand.

Le char ou espece de gondole en vis-à-vis est un autre objet de spectacle. Il est très-élégant dans sa forme. Le fond est d'osier, recouvert d'une toile peinte en or & bleu, entouré de rouleaux de taffetas en festons, arrêtés par des cordons de soie & des glands d'or.

Il y a quelques jours qu'on a construit sur le bassin du parterre un théatre en bois, d'où le ballon doit partir ; il est entouré d'eau.

En face du bassin est un amphithéatre demi-circulaire, destiné aux princes, aux ministres, aux étrangers de distinction, aux corps académiques & aux grands souscripteurs, c'est-à-dire, aux anciens souscripteurs de quatre louis.

Cependant le ballon est déja attaché aux premiers arbres de la grande allée ; l'enceinte construite autour forme l'attelier. On y voit les matieres pour la préparation du gaz, les tonneaux qui doivent le contenir, les conducteurs qui doivent le transmettre, en un mot tous les ustensiles de l'opération. Plusieurs tentes établies renferment les principaux chefs destinés à veiller nuit & jour aux travaux, & à la conservation de la machine. Des voies de bois arrivent d'heure en heure, pour entretenir le feu nécessaire à cette petite armée de physiciens, de chymistes, d'ouvriers, de manœuvres de toute espece.

Une garde nombreuse d'invalides & de suisses est en dedans de l'enceinte, &, en repoussant les indiscrets trop empressés, irrite la curiosité générale.

L'affluence pour demander des billets est devenue si excessive, qu'il n'y en avoit plus, & afin de satisfaire à cette ardeur, l'expérience qui auroit dû avoir lieu hier, est remise à demain lundi. On fait même espérer que la reine y viendra.

Les suppôts de l'école de Montgolfier font cependant tout ce qu'ils peuvent pour décrier la machine; *ils répandent le bruit qu'elle est dangereuse*, que des hommes ne peuvent se hasarder d'y monter; que messieurs *Robert* ne l'oseront, ou qu'ils se feront intimer des défenses de le faire; en sorte que le public sera leur dupe: un poëte du parti a tenté même de jeter du ridicule sur ces messieurs par une épigramme qui court & que voici. Il apostrophe les auteurs de l'expérience, & sur-tout messieurs Robert qui devoient s'exalter dans le char à ballon perdu, & dont l'un y a déja renoncé pour se rendre aux prieres de sa femme grosse & prête d'accoucher.

Profitez bien, Messieurs, de la commune erreur,
La recette est considérable.
C'est un tour de Robert le Diable,
Mais non pas de Richard sans peur.

30 *Novembre*. Le libraire Prud'homme est enfin libre, après avoir avoué différentes peccadilles,

& livré un manuscrit contre le parlement sur l'affaire des *Montesquiou* & *la Boulbenne*, qu'il avoit été chargé d'imprimer.

30 *Novembre*. On devoit donner demain à la suite de l'opéra de *Didon*, l'*Amour vengé*, divertissement nouveau de la composition du sieur Gardel l'aîné ; mais hier à la répétition cette pantomime a été trouvée aussi plate qu'indécente, & l'on n'ose la jouer. C'est une jeune nymphe, qui après avoir donné le fouet à l'Amour, le reçoit à son tour du dieu malin.

1 *Décembre* 1783. Extrait d'une lettre de Lyon, du 19 novembre..... M. *de Flesselles*, intendant de cette généralité, ayant fait ouvrir depuis quelques années les deux grandes routes de Paris, par le Bourbonnois & par la Bourgogne, vient de faire élever au milieu de la place circulaire où elles se réunissent, près de la porte de la ville, un obélisque d'environ cinquante pieds de hauteur, couronné d'un globe parsemé de fleurs de lis en or, sur lequel repose une colombe, portant au bec un rameau d'olivier. Sur la table du piédestal, du côté de la ville, est gravée l'inscription suivante : *Ludovico XVI utriusque orbis pacificatori*. Le millésime est sur la table opposée, & les deux latérales contiennent l'indication de chaque route. Cet obélisque est entouré de bornes unies entr'elles par de fortes chaînes.

La place, qui a 470 pieds de circonférence, est plantée de tilleuls, avec des bancs de pierre dans les intervalles.

Ce monument a été élevé sur les desseins de M. *Sallié*, ingénieur en chef de la province.

1 *Décembre*. Hier un monde immense s'étant

rassemblé dans le jardin des Tuileries, par un temps très-beau & très-favorable. il s'est répandu le bruit que messieurs *Charles* & *Robert* avoient reçu un ordre du roi, qui, vu le danger de l'expérience, leur défendoit, & à tout autre, de monter dans la machine aérostatique à ballon perdu.

On ne sait point précisément qui avoit donné à sa majesté de pareilles inquiétudes; mais la défense est certaine. M. *Charles*, indigné qu'on eût surpris à ce point la religion du monarque, s'est transporté en diligence chez M. le baron de Breteuil, qui en ce moment donnoit sa premiere audience; il lui a représenté que sa majesté étoit maîtresse de sa vie & non de son honneur; qu'il avoit pris des engagements trop sacrés avec le public pour y manquer, & qu'il se brûleroit la cervelle si l'on lui ôtoit la faculté de les remplir; qu'au surplus, c'étoit une pitié cruelle & fausse qu'on voit inspirée au roi, puisqu'il étoit sûr de son expérience.

Il paroît que M. le baron de Breteuil, touché de l'injustice de l'ordre surpris au roi, & ne pouvant l'instruire assez tôt, a pris sur lui de le révoquer, ou du moins de fermer les yeux sur la transgression.

Cependant les ennemis de messieurs Charles assuroient dans l'assemblée que son ascension n'auroit pas lieu; ils insinuoient même que la défense de sa majesté très-extraordinaire, avoit été sollicitée indirectement par son instigation, afin d'être dispensé de rendre l'argent au public.

Ces propos calomnieux étoient soutenus d'une grande distribution de l'épigramme préparée &

citée plus haut , ainfi que de toutes fortes de calembours & mauvaifes plaifanteries.

Enfin , à une heure quarante minutes meſſieurs *Charles* & *Robert* ayant fait tous les préparatifs néceſſaires, fe font embarqués & élevés dans leur char de triomphe, ce qui a augmenté l'étonnement & l'admiration de l'aſſemblée. Un autre poëte enthouſiaſte a fur le champ compoſé & diſtribué au crayon le quatrain fuivant.

>Revenez, nation légere,
>De vos foupçons injurieux ;
>Voyez ramper l'envie à terre,
>Et Charles s'élever aux cieux.

Une fcene plus particuliere, mais dont on a bientôt été inſtruit , a fait grand plaiſir au public : c'eſt la réconciliation de M. *de Montgolfier* & de M. *Charles*. Ce dernier étant allé inviter le premier d'aſſiſter à fon expérience , il s'y eſt rendu, & lorfqu'on a lancé le petit ballon qui a précédé l'autre , M. Charles a fait l'honneur à M. de Montgolfier de lui préfenter les cifeaux pour couper la corde ; hommage auquel celui-ci s'eſt prêté de la meilleure grace du monde : c'étoit une allégorie imaginée par M. Charles, pour indiquer que M. de Montgolfier étoit le précurfeur , & avoit ouvert la carriere des airs. Les voyageurs aériens ont rabattu à trois heures trois quarts dans la prairie de Nefle, environ à neuf lieues de Paris. A quatre heures un quart M. Charles a remonté feul , & s'eſt enlevé de nouveau : il a navigué encore pendant une demi-heure, & a mis pied à terre à une lieue & demie plus loin.

1 *Décembre*. M. de Calonne, lorsqu'il s'est rendu le jeudi 13 novembre à la chambre des comptes pour y prêter le serment accoutumé, l'a fait avec une pompe nouvelle & extraordinaire. Il étoit accompagné de plusieurs conseillers d'état, maîtres des requêtes, intendants des finances, des députations des fermiers-généraux, des régisseurs & autres corps soumis à ses ordres.

M. *de Nicolaï* lui a adressé un discours très-singulier, où, après avoir tracé le portrait d'un contrôleur-général, il dit à M. de Calonne : « Vous avez desiré les grandes places ; mais » depuis long-temps vous vous prépariez à les » remplir : vous avez perfectionné, embelli les » heureux dons de la nature ; votre esprit, vous » l'avez cultivé, étendu par l'étude & par l'ob- » servation dans les sociétés du grand monde, » comme dans les provinces que vous avez admi- » nistrées ; on vous accordoit avec raison de » penser & de peindre ; on ne s'entretenoit que » de votre aménité, de votre pénétration, de » votre adresse à manier les esprits & les affaires; » *vous laissiez échapper aussi des étincelles de* » *génie*. »

Dans celui de M. de Calonne, qui répond parfaitement à l'éloge qu'en ont fait ceux qui l'ont entendu, les amis de M. d'Ormesson ont vû avec peine cette phrase qu'ils ont cru porter sur lui : « J'ai déja eu occasion de dire au roi & je » le lui dirai dans toutes, que rien ne peut le » mettre dans le cas de manquer à sa parole, » & qu'il n'y auroit *qu'une ignorance coupable* » *qui pût en supposer la nécessité*. » Les prôneurs de M. *Necker*, de leur côté, ne doutent pas que l'auteur du discours n'ait eu en vue de censurer son administration, lorsqu'il a parlé d'un plan d'amélioration générale qui *éloigne à jamais l'idée de ces remedes empiriques & violents, dont il ne faut pas rappeller le souvenir.*

1 *Décembre.* Extrait d'une lettre de Lille, du 28 novembre..... Aussi-tôt que l'on a été instruit ici de la nomination de M. de Calonne, notre compatriote & notre intendant, à la place de contrôleur général, les magistrats se sont assemblés, & ont nommé une députation de quatre de leurs membres pour aller le complimenter.

2 *Décembre.* On attend avec impatience le discours que M. *Bourboulon* a prononcé dans l'assemblée des administrateurs & actionnaires de la caisse d'escompte le 14 du mois dernier, trouvé si bon & si satisfaisant pour les deux partis, qu'il fut décidé unanimement de le faire imprimer.

L'assemblée étoit composée de soixante-quinze votants & c'est à la pluralité de cinquante-deux contre vingt-trois, qu'il fut décidé de créer de nouvelles actions, qui seront accordées de préférence aux actionnaires.

Les onze commissaires nommés pour faire les changements que le régime de la caisse exigeoit, & dresser les réglements faits, étoient messieurs l'abbé *de Perigord*, le comte *de Narbonne*, le comte *de Choiseul-Gouffier*, *Muol*, *Martin*, *Panchaud*, *Franier*, *Inpredhion*, *Rilliet*, *Julien*, *la Noroye* & *Berenger*.

De ces onze, neuf ont été pris dans le parti opposé à l'administration. Il paroît que le roi retire à cette caisse le commerce des piastres.

2 *Décembre.* La premiere représentation de *Didon*, jouée hier, avoit attiré autant de monde

que la plus brillante repréſentation du chevalier *Gluck*. Elle a eu un ſuccès décidé, ſur-tout par rapport au ſecond acte, & la ville paroît s'accorder en cela avec la cour.

L'admiration, au reſte, s'eſt portée uniquement ſur la muſique; car le poëme eſt des plus médiocres. M. *Marmontel* n'a fait que ſuivre la tragédie de M. le Franc; il l'a ſeulement gâtée au dénouement en le changeant & en faiſant venir *Enée* après le combat, qui, ébranlé de nouveau par les prieres & les larmes de la reine, ſe détermine enfin à partir ſur l'apparition de l'ombre de ſon pere, lui intimant les derniers ordres du ciel. On ſait que Virgile & le poëte tragique françois, malgré tout leur art, n'avoient pu ſauver les défauts du rôle du pieux *Enée*; le poëte lyrique le rend encore plus foible & plus vil.

On regarde cet ouvrage comme le meilleur de M. Piccini depuis qu'il travaille pour notre opéra, parce que celui-ci eſt le plus dans ſon genre. Il prête infiniment à l'expreſſion des paſſions douces & tendres de ſon chant. Les morceaux d'énergie qu'il exige ne ſont pas au deſſus de ſes forces, & doivent toujours participer en quelque ſorte du premier mode. Il n'y a que le rôle d'*Iarbe* qui auroit pu & dû contraſter plus violemment, & dans lequel auſſi le muſicien a échoué.

Mad de Saint-Huberti n'a pas peu contribué au ſuccès de l'ouvrage; elle a joué *Didon* avec un talent ſupérieur, elle s'eſt élevée au deſſus d'elle même; elle s'eſt montrée non moins grande actrice qu'habile cantatrice, & ſa voix extrêmement douce & touchante alloit à merveille à ſon rôle, un des plus intéreffants qu'il y ait au théatre.

On a donné enfuite le ballet de *la chercheufe d'efprit*, dans lequel Mlle. Guimard a reparu la premiere fois depuis fa petite vérole, & a été également goûtée du public.

3 *Décembre*. M. le duc de Chartres, qui a mis une ardeur finguliere à fuivre toutes les expériences de la machine aéroftatique, étoit monté à cheval au moment où le char aérien s'eft élevé, & a fait tant de diligence en fuivant la direction du vent, qu'il eft arrivé précifément comme meffieurs *Charles* & *Robert* dreffoient le procès-verbal de leur defcente dans la machine aéroftatique, même en préfence du curé du lieu, de deux de fes confreres des environs, & du syndic de la paroiffe de Nefle.

Le duc de Chartres a figné ce procès-verbal avec le duc de Fitz-James qui l'accompagnoit, l'a rapporté & l'a envoyé au journal de Paris dans la foirée; en forte que dès le lendemain 2 décembre, toute la capitale a été inftruite de l'événement.

On ne fauroit rendre la fenfation qu'il caufe dans Paris; c'eft la matiere des converfations depuis trois jours, & l'on ne ceffe d'en parler.

Le lendemain matin un monde immenfe fe rendit à la porte de M. *Charles* pour le féliciter; il n'étoit pas encore de retour. Les poiffardes l'ont attendu jufqu'à cinq heures & demie du foir qu'il eft arrivé avec fon camarade, M. Robert le jeune, & il a reçu les compliments, les bouquets & les lauriers de ce premier corps du peuple.

Un peu repofé, M. Charles eft allé au Palais-Royal pour remercier M. le duc de Chartres;

M. le marquis *de la Fayette* l'a conduit dans son carrosse ; le bruit de sa venue s'est bientôt répandu dans les environs ; le peuple s'est amassé ; & quand M. Charles est redescendu, on est allé le prendre jusques sur les escaliers, l'enlever, & on l'a porté ainsi en triomphe au carrosse. Les plus enthousiastes étoient même tentés de dételer les chevaux, & de le reconduire chez lui à bras & à la maniere angloise, lorsqu'on leur a observé que c'étoit la voiture de M. de la Fayette.

A huit heures du soir, le globe auquel il n'est arrivé aucune espece d'accident, après avoir été vuidé & ployé, est rentré dans Paris dans une sorte de triomphe aussi ; on a allumé des flambeaux dans le fauxbourg Saint-Denis, & on l'a reconduit ainsi aux acclamations de la populace, jusqu'à la place des Victoires, demeure de M. *Charles*.

3 *Décembre*. La fameuse Mad. *Gourdan*, appellée *la petite Comtesse*, à la cour où tout se peint en beau, a péri il y a quelques jours d'une mort presque subite & violente. Le soir où elle est tombée malade, elle sortoit de souper, & l'on présume qu'elle pourroit bien avoir été empoisonnée. Les rapports qu'avoit cette appareilleuse avec ce qu'il y a de plus grand, la mettoient dans le cas de se faire beaucoup d'amis & d'ennemis : il y a une émulation parmi les femmes de son espece pour succéder à sa dignité de surintendante des plaisirs de la ville & de la cour, quelque périlleuse qu'elle soit.

On a mis les scellés chez elle & par suite à sa maison de plaisance à Villiers-le-Bel ; quand ils seront levés, on saura si elle laisse une succession aussi considérable qu'on le présume.

4 Décembre. Le procédé de M. Charles pour monter & descendre à volonté avec sa machine aéroftatique, est bien simple. Il lefte sa gondole de façon à la mettre en équilibre avec le ballon. Quand il veut s'élever il jette de son lest, & la machine monte ; venu à la hauteur qu'il defire rester, il y a un robinet à son ballon qu'il ouvre & il lâche de l'air inflammable, jusqu'à ce qu'il se trouve de nouveau en équilibre ; alors il plane au gré du vent. Veut-il descendre ? il ouvre de nouveau le robinet, & sa gondole se trouvant plus pesante que le ballon l'entraîne vers la terre.

M. *Charles* rapporte qu'à son départ de la prairie de Nesle, étant monté avec une légéreté spécifique évaluée à environ 125 livres, il s'est élevé avec une vîtesse telle qu'en dix minutes, il parvint à une hauteur où le barometre, de 28 pouces 4 lignes qu'il étoit à terre, a descendu à 18 pouces 10 lignes, ce qui par évaluation fait à peu près 1524 toises ; de son côté, le thermometre, qui marquoit à terre sept degrés & demi au dessus de O, est descendu dans cet intervalle à 5 degrés au dessous de zéro, terme de la glace; en sorte qu'en dix minutes il a passé de la température du printemps a celle de l'hiver. Cette transition presque subite de 12 degrés ne lui a fait éprouver d'autre sensation que celle d'un froid très-sec & par conséquent moins insupportable

4 *Décembre.* On a oublié de dire que le 27 du mois dernier tous les membres de l'académie françoise ayant été convoqués pour élire le successeur de M. *d'Alembert* à la place de secretaire perpétuel de la compagnie, le choix est tombé sur M. *Marmontel.* De 21 voix il en a eu 15 ;

les autres six étoient en faveur de M. *Suard*, son concurrent.

5 *Décembre*. M. *Franklin* n'a pas été un des moins empressés à voir & suivre dans tout son développement l'expérience de M. *Charles*. Enchanté de ce qu'il observoit, il s'est écrié que le premier ballon étoit un enfant, mais celui-ci un géant. Il a dit encore, que la machine aérostatique étoit un enfant dont M. *de Montgolfier* étoit le pere & M. *Charles* la mere nourrice.

5 *Décembre*. On assure que le roi a été si enchanté de madame Saint-Huberti dans le rôle de *Didon* qu'elle a joué à Fontainebleau, que S. M. lui a fait donner sur le champ une pension de six cents livres.

6 *Décembre*. La faculté de médecine s'est assemblée le mardi 2 de ce mois pour entendre le rapport de ses commissaires concernant le traitement des épileptiques par le sieur *le Dru*, dans le nouvel hôpital que le gouvernement lui a accordé aux célestins.

Il paroît qu'il y a scission entre ces commissaires; que les treize derniers n'ont point vu du même œil cet établissement que les sept anciens, qu'ils n'ont trouvé aucune guérison réelle de la part du sieur *le Dru*, & qu'ils ne regardent que comme charlatanerie, prestige, tours de gibeciere tout ce qu'a fait jusqu'à présent cet Esculape, toujours *comus* là comme aux boulevards.

Le rapport de ces docteurs a tellement ébranlé les autres, que l'on a suspendu le brevet de physicien de la faculté qu'on devoit accorder au sieur *le Dru*, & qu'on a arrêté d'écrire au roi pour instruire sa majesté qu'on a surpris sa religion par le récit des cures fausses ou très-imparfaites.

7 *Décembre.* Le comte de Malderé n'a pas manqué de répondre au mémoire remis par le comte de Gamache au maréchal duc de Biron, par un autre mémoire mieux digéré & plus clair.

On y apprend que, sous les auspices du maréchal duc de Biron, & à la sollicitation de la famille & des parents du comte de Gamache, il a été accepté par le comte de Malderé une transaction, suivant laquelle la créance de 115,000 liv. que le comte de Gamache répétoit contre son débiteur, a été réduite à une somme de 24,105 liv. payable en trois termes égaux, dont le premier écherroit une année après la cessation des hostilités entre la France & l'Angleterre, & ainsi d'année en année. C'est donc au 20 janvier prochain seulement que M. de Malderé sera obligé de tenir son premier engagement : jusques-là son créancier n'a rien à lui demander.

Cette transaction, signée entre les parties le 26 février 1780, ratifiée par le comte & la comtesse de Gamache le 13 mars suivant, a été homologuée en justice par un arrêt de décharge à l'amiable du 6 septembre de la même année, suivant lequel leur décret de prise de corps a été annullé ; ce qui leur a permis de reparoître en sûreté à Paris.

A l'égard des allégations relatives au St. Esprit de diamant, le comte de Malderé représente au maréchal duc de Biron, que toutes les accusations de son adversaire qui cherche à s'innocenter & à l'inculper, ne sont que des répétitions de ce qui a été plaidé à la tournelle, sans aucun égard de la part des juges qui les ont rejetées comme autant d'injures & d'affertions faufles.

Enfin, M. de Malderé obferve que le comte de Gamache, qui dans le fond n'a rien à voir aux arrangements d'affaires que peut prendre le comte de Malderé par la vente de fes biens en tout ou en partie, en impofe même à cet égard au maréchal, puifqu'il en étoit prévenu lors de la tranfaction, & y avoit mis oppofition près de deux ans avant.

Ce mémoire répandu dans le régiment des gardes, a fatisfait les camarades du comte de Malderé, & l'on attend la réplique du comte de Gamache, qui ne peut refter en arriere fans fe faire un grand tort dans le monde, où cette nouvelle conteftation fait bruit de plus en plus.

7 Décembre. Une comédie nouvelle à ariettes en deux actes a été jouée hier aux Italiens. Le nom des auteurs rendoit ce fpectacle fort intéreffant ; celui des paroles eft M. *Piccini* le fils, & le muficien M. *Piccini* le pere. Le titre de l'ouvrage eft *le faux Lord*. Le poëme reffemble beaucoup aux opera bouffons, où il n'y a pas le fens commun dans le plan, l'intrigue & la conduite. On voit auffi que le muficien n'a pas attaché une grande pretention à fon travail, & que s'il y a des chofes charmantes, c'eft qu'il ne peut rien compofer de mauvais. Du refte, rien de plus fuivi & qui caractérife des *Motifs*, en termes de de l'art, bien marqués, exécutés d'une façon analogue à l'intention du poëte.

La piece a été reçue avec indulgence relativement à l'un des auteurs, & avec une forte de vénération filencieufe relativement à l'autre ; mais cela ne peut aller loin.

7 Décembre. Les fêtes pour la paix, qui devoient avoir lieu aujourd'hui, font retardées par ordre supérieur, & fans doute relativement à la mort de *Mademoiselle*.

8 Décembre. Nous fommes dans le fiecle des merveilles. Un horloger qui ne dit point fon nom, mais qu'on affure réfider à cent lieues de la capitale, fe fait fort de traverfer la riviere de Seine entre le Pont-Neuf & le Pont-Royal à fleur d'eau, & avec affez de vîteffe pour qu'un cheval qui partira en même temps que lui au grand trot d'une extrêmité du Pont-Neuf, n'arrive pas avant lui à la rive oppofée.

Pour qu'il faffe cette expérience, il demande à trouver deux cents louis à la rive oppofée de la Seine après la premiere traverfée; cette fomme eft pour le dédommager des frais de voyage, de fon féjour à Paris, & de la perte de temps qu'il éprouvera: il confent, fi, au jugement des commiffaires nommés, il n'a pas rempli toutes les conditions du pari, de n'en rien toucher.

Il indique le 1 janvier 1784 pour le jour de l'expérience, qui fera remife fi la riviere eft prife, ou qu'il faffe un brouillard épais.

8 Décembre. On continue à s'entretenir avec le même enthoufiafme de la courfe aérienne de meffieurs *Charles* & *Robert*. On voudroit qu'ils fuffent récompenfés par quelque marque honorifique, & chacun affigne la diftinction qu'il lui defireroit, ce qui a fait naître le madrigal fuivant:

 Vraiment chacun s'embarraffe
 D'honorer Charles en ces lieux;
 Sans nous il a marqué fa place
 Entre les hommes & les dieux.

8 *Décembre.* M. le marquis *de Bievre*, ayant abandonné les honoraires des repréfentations & de l'impreffion de la comédie du *Séducteur*, récompenfe eftimée un objet d'environ dix mille francs, au fieur *Molé* qui y joue le principal rôle & le fait beaucoup valoir ; celui-ci obtient tous les arrangements poffibles de fes camarades afin qu'il n'y ait aucune repréfentation médiocre, foit en avançant, foit en reculant, foit en changeant le jour de chacune. Du refte, il eft aux petits foins auprès de l'auteur, afin de flatter fon amour-propre & le laiffer de plus en plus perfuadé de l'engouement du public. C'eft ainfi qu'il lui difoit l'autre jour, après avoir joué : je fuis bien fâché, monfieur le Marquis, de n'avoir pas fait remettre cette repréfentation à une autre fois ; je n'ai pas été content de moi ; je crains d'avoir affoibli mon rôle ; car j'étois enrhumé. Tant mieux, lui a répondu le marquis toujours calembourifte ; vous n'avez jamais fi bien joué ; c'eft *l'efprit du rôle.*

9 *Décembre.* Monfieur *Charles* eft allé mercredi 3 décembre rendre compte de fon voyage aérien à l'académie des fciences. Il y a caufé la fenfation la plus vive, ainfi que M. de Montgolfier qui l'accompagnoit. M. le préfident *Saron*, qui préfidoit la compagnie, les a fait affeoir à côté de lui. M. *de Montgolfier*, comme l'inventeur, a eu la place d'honneur.

M. le préfident avoit le projet formé avec quelques académiciens enthoufiaftes de nommer ces meffieurs par acclamation & fans tirer à conféquence, affociés furnuméraires. Quand ils ont été fortis, M. Meffier a ouvert l'avis ; mais il n'a pas été fecondé : les rigoriftes, ou plutôt les jaloux, les envieux ont prétendu que la compagnie n'avoit pas ce droit ; que c'étoit d'un trop dangereux exemple. On s'est contenté de remettre à chacun de ces messieurs deux jetons, comme aux académiciens, & il a été arreté d'en envoyer aussi à messieurs *Robert*, *Pilâtre de Rozier*, & au marquis d'*Arlande*.

C'est à quoi se réduisent jusqu'à présent tous les honneurs & toutes les récompenses accordées à des hommes qui après avoir offert à la nation le plus beau spectacle de l'univers, après avoir entraîné à leur suite les grands seigneurs, les princes du sang, les voyant planer avec admiration au dessus de leur tête, & ne pouvant égaler leur marche sur leurs rapides coursiers, sont revenus mesquinement à Paris par la diligence le lendemain de leur triomphe : personne de ces illustres enthousiastes n'a daigné leur envoyer un équipage pour les ramener.

10 *Décembre*. Le procès intenté aux comédiens italiens par les françois à l'occasion de la représentation de *Gabrielle d'Estrées*, est fondé sur les lettres-patentes du 31 mars 1780, enrégistrées au parlement le 1 mai suivant, qui, en rétablissant les premiers dans le droit auquel ils avoient renoncé de jouer des comédies françoises, leur interdisent la faculté de jouer des tragédies ; encore plus une tragédie déja placée sur le répertoire. Ils déclarent s'embarrasser peu de celle de M. *de Sauvigny*, dont ils ne font pas grand cas ; mais ils ont intérêt d'empêcher cette usurpation, d'un exemple funeste.

Les comédiens italiens répondent qu'il ne leur est point défendu de jouer des drames ; qu'ils en ont déja représenté plusieurs sans aucune réclamation de leurs adverfaires, & que *Gabrielle d'Eftrées*, au moyen des changements de l'auteur, en eft devenu un.

Quant à la poffeffion que les françois voudroient faire valoir, M. de Sauvigny prétend que, dégagé par l'article premier de l'arrêt du confeil du 9 décembre 1780, des engagements qu'il avoit pris avec eux, il n'a pas voulu en contracter de nouveaux.

Si la conteftation dure, il faudra que le confeil des dépêches prononce deffus.

10 *Décembre*. On parle beaucoup d'un duel entre M. *de Chabannes* & M. *de Lefcure*, duel très-caractérifé, puifqu'il y a eu des témoins choifis de part & d'autre. On dit le premier bleffé très-dangereufement. Il paroît que le jeu en eft la caufe; mais on n'a pas tiré encore parfaitement au clair cette aventure.

10 *Décembre*. Extrait d'une lettre de Rennes, du 7 décembre.... Il ne pouvoit nous arriver rien de plus heureux que la retraite de M. *Amelot* : encore alarmé des troubles des derniers états, mal appaifés & prêts à renaître plus violents que jamais l'année prochaine, il avoit envie de fe mettre cette épine hors du pied, & nous favons très-pofitivement que de concert avec M. *d'Ormeffon* & le garde-des-fceaux, il y avoit un édit tout prêt de fuppreffion, réduifant la Bretagne en fimple généralité à l'inftar des autres provinces.

Vous ne croiriez pas que c'eft M. *de Calonne* que nous regardions comme l'ennemi juré des Bretons, qui a paré le coup, en quoi il a été parfaitement fecondé depuis par le baron *de Breteuil*. Nos chefs font aujourd'hui très-bien avec le contrôleur-général ; il avoit d'abord quelque défiance de M. le comte de la Violais, le président de la noblesse, dont on lui avoit rapporté des propos ; mais ils ont eu une explication ; ils sont très-bien ensemble ; le comte a dîné chez le ministre, qui paroît disposé à écouter la raison, à secourir cette malheureuse province trop long-temps opprimée & à lui rendre son ancienne prospérité. Voilà ce que vous n'auriez jamais imaginé. M. *de Calonne*, en convenant que MM. *de Caradeuc* ont à se plaindre de lui, prétend que l'on a exagéré ses torts envers eux, & que s'il pouvoit avoir une demi-heure d'explication avec M. *de la Chalotais*, il le feroit revenir sur son compte.

Nos chefs sont si convaincus de la bonne volonté actuelle de M. de Calonne, qu'ils avoient engagé M. de Caradeuc à le prévenir, non par aucune démarche basse, mais comme nécessité par sa place de procureur-général à correspondre avec lui & à l'instruire de l'état malheureux de la province. Ce magistrat, malheureusement borné, n'a pas senti le bien qui auroit résulté de cette réunion, & s'y est refusé ; nous savons que M. de Calonne de sa part y étoit très disposé & a les larmes aux yeux toutes les fois qu'il en parle. La suite nous fera voir si c'est une comédie, ou s'il est enthousiaste de gloire.

10 *Décembre*. M. *Linguet* annonce dans un nouveau *Prospectus*, que les obstacles qui ont suspendu la libre circulation de ses annales en France, sont levés ; il persiste dans sa révocation du sieur *le Quesne* pour agent, & lui a substitué un monsieur *de Montbines*.

Son objet est toujours de combattre avec courage les erreurs nuisibles ; de traiter avec circons-
pection

pection les vérités délicates ; de rappeller sans cesse le public au respect pour les mœurs, la religion & les loix ; de réclamer contre le goût dépravé qui s'est glissé dans la littérature, dans la morale, & qui, par les spéculations d'une théorie prétendue philosophique, a corrompu les vrais principes en tout genre.

Du reste, une sortie violente contre les contrefacteurs: il en existe à *Bruxelles*, à *Avignon*, à *Liege*, à *Lausanne* & jusqu'à *Cremone* en Italie, en France même, à *Nantes*, à *Montpellier*, à *Perpignan*, où cependant personne ne les connoît.

10 *Décembre.* Les libraires qui jusqu'à présent avoient attendu avec impatience le résultat des délibérations du parlement concernant les arrêts du conseil du 30 août 1777, qui les concernent, & dont il a été tant parlé, ont profité d'une circonstance favorable pour renouveller leurs instances auprès de cette cour, & l'obliger de s'expliquer.

Le sieur *de Bure* pere faisoit à l'abbé *de la Chapelle* depuis 1763 une rente viagere de 400 liv. pour l'acquisition de plusieurs de ses ouvrages, dont celui-ci lui avoit cédé la propriété. Ses fils ayant succédé à ses droits, depuis les arrêts du conseil obtinrent en chancellerie, le 17 août 1778, des lettres de rescision contre l'acte de leur pere : ils poursuivirent au châtelet l'entérinement de ces lettres de rescision ; mais une sentence rendue contr'eux le 1 mai 1779, les débouta de leur demande. Appel au parlement, dans lequel le corps de la librairie s'est rendu partie intervenante. Cet appel est resté suspendu au moment de la dénonciation des arrêts du conseil ; mais comme depuis plusieurs années il n'en eſt rien réſulté, on remue aujourd'hui cette affaire.

On répand un *Memoire à conſulter*, ſuivi d'une conſultation de pluſieurs juriſconſultes, en date du 28 décembre 1782, où l'on eſtime que le parlement, frappé des nouvelles conſidérations qu'on lui préſente, relativement au bouleverſement dans les propriétés, au déſordre dans la librairie, occaſionés par les nouveaux réglements du conſeil, les regardera comme une pure ſurpriſe faite à ſa ſageſſe, & maintiendra les loix anciennes, revêtues de toutes les formes, & dont l'exécution lui eſt confiée.

11 *Décembre.* C'eſt aujourd'hui que l'académie françoiſe doit procéder à l'élection des ſucceſſeurs de M. *d'Alembert* & du comte *de Treſſan*. Tout le monde ſait d'avance les candidats qui ſeront élus & qu'on nomme depuis long-temps, M. *Bailly* & M. *de Choiſeul-Gouffier*; mais il y a une petite difficulté ſur le rang qu'on leur donnera. M. *Bailly*, comme le plus ancien ſollicitant & comme ayant déja eu les ſecondes voix à la derniere élection, voudroit paſſer le premier, c'eſt-à-dire, ſuccéder à M. d'Alembert. Les partiſans de ce dernier qui n'ignorent par la haine que le défunt portoit à M. *Bailly*, comme attaché à M. de Buffon qu'il déteſtoit, craignent que M. *Bailly*, ſucceſſeur de M. *d'Alembert*, ne faſſe pas convenablement ſon éloge. Voià ce qui arrête ces meſſieurs & cauſe une grande fermentation dans la compagnie.

12 *Décembre*. M. le marquis de Saint-Marc a refait depuis long-temps l'*Alceſte* de Quinault, & il eſt imprimé dans ſes œuvres. Il avoit chargé le ſieur *Floquet* d'en compoſer la muſique. Celui-ci y avoit conſenti à condition de garder l'*incognita*.

La crainte d'ameuter contre lui la cabale des *Gluckistes*, pour oser lutter contre un rival aussi redoutable que le chevalier allemand, étoit le motif de ce mystere. Le poëte n'a pas été aussi discret que le desiroit le musicien, qui lui a déclaré renoncer à son entreprise.

Cependant le sieur *Floquet*, fâché de perdre son travail, a imaginé de le faire valoir en s'enveloppant d'un nouveau masque. Il a fait parvenir à M. de Saint-Marc une lettre très-flatteuse d'un musicien étranger anonyme résidant loin de la France, qui lui marquoit avoir trouvé dans la bibliotheque de son maître cet opéra qui lui avoit plu beaucoup, qui l'avoit enthousiasmé, & dont il lui demandoit la permission de faire usage. La tournure étoit prise de façon à faire soupçonner au poëte que son musicien étoit le sieur *Paisiello*, attaché à la cour de Russie.

M. de Saint-Marc, flatté des louanges qu'on lui prodiguoit, a donné en plein dans le panneau : la correspondance entr'eux s'est soutenue pendant long-temps assez bien ; mais enfin une réponse arrivée trop-tôt a dessillé les yeux au poëte, & il n'a plus douté qu'il ne fût joué par le sieur Floquet. Celui-ci, trahi une seconde fois dans son *incognito*, n'en veut pas convenir, & il y a grande apparence qu'aujourd'hui, quand il le voudroit, son opéra ne seroit pas joué.

12 *Décembre*. La cabale de M. *d'Alembert* l'a emporté, & c'est M. *de Choiseul-Gouffier* qui lui succede. M. *Bailly* n'a remplacé que le comte *de Tressan*.

13 *Décembre*. Il paroît un nouvel arrêt du conseil concernant la caisse d'escompte, en date du 10 décembre. Il annonce de plus fort que la

caisse d'escompte est en bonne position, qu'elle est maintenant en état de faire face à bureau ouvert, & que, d'après la supplique de son administration, S. M. retire les arrêts qui l'autorisoient à ne payer qu'à sa commodité jusqu'au 1 janvier 1784.

Cette affectation de recourir continuellement à l'autorité pour faire parler de la caisse, pour en vanter les sages mesures & la solidité, ne peut produire qu'un effet contraire auprès des gens qui raisonnent d'après les faits & non d'après les loqueles oratoires des préambules. A-t-on besoin de la permission du roi pour payer ses dettes & remplir ses obligations ? C'est aussi absurde que dérisoire.

Du reste, les dernieres délibérations prises dans les assemblées successives que les administrateurs & actionnaires de cette caisse ont tenues, sont 1°. que du 1 au 15 de ce mois on ne pourra escompter que jusqu'à la concurrence de quatre millions. On a reconnu qu'il ne reste plus que 700,000 liv. de débet particulier à la caisse, des six millions auquel ce débet montoit il y a deux mois.

2°. On a fixé un comité composé de cinq personnes pour dresser les réglements concernant le régime intérieur.

13 *Décembre*. *Héraclite* ou *le Triomphe de la beauté*. Tel est le double titre d'une comédie nouvelle en un acte & en vers, jouée hier sur le théatre italien. Ce petit ouvrage ressemble beaucoup au conte *des Oies du frere Philippe à l'Oracle* & à diverses autres féeries. Son but moral, qui n'est guere plus neuf, est de tempérer une philosophie trop austere par une douce philantropie.

Il n'est point mal écrit & mérite de l'accueil, moins à raison de son mérite intrinseque, que de l'encouragement dû à un jeune homme qui débute. Il se nomme *Lieutaud*, & on a déja vû quelques essais poétiques de sa façon dans divers ouvrages périodiques.

14 *Décembre*. M. *de Chabannes* est tout jeune; M. le marquis *de Lescure* est un homme de quarante ans, colonel: il avoit joué avec M. de Chabannes & perdu une somme très-forte, au moins de 300,000 liv. Ne pouvant payer, il avoit fait des billets. Obligé de partir pour l'Amérique où alloit son régiment, il témoigna quelque inquiétude à M. de Chabannes sur ces titres qu'il laissoit contre lui: son créancier eut la générosité de le rassurer contre l'usage qu'il en pourroit faire, ou ses héritiers, en cas d'accident, & les brûla en sa présence; il lui dit qu'il s'en rapportoit à sa parole.

M. de Lescure revenu de l'Amérique, non-seulement ne s'est pas mis en devoir de s'acquitter; mais sur la demande de quelque à-compte que M. de Chabannes lui a faite, a nié la dette. Gros mots en conséquence & duel.

Quoique le tribunal des maréchaux de France ne connoisse pas des dettes du jeu, ou plutôt ne les reconnoisse pas lorsqu'elles excedent une somme très-légere, il n'a pu se dispenser d'intervenir dans cette affaire à cause du combat singulier. Il a fait comparoir les deux champions, les a obligés de se rapprocher, de s'embrasser & de promettre, suivant la formule usitée, de ne donner aucune suite à la querelle.

Quant au fond de la contestation il a été fait un arrangement entre MM. de Chabannes & de

Lefcure qu'on ignore ; & fur lequel ils font réciproquement convenus de garder le filence.

14 *Décembre.* L'enthoufiafme caufé par le voyage aérien de MM. *Charles* & *Robert* ne finit pas. Ce qui flatte fur-tout la nation en cette découverte, c'eft de précéder nos voifins, cette nation rivale en tout dans les fciences comme dans la guerre: un plaifant a compofé à ce fujet le quatrain fuivant :

>Les Anglois, nation trop fiere,
>S'arrogent l'empire des mers,
>Les François, nation légere,
>S'emparent de celui des airs.

15 *Décembre.* Les fêtes pour la paix remifes plufieurs fois, ont enfin eu lieu hier. Il n'y avoit rien de remarquable que le Te Deum & la halle au bled convertie en falle de bal pour le peuple.

Pour rendre le premier plus impofant, on a déja dit que MM. de Notre-Dame avoient imaginé de joindre à leur mufique ordinaire la mufique militaire des gardes françoifes. Il n'en a réfulté qu'une difcordance épouvantable à faire fuir toutes les oreilles un peu délicates ; le charivari a encore été augmenté par le peuple exclu jufques-là de l'églife durant la cérémonie, & qu'on avoit arrêté de laiffer entrer en foule, afin de rendre les chœurs plus bruyants.

Quant au fpectacle de la halle, il étoit fuperbe & vraiment neuf. On a déja décrit cette rotonde très-vafte & de 110 pieds de diametre. Meffieurs *le Grand* & *Molines*, conftructeurs de la coupole, avoient eu la liberté d'en décorer & illuminer l'enceinte à leur gré ; ils l'avoient fait d'une maniere simple & convenable au genre des acteurs auxquels la salle de bal étoit destinée.

Le lustre suspendu à la lanterne de la coupole, a produit le meilleur effet, & méritoit seul d'attirer l'attention des curieux. Il est de neuf pieds de diametre sur quinze pieds de haut & de forme conique : il est surmonté d'une couronne royale de cinq pieds de diametre. Il pese un millier. Il porte cent quarante-quatre réverberes, en tout cinq cents lumieres. Partie de ces lumieres réfléchies par des miroirs horizontaux & argentés, procuroit une clarté douce & brillante, sans fatiguer la vue; le surplus étoit divisé en verres de couleurs différentes servant d'ornement à la couronne, dont l'effet a paru obtenir tous les suffrages.

Ce lustre est de l'invention de monsieur *Tourtille Saugrin*, entrepreneur de l'illumination de Paris.

Comme l'enceinte d'en-bas étoit uniquement destinée au peuple, on avoit ménagé en haut des galeries pour en procurer le spectacle aux gens de la cour & de la ville ; on n'y entroit que par billets, & il falloit circuler sans rester. La multiplicité des débouchés, la marche prescrite aux voitures, les entrées, les sorties indiquées ont fait régner le plus grand ordre en ce lieu. Quinze cents personnes ont pu jouir à la fois du coup d'œil de l'illumination, & ce nombre se renouveller continuellement.

On a critiqué une seule chose, c'est d'avoir laissé les sacs de farine dans une partie de la double galerie circulaire qui précede l'enceinte intérieure. Quoique ces marchandises ne nuisissent pas absolument au spectacle & à la circulation, celle-ci auroit été beaucoup plus libre, & celui-là plus imposant, si en éclairant cet entour, on eût encore ménagé au peuple plus d'espace pour se promener, pour danser, pour se livrer à toutes ses folies, & la foule auroit pu être double : c'est alors qu'on auroit pu véritablement dire que cette fête suggéroit quelque idée de celles que Rome donnoit au peuple.

15 *Décembre*. L'académie des sciences a enfin rougi de n'avoir pas mieux reconnu le mérite de M. Montgolfier : dans son assemblée du mercredi huit, elle l'a élu pour son correspondant. Elle a dérogé en sa faveur à l'usage de ne faire ce choix qu'à une seule époque, qui est le mois d'août.

16 *Décembre*. On se donne clandestinement une facétie intitulée, *Bibliotheque de la cour*. On connoît cette forme de satire indirecte, qui se renouvelle de temps en temps & peut être très-piquante, lorsqu'elle est bien faite. On peint ainsi un personnage d'un trait où l'on révele une anecdote scandaleuse. dans la feuille actuelle, qui n'est que manuscrite ; on passe en revue quantité de seigneurs & de femmes de qualité, des princes même & princesses : il y a des articles qui ne manquent pas de sel ; il y en a d'obscurs & d'inintelligibles, ce qui arrive presque toujours, parce que chacun s'en mêle & veut y ajouter du sien. Il seroit à désirer que cette feuille fût imprimée, afin de constater l'original véritable.

16 *Décembre*. La premiere représentation de la tragédie des *Brames* a eu lieu hier.

Le sujet, tout-à-fait fabuleux, est l'inverse du sujet de *Mélanie*, du même auteur. Ici c'est un pere qui veut forcer sa fille à se faire religieuse malgré elle ; là c'est un jeune prince qui renonce au trône & quitte le palais de son pere secrétement pour s'initier aux mysteres des brames. On voit que ce début n'est pas fort tragique : mais le prince devient, en la voyant, amoureux de la fille du grand-prêtre, & veut l'épouser. Voilà une passion qui rentre dans le genre ; cependant elle n'est que secondaire & peche contre les principes des grands maîtres, qui n'admettent l'amour en tragédie qu'autant qu'il y joue le principal rôle. Le monarque apprend la retraite du jeune prince ; il prétend l'en arracher ainsi qu'à son indigne amour : il le trouve inébranlable, & se résout à détruire les brames, qu'il regarde comme les séducteurs de son fils. Tout cela est encore peu intéressant.

Le jeune prince ne voit d'autre ressource que d'exciter à la révolte une nation voisine qu'il sait y être disposée ; il se met à la tête des troupes ; & va combattre son pere malgré le pontife qui cherche à le détourner de ce crime ; belle scene, mais qui manque son effet sur le spectateur, parce qu'elle n'en produit aucun sur le fils rebelle : il devient tout-à-coup un grand général ; il met en fuite les troupes aguerries de l'empereur ; & celui-ci dans sa fureur étouffant toute sa tendresse paternelle, cherche ce héros pour en ôter l'appui à ses ennemis. Le jeune prince, forcé de se défendre contre son pere, met les armes bas & se rend prisonnier ; situation embarrassante dont le poëte se tire fort mal en ramenant dans cet état le pere & le fils sur la scene. Le premier est confirmé de plus en plus dans ses projets destructeurs contre les brames, lorsque leur chef lui montre qu'ils ne craignent

D 5.

rien & savent braver la mort. Ici le temple s'ouvre & l'on voit un bûcher où ils sont prêts à se jeter plutôt que de renoncer à leur religion & d'embrasser le mahométisme que leur propose l'empereur pour alternative. Avant, le grand-prêtre tente un dernier effort pour ébranler le tyran, en lui peignant tous les maux qui vont suivre son acte de cruauté, tous ceux qu'il se prépare à lui-même, & sur-tout les remords dont il sera dévoré; il réussit : l'empereur renonce à sa vengeance ; il laisse son fils parmi les brames, & consent au mariage.

Par ce court exposé, il est aisé de juger combien cette piece est vicieuse au fond; peu d'action & beaucoup de morale, en voilà le résultat. Au reste, elle n'est point sans mérite. La marche en est assez simple, la versification soignée, & il y a eu beaucoup de tirades applaudies. Le quatrieme acte est le plus beau.

Cette tragédie a été fort mal jouée. Le sieur *Molé*, représentant le fils, avoit l'air d'un énergumene; le sieur *Brizard*, chargé du rôle du pontife, pour y mettre de la chaleur, a tellement outré, forcé sa voix, qu'on ne l'entendoit plus; & la demoiselle *Sainval*, qui jouoit l'amante, faisoit des grimaces de possédée. Le sieur *Van-Hove*, dans le personnage du tyran, a beaucoup mieux réussi; c'est le seul qui ait bien pris l'esprit de son rôle.

17 *Décembre*. Tout se dispose pour l'expérience du moderne St. Pierre, qui va marcher sur les eaux sans enfoncer. La souscription est deja presque remplie.

Son moyen est une paire de sabots élastiques, distants l'un de l'autre de la grandeur d'un pas ordinaire, & fixés par une barre comme deux boulets ramés. Chaque sabot est long d'un pied; il aura sept pouces de hauteur sur pareille largeur. Tel est l'appareil qu'il annonce, & avec lequel il assûre pouvoir répéter cinquante fois par heure la même merveille. Peut-être aura-t-il encore à chaque main une forte vessie bien enflée.

On confirme que c'est un horloger, & qu'il est de Lyon, où l'on ajoute qu'il s'est essayé avec succès.

17 *Décembre.* Extrait d'une lettre de Londres, du 8 décembre..... Mon premier soin en arrivant dans cette ville a été de visiter le fameux monsieur *Linguet* : je l'ai trouvé très-bien remonté dans ses affaires, maison de ville & de campagne, carrosse, table ouverte. On m'a assûré qu'il confessoit avoir 18,000 liv. de rentes viageres & bien placées en France. Il compte s'en faire encore autant; après quoi, il renoncera, s'il peut, au métier d'Aristarque. Jugez qu'elle fortune il auroit fait sans l'épisode de la bastille dans sa vie & sans les friponneries du sieur *le Quesne*, contre lequel il déclame toujours.

Comme M. Linguet ne craint point ici l'animadversion de M. l'archevêque de Malines & les clabauderies des curés flamands, il est retourné à son vieux péché, & vit en adultere public avec cette femme qui a quitté, pour le suivre, son commerce, son mari & ses enfants. Elle fait les honneurs de sa table. Ce genre de vie ne s'accorde pas trop avec le respect des mœurs qu'il annonce dans son journal; mais agir & écrire sont deux choses : il répondra comme les prédicateurs : *Suivez ce que je dis, & non ce que je fais.* Au reste, il est ensorcelé par cette femme, qui n'a rien d'attrayant : c'est le sort des gens d'esprit d'être menés par des bêtes.

M. Linguet, comme vous pensez bien, ne voit pas la meilleure compagnie de Londres; & ce n'est pas ce qu'il cherche : il aime à primer & à être adulé. Les François réfugiés font le fonds de sa société, & vous savez que ce ne sont pas les plus honnêtes. Les gens à talents, les chanteuses, les auteurs expatriés, disposés à servir sous ses bannieres, sont très-bien venus.

Il a obtenu de faire passer ses feuilles en France, & il va enfin s'acquitter avec ses souscripteurs; cependant les trois numéros qui comprennent la relation de son séjour à la bastille seront supprimés; & on a exigé quelques cartons dans d'autres. C'est un abbé *Lourdet* qui est nommé son censeur. Pour soutenir son journal, M. Linguet avoit grand besoin de ce débouché. Les étrangers l'accueillent peu, & il n'a rien de bien intéressant pour eux : je ne sais si les nationaux en seront fort engoués aujourd'hui ; il manque de bons correspondants ; il a perdu la carte, & est obligé de ressasser les gazettes & journaux qu'il fait venir de sa patrie..... Je crois qu'il auroit mieux fait de renoncer à cette tâche, & de composer quelque ouvrage suivi qu'il auroit fait passer à la fois en contrebande ; car le fruit défendu a bien plus de goût.

M. *Faujas de Saint-Fond* est un intrigant, demi-savant, qui, ne pouvant avoir d'existence par lui-même, cherche à s'enter sur la célébrité des autres ; c'est ainsi que, sous prétexte de former des souscriptions, de faire frapper des médailles, ériger des monuments, il a voulu faire croire qu'il avoit quelque part aux découvertes de messieurs *de Montgolfier*, *Charles*, *Robert*; mais ce n'est que la mouche du coche, qu'un rapsodiste, qui a recueilli dans une brochure ennuyeuse, tout ce qui a été dit, écrit & fait sur les ballons, sans y rien ajouter du sien. Il a même un esprit de dénigrement & de tracasserie auquel on a attribué la brouillerie entre Messieurs *de Montgolfier & Charles*, & qui l'a fait depuis rejeter des deux partis.

Il s'attribue aujourd'hui la découverte de la poussolane en France, substance utile à plusieurs arts, & sur-tout très-précieuse pour l'architecture, qu'on faisoit venir jusqu'à présent d'Italie; en conséquence, par un arrêt du conseil du 23 août dernier, il s'est fait accorder, à titre d'inventeur, la franchise des poussolanes, dont il entreprendra le commerce.

M. *Desmurest*, membre de l'académie des sciences, lui conteste cette découverte. Il assure l'avoir faite en Auvergne dès 1764, parmi des matieres volcaniques annoncées déja depuis quelques années par M. Guettard son confrere, & cite en témoignage M. le duc *de la Rochefoucault*, qui, dans une lettre imprimée, lui rend là-dessus une justice complete, & rapporte en preuves plusieurs faits.

M. Desmurest dès ce temps-là avoit dressé une carte détaillée des volcans éteints dans l'Auvergne, & y faisoit l'énumération des matieres volcaniques qu'il y avoit reconnues, & notamment des poussolanes dont il faisoit sentir l'utilité. Ce travail, retardé par beaucoup d'obstacles, va paroître enfin.

18 *Décembre*. Les entrepreneurs du *Journal général de France*, appellé vulgairement *Petites Affi-*

ches, non contents d'avoir donné un rival au *Journal de Paris* dans l'abbé *Aubert* qui les dirige, & s'eſt aſſimilé à ce dernier en embraſſant les mêmes matieres que lui & en ſe produiſant auſſi tous les jours, appellent aujourd'hui à leur ſecours une feuille qui dépend auſſi d'eux, & étoit connue ſous le nom d'*Affiches de provinces*. Celle-ci, rédigée par l'abbé *de Fontenay*, digne ſucceſſeur de M. *Meunier de Querlon*, qui le premier l'avoit entreprise, ne paroiſſoit qu'une fois par ſemaine. A commencer du 16 de ce mois, elle va ſe publier trois fois; & comme elle n'eſt pas aſtreinte aux mêmes détails minutieux & journaliers que les *petites affiches*, elle embraſſera les matieres de goût, de littérature & des ſciences avec plus d'étendue.

Il paroît auſſi qu'au moyen de la réunion faite avec cette feuille de la *Gazette* & du *Journal d'agriculture, commerce, arts & finances*, elle comprendra les matieres traitées dans ces deux ouvrages. Elle portera ſpécialement le titre à l'*inſtar* des petites affiches dont elle ſera comme le *ſupplément*, de *Journal général de France*.

19 *Décembre*. M. *de la Harpe*, comptant trop ſur le ſuccès apparent de ſa tragédie le premier jour, a négligé de faire uſage à la ſeconde repréſentation des renforts puiſſants qu'y jettent ordinairement depuis quelque temps les auteurs adroits; & par une défaveur ſinguliere, la ſalle s'eſt trouvée tellement vuide, qu'il a cru prudent de retirer ſa piece pour l'empêcher de tomber abſolument dans les regles. C'eſt ce qu'il annonce dans une lettre inſérée au Journal de Paris, où faiſant bonne contenance, & ne parlant que du

premier jour sans doute, il remercie le public des applaudissements dont il l'a honoré.

On n'a pas manqué de faire un calembour, où réunissant la double circonstance du succès de M. le marquis *de Bievre* & de la chûte de M. de la Harpe, on dit: *le Séducteur réussit; les bras me tombent* (les brames tombent.)

19 *Décembre*. Il y a quelques jours que monsieur d'Angiviller a écrit à M. *Charles* que S. M. avoit résolu de faire établir un obélisque au milieu du bassin des Tuileries pour perpétuer la mémoire du point du départ de sa course aérienne si heureusement fournie le premier de ce mois.

20 *Décembre*. Extrait d'une lettre d'Aix, du 10 décembre ... Hier 11 de ce mois les états de Provence ont délibéré par acclamation de décerner une médaille au bailli de *Suffren*, pour lui témoigner par un monument durable, les sentiments qu'inspirent à sa patrie ses succès & sa gloire. Cela ne pourra se faire sans l'approbation du roi.

20 *Décembre*. Outre l'obélisque à élever aux Tuileries dont est chargé le comte d'Angiviller, le roi a ordonné au baron de Breteuil, ministre & secrétaire d'état, de faire frapper une médaille propre à faire connoître en même temps l'époque & les auteurs de la découverte de la machine aérostatique, & sans doute c'est l'académie des belles-lettres qui sera consultée à cet égard.

21 *Décembre*. C'est M. *Sage* qui, à dîner chez M. le comte *de Vaudreuil*, dans l'enthousiasme général où tout le monde parloit du voyage aérien de M. *Charles*, ouvrit l'idée de constater cette merveille par un monument élevé au lieu du départ de la machine. M. de Vaudreuil l'adopta,

pria M. *Sage* d'en parler à quelque membre de l'académie d'architecture. Celui-ci consulta monsieur *Antoine*, qui lui fit une esquisse très-simple où il figuroit une colonne appuyée sur quatre tortues, emblême de la lenteur des progrès des sciences, & terminée par la représentation en relief du char & du globe prêts à s'élancer. Du reste, la colonne devoit être chargée des inscriptions historiques de la découverte.

M. le comte de Vaudreuil enchanté, fit voir ce dessin au roi, qui n'en fut pas moins content, & le remit à M. d'Angiviller. Ce directeur général des bâtiments, piqué d'avoir été devancé, sous prétexte qu'il falloit mûrir cette idée & qu'il seroit bon de consulter l'académie, a tout fait changer depuis.

Sur ce mot équivoque d'académie, il a exclu celle d'architecture, qu'il n'aime pas, & n'en a parlé qu'à l'académie de peinture & de sculpture. Il a chargé quatre sculpteurs de lui donner des projets : ce sont MM. *Pajou*, *Gois*, *Monchy* & *Julien*. Voilà où en sont les choses.

21 *Décembre.* Extrait d'une lettre de Nancy, du 14 décembre.... La société royale de cette ville, dans son assemblée publique de cette année, a proposé pour un prix extraordinaire, qu'elle adjugera le huit mai 1784, le sujet suivant: « Composer une inscription pour être mise sur la ,, nouvelle porte que l'on construit actuellement ,, dans cette ville, & qui sera nommée: *La porte* ,, *Stainville.* » Cette inscription écrite en françois ou en latin, en vers ou en prose, doit rappeller la naissance de monseigneur le dauphin, l'heureux événement de la paix, & consacrer à sa mémoire la reconnoissance de la Lorraine & de sa capitale,

pour les importants services que M. le maréchal de Stainville ne cesse de leur rendre. Ce sera une grande adulation, & un monument bien glorieux aux *Choiseul*.

21 *Décembre*. Il paroît constant aujourd'hui qu'on a mistifié les journalistes de Paris, & que le prétendu horloger de Lyon devant passer la Seine à pied sec, est un être idéal. On attribue cette plaisanterie à un M. de *Combles*, facétieux personnage.

22 *Décembre*. On regarde la plaisanterie de M. de *Combles* comme pouvant être d'autant plus funeste pour lui, qu'en se jouant des journalistes, il s'est joué successivement d'une foule d'amateurs distingués, qui avoient souscrit, & dont les noms sont consignés au journal de Paris. Entre ceux-ci se trouve une société de Versailles pour 1,080 liv. Il passe pour constant que cette société n'est autre que la famille royale, & que c'est *Monsieur*, prince ami des sciences & des arts, qui avoit excité ses augustes parents à l'imiter.

A cette souscription envoyée anonymement, étoit jointe une lettre plaisante qu'on assure avoir été composée par le même prince. On observe à cette occasion qu'il se délasse quelquefois à en faire de pareilles.

La ville de Paris avoit aussi souscrit pour 240 liv. & se disposoit déja à faire construire des échafauds dans le meilleur emplacement destiné aux souscripteurs.

22 *Décembre*. Les graces pleuvent enfin sur l'inventeur de la machine aérostatique, sur les coopérateurs & sur les voyageurs : M. de *Montgolfier* a eu des lettres de noblesse pour son pere,

& le cordon de saint Michel pour lui. M. *Charles* a une pension de 2,000 liv. M. *Robert* une de cent pistoles.

Il avoit aussi été décerné une pension de 1,000 livres pour M. Pilâtre de Rozier ; mais il l'a trouvée trop modique ; il a prétendu mériter autant que M. *Charles* ; il est allé faire des représentations à M. de Calonne, & a offert de remettre plutôt les cent pistoles. M. le contrôleur-général ne lui a rien répondu & lui a tourné le dos.

23 *Décembre*. Le sieur *Pinetti*, né à Rome, & professeur de mathématique & de physique, est depuis quelque temps en France. C'est un escamoteur infiniment supérieur à *Comus*, à *Jonas* & à tous ceux qu'on a vus. Il a fait des tours surprenants & incroyables devant la famille royale à Fontainebleau. S. M. en a été si satisfaite, qu'elle lui a permis de représenter à Paris sur le théâtre de l'hôtel des Menus.

Le sieur Pinetti est en outre très-fécond & singuliérement varié.

On raconte qu'à Bordeaux, comme il y étoit, le feu prit à une maison de pauvres gens ; il y fut & dit qu'il ne falloit pas s'en inquiéter, qu'il réparerait cela ; il demanda si personne n'y avoit péri ; on le rassura à cet égard. Peu après il afficha trois représentations dont le profit seroit appliqué aux malheureux incendiés, & ce trait, infinimnnt plus honorable pour lui que son talent, ne sauroit être trop publié.

23 *Décembre*. *Requête au roi, sur la destruction des prêtres & des moines en France.* C'est un nouveau pamphlet de près de cent pages, qui paroît depuis peu. Dans l'avertissement des libraires,

on dit que c'eft la production d'un étudiant en droit, âgé de dix-neuf ans; & à la lecture on juge facilement que c'eft l'ouvrage d'un écolier qui remâche ce qu'il a lu, & n'a pas encore ni affez de goût, ni affez de méthode pour fondre les idées d'autrui dans les fiennes & fe les approprier. Le ftyle n'eft pas plus fait, il y a des hauts & des bas, de la platitude & de la bouffiffure.

La requête eft précédée de la fameufe *Epître à Uranie*, & entremêlée d'un *Catéchifme de l'honnête homme*, par demande & par réponfe, qu'on fent bien ne pouvoir être de l'auteur. Il y a joint des notes qui font bien de lui, & fe reffentent du défordre, de l'emphafe & de la verbofité d'un jeune rhéteur.

On peut regarder ce pamphlet comme un de ces enfants perdus que le miniftere n'eft pas fâché de lâcher dans le public, quand il a quelque opération critique à faire, pour l'y préparer ou en preffentir le goût.

23 *Décembre*. Extrait d'une lettre de Lyon, du 18 décembre.... M. de Combles eft un confeiller honoraire de la monnoie de cette ville, jouiffant d'une fortune honnête, y tenant un état & ayant des alliances avec quelques perfonnes les plus diftinguées de Lyon. C'eft d'ailleurs un homme de beaucoup d'efprit, mais plaifant, hardi & aimant a jouer des tours. Dans l'engouement général où il a vu les Parifiens pour les machines aéroftatiques, il s'eft imaginé qu'on pourroit déformais leur faire accroire toutes les merveilles qu'on voudroit; en conféquence il a fait le pari de cinquante louis fur celle dont il étoit queftion, de paffer la riviere à pied fec; du moins

de faire donner dans cette miſtification & ſes journaliſtes & ſes ſouſcripteurs. Tout a réuſſi comme il le deſiroit; mais le jour de l'expérience approchant, il a fallu ſe tirer d'embarras. Il avoit ſon expédient tout prêt : il eſt allé trouver monſieur *de Fleſſelles*, notre intendant, lui a conté ſon hiſtoire, l'a prié de l'aider à ſortir adroitement du défilé où il s'étoit jeté, & d'écrire à M. le lieutenant-général de police de Paris, que l'horloger, ayant voulu faire un eſſai de ſon expérience ſur le Rhône, y étoit tombé, & s'étoit noyé. Le commiſſaire départi, comme homme public, lui a déclaré ne pouvoir ſe ſervir d'un menſonge auſſi impudent, mais qu'il écriroit ſimplement à M. *le Noir*, ſans nommer les maſques, que l'horloger dont tout Paris s'occupoit en ce moment, étoit un fou qui n'avoit point envie d'excroquer; mais qu'il ne falloit pas le croire, & qu'il étoit incapable de tenir l'engagement qu'il avoit pris : nous attendons avec impatience le réſultat de cette annonce, qui doit mettre les journaliſtes dans un bel embarras & bien faire rire de leur ſotte crédulité.

24 *Décembre*. Extrait d'une lettre de Beſançon, du 15 décembre.... Les remontrances de notre parlement, que vous me demandez, ſont fort rares, & je ne puis vous en procurer un exemplaire quant à préſent. Mais voici les détails que vous exigez à cet égard. Elles ſont datées du 4 juillet dernier, & on les attribue à M. Dros, conſeiller de grand'chambre, encore jeune, mais plein de nerf, grand parlementaire & excellent patriote, en outre homme de lettres & membre de l'académie de cette ville. Il travaille depuis long-temps à un traité de droit public de la

province ; il ramaſſe & accumule ſans relâche tous les matériaux propres à ſon entrepriſe , & vous concevez que cela doit le mettre bien en fonds pour la beſogne de l'eſpece de celle dont on le juge l'auteur.

Ces remontrances, quoique courtes, raſſemblent non-ſeulement tous les faits qui concernent la querelle du parlement avec la cour, non-ſeulement tous les détails des vexations éprouvées par la province, mais encore une diſcuſſion ſur les impôts communs à toute la France , & une réfutation des nouveaux principes que le miniſtere voudroit introduire en ce genre ainſi qu'à l'égard de la magiſtrature en général , dont le parlement plaide la cauſe.

Quant à ce dernier article , on préſume qu'il a été traité de concert avec les autres cours. Vous ſavez que dans l'origine des querelles des parlements avec le miniſtere, il y avoit une confédération entr'eux, un centre commun de correſpondance établi myſtérieuſement à Paris , mais éventé par M. de Laverdy, qui, durant ſon adminiſtration des finances, trahit ſa compagnie & en révéla le ſecret. Il paroît que les parlements cherchent aujourd'hui à renouer cette correſpondance dont ils ſentent la néceſſité, pour détruire ce fatal édit de leur rétabliſſement en 1714, qui les attaque dans leur eſſence, & les réduit à n'être proprement que jugeurs. Ne pouvant par eux-mêmes reprendre un aſcendant qu'ils ont perdu, ils ont imaginé d'en revenir aux grands principes, & de demander par un cri unanime, le ſeul capable de leur concilier tous les ordres de la nation , l'aſſemblée des états généraux. La criſe où ſe trouve le parlement de Beſançon, lui donne beau jeu, & il supplie spécialement sa majesté d'accorder à la province de Franche-Comté au moins le rétablissement de ses états particuliers qui n'ont jamais été supprimés légalement. *Durus est hic sermo* : il ne plaira pas aux ministres ; mais il faudra bien qu'ils s'y habituent, & peut-être, quand ce cri deviendra unanime & soutenu, le roi lui-même reconnoîtra la nécessité de rappeller cette forme antique, la seule capable de le tirer d'embarras, & de consolider son autorité légitime.

14 *Décembre*. On croyoit que le gouvernement, frappé de l'excès du total des pensions, montant à 28 millions, suivant le mémoire de M. *Necker*, en seroit effrayé lui-même, & prendroit les moyens les plus efficaces de les réduire. Point du tout : on ne profite pas même de l'extinction naturelle qui en arrive, & quand un ministre est mort, on perpétue sa pension en l'étendant à sa femme, à ses enfants, à ses parents ; c'est ainsi que celle de M. *Taboureau* a été répartie à sa veuve & à sa famille, & tout récemment celle de M. *de Boynes* ; sa femme en a dix, & ses enfants 4,000 francs. Il vient d'arriver la même chose à l'égard de M. *Amelot*, quoique vivant.

25 *Décembre*. D'après la lettre de M. *de Flesselles* relativement au prétendu horloger, inventeur des sabots élastiques pour marcher sur l'eau, monsieur le baron *de Breteuil*, qui a mis sa lettre sous les yeux du roi, sa majesté en a ri beaucoup, & depuis en a plaisanté son frere. Cependant les journalistes de Paris ont prévenu les souscripteurs qu'ils pouvoient retirer leur argent. La société de Versailles leur a marqué qu'elle desiroit que la souscription fût employée à délivrer des pri-

sonniers pour mois de nourrice ; la ville en a fait autant, & sans doute cet exemple sera suivi des autres ; en sorte que la plaisanterie de M. *de Combles* tournera au profit de l'humanité. Quant à lui, au moyen de la maniere dont le tour a été pris à Versailles, il paroît qu'il en sera quitte pour la peur.

25 *Décembre*. Le parlement, indépendamment des affaires qui peuvent survenir, en a déja trois grandes, très-capables de l'occuper dans le courant de l'année.

1°. Celle de la réforme de la justice sur laquelle il se hâte lentement ; car il n'y a pas encore eu la plus petite assemblée à cet égard ; mais cependant l'on ne peut retarder, attendu le mémoire que sa majesté exige sur cet objet avant pâque.

2°. Celle des quinze-vingts. La premiere assemblée est indiquée au vendredi 16 janvier 1784.

3°. Celle des bénédictins. Il y a eu appel comme d'abus interjeté à la chambre des vacations par les opposants au dernier chapitre de Saint-Denis. Cette chambre ne pouvant en connoître seule, leur a donné acte de leur appel, ainsi qu'au procureur-général qui s'y est joint, & il a été arrêté que les parties auroient audience au lendemain de la Saint-Martin ; il faut maintenant que les bénédictins réclamants présentent requête à cet effet.

25 *Décembre*. On assure que M. le baron *de Breteuil* se distingue déja dans son département en se rendant fort difficile sur les saufs-conduits, c'est-à-dire, à l'égard de ceux qui ont recours à l'autorité pour suspendre les poursuites en justice

de leurs créanciers contre eux. On conçoit qu'une pareille rigueur ne peut être que louable & paroît dure à tous ces grands perdus de dettes, envers lesquels le prédécesseur étoit trop indulgent.

25 *Décembre*. M. le duc de Chartres frustré d'une part de la succession du prince de Conti par la vente que celui-ci vient de faire au roi de toute la nue propriété de ses biens ; de l'autre, voyant s'en aller une superbe portion de celle du duc de Penthievre par la vente de Rambouillet, que son beau-pere n'a que très-foiblement remplacé en achetant la Ferté de M. de la Borde ; d'ailleurs trompé dans ses spéculations de bénéfice sur ses nouveaux bâtiments, cherche à y suppléer de toutes les manieres, en procurant pour l'avenir à ceux-ci au moins une valeur factice. En conséquence, depuis quelque temps on parle d'une nouvelle spéculation de sa part, qui seroit de laisser s'établir au Palai-Royal une troupe de spectacle foraine à ses ordres, moyennant une redevance, ce qui, outre ce revirement, donneroit plus de prix à ses locations. Enfin, aujourd'hui que M. le baron de *Breteuil* est chargé du département de Paris, comme ce ministre est une des créatures de sa maison, il ne désespere pas de voir l'opéra revenir dans ses domaines, ce qui seroit un Pérou pour son altesse.

26 *Décembre*. L'académie des sciences vient de publier le *Prospectus* détaillé qu'elle avoit promis dans la séance publique du 12 novembre, concernant le prix à décerner au sujet de la machine de Marly, qu'il s'agit de reconstruire ou de réparer.

L'idée d'établir une machine de nouvelle invention n'est que secondaire ; ainsi les concurrents
doivent

doivent d'abord s'occuper des moyens de corriger les vices de l'établissement actuel ; ce n'est qu'après en avoir démontré l'impossibilité ou l'insuffisance, ou la dépense trop extrême, qu'ils pourront se livrer à la spéculation d'un autre établissement.

Il s'agit de considérer encore que l'établissement de la machine de Marly a pour objet non-seulement la décoration des jardins, mais encore la nécessité de subvenir abondamment à l'un des premiers besoins de la vie dans une ville aussi considérable que Versailles.

Il faut en outre trouver dans les deux cas le moyen de maintenir la machine de façon que les eaux ne manquent point dans cette ville.

Le jugement sera proclamé dans la séance de rentrée publique après pâque de l'année 1785.

27 *Décembre*. Mlle. *Levasseur*, qui n'avoit pas joué depuis long-temps, a reparu le dimanche 21 dans l'*Iphigénie en Tauride*, & les Gluckistes l'ont fort applaudie.

27 *Décembre*. On peut se rappeller un pamphlet manuscrit contre le duc de Chartres, courant dans les sociétés, & dont on a parlé il y a plus de six mois. Le même auteur, ou quelque autre, a imaginé depuis de prendre un titre plus piquant & une tournure plus adroite ; ce qu'on peut juger aisément au titre de la brochure qu'on annonce. Elle a pour titre : *Vie privée*, ou *Apologie de très-sérénissime prince monseigneur le duc de Chartres, contre un libelle diffamatoire écrit en 1781, mais qui n'a point paru à cause des menaces que nous avons faites à l'auteur de le déceler. Par une société d'amis du prince.*

On dit que cette brochure est toute nouvelle,

fort rare encore, & que le premier exemplaire en a été mis dans la bibliotheque de *Monsieur*.

18 Décembre. On donnoit ces jours derniers une fête où se trouvoit M. *de Montgolfier*; monsieur Hilliard d'Auberteuil lui a composé les couplets suivants :

Dans ces transports que le plaisir inspire,
Rendons hommage à l'homme ingénieux
Par qui la flamme, en nous portant aux cieux,
A dans les airs établi notre empire.

De Montgolfier que célébrant la gloire,
Son nom se mêle au bruit de nos chansons ;
Que l'air pressé par la force des sons,
Aux dieux surpris annonce sa victoire.

Si Jupiter veut nous réduire en poudre,
Sage Franklin, tu lui prescris tes loix,
Et Montgolfier, plus hardi mille fois,
Va jusqu'au ciel lui disputer la foudre.

Ce M. Hilliard d'Auberteuil est auteur d'une *Histoire de l'Amérique septentrionale*, peu connue.

28 Décembre. Les feuillants se défendent beaucoup contre le prétendu droit que le roi d'armes voudroit s'attribuer, d'exiger d'eux une collation pendant la cérémonie de la publication de la paix : ils assurent que cet usage ne remonte qu'à la publication de la paix du 1 juin 1739 ; qu'il est très-volontaire de leur part ; & que s'il a eu lieu depuis à toutes les autres, c'est uniquement à la sollicitation du roi d'armes, qui a prié ces religieux de lui donner & aux siens de pareils rafraîchissements. Le supérieur des feuillants, après avoir feuilleté ses registres, a écrit en conséquence au journal de Paris une lettre où il constate cette anecdote, & le roi d'armes n'a point réclamé.

28 *Décembre.* On ne fera mention ici que pour mémoire de la premiere & derniere représentation donnée hier aux Italiens des *Jardiniers*, joués en 1771, avec une sorte de succès, & tombés platement aujourd'hui avec une nouvelle musique, & le nouveau titre d'*un mal pour un bien*.

29 *Décembre.* Extrait d'une lettre de Londres, du 23 décembre 1783... Les Anglois, qui se moquoient de nous, depuis nos expériences de la machine aérostatique, ont été confondus en apprenant le voyage de messieurs *Charles & Robert*. Il est très-vrai que la société royale de Londres même en rioit: le roi d'Angleterre lui ayant proposé de faire les frais des expériences que la compagnie voudroit tenter dans le même genre, elle lui a répondu qu'elle se reprocheroit d'abuser de la munificence de sa majesté pour une chose inutile: mais elle ne rit plus, elle ne pense plus de même. M. *Bankson* président a écrit à M. *Franklin* une espèce d'amende honorable pour les François. Les Anglois se retranchent aujourd'hui à vouloir faire rejaillir quelque chose de notre gloire sur le docteur *Priestly*, à qui nous devons la connoissance de l'air inflammable.

Nos rivaux sont si jaloux de la découverte de M. *de Montgolfier*, que celle d'avoir le secret de naviguer au fond des mers ne les console pas; ils disent que *les Anglois sont profonds, mais les François légers*.

29 *Décembre.* Extrait d'une lettre de Dijon, du 20 décembre.... M. *de Brou*, notre intendant

qui nous quitte, est fort regretté. Le 4 de ce mois les syndics généraux des tiers-ordres de Bresse, Bugey, Dombes & pays de Gex lui ont adressé une lettre pour le prier de vouloir bien ne pas oublier, malgré sa transmigration, qu'il s'est engagé à laisser tenir par la province sur les fonts l'enfant dont madame de Brou est enceinte.

30 *Décembre.* Il se distribue clandestinement & gratuitement un nouveau pamphlet contre le clergé, qui a bien l'air de sortir du même arsenal où ont été fabriquées les lettres sur le clergé, dont on a parlé dans le temps. Celles-ci sont intitulées : *Lettres édifiantes & curieuses.* Elles sont au nombre de trois. Dans la premiere, datée de Fontainebleau le 25 octobre 1783, c'est l'évêque de Rennes qu'on met en scene, & qui consulte M. l'évêque d'Autun sur un cas de conscience. Dans la seconde, ce prélat lui répond le 3 novembre, & ne pouvant le satisfaire par lui-même, lui adresse une lettre d'un vieux bénédictin des blancs-manteaux, où se trouve la solution demandée. Cette brochure intéressante au fond, & d'une tournure originale, mérite qu'on y revienne.

Le roi convaincu de l'utilité future des machines aérostatiques, a désiré que l'académie des sciences travaillât elle-même sur cet objet. Cette compagnie, instruite des intentions de sa majesté, va s'occuper sérieusement à perfectionner cette belle découverte.

En attendant, M. *Joseph Montgolfier*, un des freres coopérateurs de l'invention, construit une machine à Lyon, où il doit monter avec plusieurs amis, & aller à Marseille ou venir à Paris, suivant la direction du vent. M.

30 *Décembre.* Le *Droit du Seigneur*, piece à ariettes, en trois actes & en profe, dont les paroles font de M. *Desfontaines* & la mufique de M. *Martini*, joué à Fontainebleau avec fuccès, n'en a pas moins eu hier à Paris fur le théatre des Italiens. C'eft le même fujet d'une comédie de Voltaire, traité auffi romanefquement, mais n'offrant rien des fcenes plaifantes, dont il avoit enrichi la fienne. Elle eft trifte & noire d'un bout à l'autre. Tout le triomphe eft donc dû au muficien.

31 *Décembre.* Madame la comteffe de Buffy, (d'Agonau) vient de mourir. On a eu plufieurs fois occafion de parler du mari, homme de beaucoup d'efprit, poëte libertin, & l'un des plus aimables roués qu'il foit poffible de voir. Sa femme le valoit dans fon genre. Elle périt victime d'une maladie cruelle qu'on ne gagne point dans le cloître ou dans le célibat. On trouve dans les journaux des pieces de poéfie de fa façon. C'eft elle qui a formé M. *Boucher* & à la galanterie & au commerce des mufes. On prétend même qu'il a compofé les vers qui paffoient dans les ouvrages périodiques fous le nom de la comteffe, & en étoient mieux accueillis.

31 *Décembre.* On parle fort d'un ancien garde du comte d'Artois arrêté avec un grand myftere & beaucoup de rigueur. C'eft un très-beau cavalier, qui fe vantoit d'être entretenu par les femmes. On veut qu'on ait découvert qu'il avoit mérité les bontés d'une grande princeffe, qu'on lui ait trouvé fon portrait qu'il a prétendu tenir d'une femme de chambre. Tout cela a l'air très-romanefque, très-abfurde & très-calomnieux. Il faut attendre d'autres éclairciffements.

Le garde fe nomme *Defgranges*, & la femme,

qui appartient à Mad. la comtesse d'Artois, s'appelle *le Roux*.

31 *Décembre*. Les remontrances du parlement de Besançon, en date du 4 juillet dernier, percent enfin ici. Elles répondent parfaitement à l'idée qu'on en a donnée. Elles inculpent de la maniere la plus grave M. de Fleury, qu'on accuse, par l'abus de nom auguste du roi, d'avoir violé les loix, attaqué les droits de la nation, compromis ceux du trône.

Cette phrase de la réponse que ce ministre des finances fit faire au roi le 20 janvier, *tout ce qui se fait en mon nom est fait par mes ordres*, est sur-tout disséquée de maniere à en faire connoître le faux, l'odieux & le ridicule. Elles finissent par ce paragraphe remarquable qui en est comme le résumé :

« Accusés d'inexactitude dans les faits, accusés
» d'avoir méconnu votre autorité suprême, dont
» nous sommes les organes & les défenseurs;
» nous vous supplions, Sire, de rendre à la mo-
» narchie sa forme antique. Ce grand acte de
» justice est digne de vos vertus; nous vous sup-
» plions d'assembler les états généraux, de con-
» sulter la nation sur la vérité, sur l'importance
» de nos très-humbles représentations, sur les
» motifs de notre conduite, sur la pureté de
» notre zele, & d'accorder à votre province de
» Franche-Comté le rétablissement de ses états
» particuliers, demandés tant de fois, confirmés
» par les capitulations qui l'ont réunie à votre
» couronne. »

31 *Décembre*. Extrait d'une lettre de Niort, du 20 décembre.... Le 16 de ce mois les prêtres de l'oratoire du college de cette ville ont lancé

fur la promenade publique; un globe aéroftatique de trente-deux pieds de circonférence: il a été rempli d'air inflammable en deux minutes; & s'eft élevé en cinq à la hauteur de mille pieds. Il eft retombé en dix minutes fur un toit fans avoir été prefque endommagé.

Avant-hier 18, on a répété & réitéré l'expérience avec le même globe. Elle a réuffi au-delà des efpérances des fpectateurs. Le globe a été rempli d'air inflammable dans une demi-minute, & s'eft élevé avec une rapidité étonnante. Il a fuivi dans fa courfe le courant des différentes couches d'air qu'il a traverfées; dans l'efpace de quatre minutes il eft parvenu à une hauteur fi confidérable, qu'on l'a entièrement perdu de vue: il a fans doute continué à s'élever toujours davantage; après avoir difparu pendant fix minutes, on l'a vu reparoître & tomber lentement à une lieue de l'endroit où il avoit été lancé.

L'accélération de la maniere de remplir ce ballon eft d'autant plus remarquable, qu'on dit que M. *Charles* a été 84 heures à remplir celui à l'aide duquel il s'eft élevé le 1 octobre: & nous n'aurions pas cru ce prodige fi nous ne l'avions vu.

3 n *Décembre*. On écrit d'Annonay en Vivarais, où a été faite la premiere expérience de MM. *de Montgolfier*, que les officiers municipaux ont arrêté d'élever fur une des principales portes de leur ville un monument en mémoire de la découverte de ces illuftres freres.

3 1 *Décembre*. Extrait d'une lettre de Dole, du 20 décembre.... Le 14 de ce mois a été faite ici l'inauguration d'une ftatue élevée à *Louis XVI*. C'eft la premiere que la Franche-Comté ait érigée

aux rois de France, & la premiere du royaume érigée au monarque actuel.

La ſtatue eſt pédeſtre. *Louis XVI* eſt debout : il montre du doigt le globe de la terre préſentant la face de l'Océan, & ſur laquelle on lit : *Liberté des mers*.

Du reſte, ce monument eſt mal placé ; il eſt médiocre pour les artiſtes. C'eſt un ſculpteur de cette ville, nommé *Attiret*, qui en eſt l'auteur.

31 *Décembre*. Dans la viſite que M. le baron *de Breteuil* a faite au commencement de ſon miniſtere, de la Baſtille & de Vincennes, il a témoigné ſon horreur pour ces priſons d'état ; il a depuis fait vuider tout-à-fait la derniere. De quinze priſonniers qu'elle renfermoit, douze ont été abſolument élargis, & les trois autres transférés dans la premiere. Il ſe montre à cet égard dans les mêmes principes que M. *de Maleſherbes* ; & certainement M. *le Noir* qui ne s'eſt jamais prêté qu'à regret à ces actes d'autorité deſpotique, ne détournera pas M. de Breteuil d'un plan d'adminiſtration plus conforme à la liberté & aux droits de l'homme. On eſpere ainſi voir bientôt déſerts les châteaux-forts, & les lettres de cachet du moins infiniment rares.

Le nouveau miniſtre de Paris ſe rend auſſi très-difficile ſur un autre point d'adminiſtration, ſujet encore à beaucoup d'abus. Ce ſont les ſaufconduits accordés ſi légérement ſous ſes prédéceſſeurs. Il ſent l'injuſtice de cette tournure, pour ſouſtraire par autorité un débiteur à ſes créanciers & à la loi, & il refuſe les perſonnages de la plus grande conſidération qui ſont dans ce cas.

Cet heureux début ne peut que donner une excellente idée du caractere de droiture, de juſtice & de modération de M. le baron de Breteuil.

ADDITIONS.

ANNÉE M. DCC. LXXII.

7 *Mars* 1772. *INAUGURATION* de *Pharamond*, ou *exposition des loix fondamentales de la monarchie françoise ; avec les preuves de leur exécution, perpétuées sous les trois races.*

M. le chancelier & ses partisans en convenant qu'il y a des *loix fondamentales que les rois sont dans l'heureuse impuissance de changer*, ne semblent que leur insulter avec plus d'audace, en demandant quelles elles sont, & où elles sont. L'auteur de l'ouvrage en question prétend les avoir trouvé toutes consignées dans une médaille frappée lors de l'élection de Pharamond ; il en offre le revers dont il regarde les différentes parties comme allégoriques & instructives.

Il commence par établir l'authenticité du monument qui se trouve rapporté dans plusieurs auteurs non suspects, & sur-tout dans l'histoire de France de Mezerai, tome II. page 5 de la premiere édition *in-folio*.

La face que l'écrivain ne donne pas, selon son récit, porte l'effigie de Pharamond à demi-buste placé *en retour*, c'est-à-dire, de maniere qu'elle présente *la partie droite du visage avec l'épaule droite*. Au contour on lit cette inscription latine : *Faramundus Franc. Rex.*

Les lettres *æ* & le signe *Mars*, qu'on voit sur le côté emblématique, font entendre qu'elle a été frappée en bronze, & qu'elle existe véritablement dans les cabinets des curieux, où *Jacques de Bie*, auteur d'une France métallique, en avoit eu communication. Il représente Pharamond élevé sur le pavois ou bouclier par deux personnages courbés dans l'attitude de cet effort : ils ont des cottes d'armes distinguées & pareilles à celle du roi, mais sans armes. Le prince y tient un sceptre de la main droite, & une épée nue, la pointe en haut, de la main gauche, & il semble étendre les bras d'une façon pénible. Son front est ceint d'une couronne d'olivier, à sa droite est un personnage en pied, il se repose sur la pique, & comme à l'ombre du sceptre sous lequel il est placé. A sa gauche est un autre personnage en pied, le seul qui ait des armes, excepté le roi ; il porte sa main gauche sur un petit espadon qui est à son côté ; de la droite il tient sa pique, & la porte également sur l'épée qui est dans la main gauche du roi, comme pour l'empêcher de pencher. Le monarque paroît faire attention à cet avis, fixant son regard sur la pointe de l'épée, cherche à la conserver dans son équilibre. Le soldat forme de son bras une équerre naturelle, & appliquant ce bras à sa pique, il la présente ainsi au roi. Il repousse la poignée de l'épée par dessous la main du roi, & il en fixe la pointe. L'exergue consiste dans ces abréviations : *Fid: Exer:* c'est-à-dire, *Fidelibus, exercitibus*, & la légende en ces mots latins aussi : *Unus omnium votis*.

C'est dans l'ensemble de ces parties allégoriques, que l'écrivain trouve le plan véritable de la ménarchie françoife, & faifit le développement intéreffant du tableau de fes loix fondamentales.

1°. Le trône, enfanté en 420 par la délibération libre de la nation, eft figuré par le bouclier ou pavois, afin de démontrer qu'il n'exifte en effet, que pour la défenfe & la protection des peuples, de leur liberté & de leurs biens.

2°. L'élévation de Pharamond fur le bouclier, repréfente l'invefliture de fa nouvelle dignité donnée à ce prince, librement élu, & nous apprend que ce font les peuples qui ont fait les rois, tout ce qu'ils font.

3°. Les deux perfonnages qui font en effort pour élever le bouclier, ont des cottes d'armes diftinguées & pareilles à celle du roi, parce qu'ils font deftinés à figurer le concours des deux ordres, les *Druides* & les *Chevaliers*, compofant alors l'univerfalité de la nation.

4°. Ces mêmes perfonnages, repréfentant les ordres de la nation, font l'un & l'autre fans armes, comme étant les exécuteurs d'une réfolution civile & non pas militaire.

5°. Le fceptre que Pharamond tient de la main droite eft le fymbole de l'autorité civile, & l'épée celui de l'autorité militaire; il porte cette derniere de la main gauche, contre l'ufage, pour preuve de la prééminence de l'une fur l'autre, que l'exercice de l'autorité militaire n'eft qu'accidentelle dans le monarque dont l'effence eft le, *Gouvernement de paix & de fageffe*.

6°. La diftance qui eft entre le fceptre & l'épée fait entendre que ces deux puiffances (civile & militaire) ont chacune leur reffort féparé; & l'attitude pénible du monarque, qui étend les bras pour conferver toujours le même éloignement;

entre l'un & l'autre, prouve qu'il ne doit jamais en confondre les bornes, ni employer l'une pour l'autre.

7°. L'exergue confirme cette leçon par ces deux mots abrégés : *Fid : Exer :* c'est-à-dire, *Fidelibus : Exercitibus* : pour les fideles, pour les armées. Le premier répond au sceptre, & désigne tous les citoyens, sous le regard général de sujets : le second répond à l'épée dont l'usage ne doit être que pour le gouvernement militaire, & contre les ennemis de la paix, garantie aux citoyens ; il marque particuliérement ceux qui suivent la profession des armes.

8° Le front de Pharamond est ceint d'une couronne d'olivier, symbole de la paix que les rois sont obligés de procurer à leurs peuples & de l'abondance qui en est la suite.

9°. Le personnage en pied, qui est à droite de la médaille, nous figure le corps des citoyens ou *Fideles*, par opposition au corps militaire, & le personnage se repose sur sa pique, en signe de paix, à l'ombre du sceptre, sous lequel il est placé.

10°. Le personnage en pied, qui est à gauche, nous représente, au contraire, le corps militaire en particulier. Ce qu'on désigne par ses armes, & la main gauche, qu'il porte à son petit espadon, est le signe de l'obéissance militaire. Mais il occupe sa droite à des devoirs de citoyens : il en tient sa pique & la porte également sur l'épée du roi pour lui faire observer qu'elle ne doit pencher vers le côté droit, ni empiéter de cette manière sur le ressort destiné au sceptre. L'attention du roi à se conformer à cet avis en fixant son regard sur la pointe de son épée, montre qu'il desire de lui conserver sa situation légitime. De son côté, le soldat s'empresse de seconder le desir raisonnable de ce prince. Il forme de son bras une équerre naturelle, & appliquant ce bras à sa pique, il la présente ainsi au roi, comme une regle assurée, & qui détermine la ligne perpendiculaire dont son épée ne doit jamais s'écarter.

Par le développement du surplus de ses gestes, après avoir rempli l'obligation du conseil de tout sujet fidele envers son roi, il y joint le secours réel, & le double emploi de ses deux mains prouve qu'en aucun cas les devoirs militaires ne dispensent de ceux de citoyen. C'est pourquoi ceux-ci sont réservés à la main droite comme préférables & les premiers.

11°. La légende, *Unus omnium votis*, *Un par les vœux de tous*, exprime la nature précise du gouvernement monarchique, celui d'*un seul* établi *chef & prince du peuple*. Comme *chef*, centre de toutes les forces publiques & l'organe de toutes les volontés : *prince du peuple*, pour le gouverner, comme la tête gouverne le corps, en suivant toujours les loix prescrites pour le salut du corps & y demeurant lui-même subordonné.

12°. Enfin, l'ensemble des diverses parties de cette médaille nous montre que le roi & la loi reçoivent leur autorité & leur puissance d'une même source, c'est-à-dire, de l'unanimité des vœux du peuple.

L'explication de cette médaille, qui ne paroît d'abord qu'ingénieuse, & le fruit d'un esprit systématique, ramenant tout à ses idées, est appuyé par le détail des cérémonies qui s'observent au sacre de nos rois, par la formule de leur serment, par leurs capitulaires, par leurs ordonnances , par les loix écrites , par les anciennes, chartres , par les hiftoriens anciens & modernes, par les auteurs politiques , & de ce concours d'autorités elle reçoit une authenticité à laquelle on ne peut fe refufer , une cohérence indeftructible.

Dans le courant de l'ouvrage on développe quelques autres affertions nouvelles ou plus fortes que celles avancées dans les autres écrits du même genre : 1°. en admettant la fubftitution de la couronne à la race régnante , l'auteur ne la regarde pas comme exclufive du droit d'élection ; elle empêche feulement que l'exercice de ce droit ne foit arbitraire ; il profcrit en conféquence la regle vulgaire : *La mort faifit le vif*, ou *Le roi mort, le roi vit*, imaginée feulement pour l'intrufion de *Henri VI*, roi d'Angleterre , ufurpateur de la couronne de France. 2°. De-là la nation a le droit de s'aflembler de fon propre mouvement , ou fur la réquifition des grands du royaume ; fans ce droit elle n'auroit pas tout ce qui lui eft néceffaire , tant pour fa confervation que pour celle du trône & des droits des princes qui y font légitimement appellés. 3°. Les états étant dans l'origine compofés des *Druides* & des *Chevaliers* feulement , & les premiers rempliffant chez les Gaulois toutes les fonctions de la religion , celles de la profeffion des fciences & des lettres, & celles de l'adminiftration de la juftice ; le premier ordre fe trouve donc aujourd'hui remplacé par le clergé , par les univerfités jointes à tous les gens de lettres , & par la magiftrature ; & le fecond (après l'affranchiffement des ferfs devenus citoyens) doit être compofé de la nobleffe ou ancienne chevalerie , de la magiftrature laïque ,

& le tiers-état. Ainsi l'assemblée des trois états ne présente point l'idée véritable d'une diete générale de la nation ; puisqu'elle n'est pas la diete pléniere des ordres qui composent la totalité de cette nation.

Ce livre très-érudit est sagement écrit & surpasse tout ce qu'on a encore dit sur la matiere en question.

11 *Mars* 1772. On croit que le sieur le Blanc & les comédiens françois s'attendoient aux changements & suppressions prévus, & que par une charlatanerie, fort ordinaire depuis M. de Voltaire, tout étoit préparé pour une seconde représentation. On ne pourroit guere concevoir autrement que du lundi au samedi, l'auteur eût eu le temps de refondre sa piece, & les acteurs de se remettre à l'unisson. Mais quelle tragédie ainsi composée de pieces de rapport, qu'on ajoute, on supprime à volonté !

13 *Mars* 1772. Les écrivains de M. le chancelier qui gardoient depuis long-temps un silence prudent, viennent de le rompre à l'occasion du quatrieme supplément à la gazette de France dont on a parlé. Il paroît une feuille portant le même titre, en date du 8 mars, où l'on fait la contre-partie. Elle enchérit de méchanceté sur son modele. On y désigne par des lettres initiales les noms de ceux que monseigneur soupçonne auteurs de la correspondance ; d'autres membres du parlement y sont fort maltraités, soit par des portraits satiriques, soit par des anecdotes injurieuses. Comme ce pamphlet est d'une atrocité scandaleuse, on n'ose encore le vendre publiquement. Le sieur le Brun le donne aux gens du parti, & d'ailleurs cette clandestinité le fait plus rechercher que les

autres ouvrages écrits dans le meme esprit, mais trop prodigués.

14 Mars 1772. Il court une petite piece de vers, espece d'épigramme politique en ce qu'elle roule sur un fait historique, & peut être un jour citée dans nos annales; c'est à ce titre qu'on l'inscrit, & non à raison de son mérite littéraire très-mince. La voici:

Sur les liquidations du parlement.

Venez, messieurs du parlement,
Liquider chacun votre office;
L'état veut vous rendre service,
Tout est prêt pour le paiement.
Reconnoissez légalement,
Par quittance devant notaire,
Avoir reçu la somme entiere,
La finance & le supplément.
Mais, où l'argent, le numéraire,
Vous écriez-vous vivement !
Pour gens consommés en affaire,
Vous raisonnez bien gauchement.
L'argent est un métal solide,
Il s'agit ici de liquide:
Eh ! pourquoi vous tant intriguer ?
On veut à tous vous déléguer
Une rente liquide & claire
Sur les brouillards de la riviere.

18 Mars 1772. L'académie royale de musique doit donner avant la clôture des spectacles pour capitation des acteurs, un spectacle charmant, composé des actes du *Devin de village*, de *Pigmalion* & de *Psyché* : toutes les loges sont déja louées.

24 *Mars* 1772. L'opéra a donné hier pour la capitation les trois actes annoncés. Il y avoit, suivant l'usage, une affluence prodigieuse de spectateurs.

On a d'abord exécuté *Pigmalion*. Le sieur le Gros a fait le rôle, c'est-à-dire, l'a chanté, car il ne l'a nullement joué ; on a remarqué même un contre-sens effroyable de sa part : dans le moment où il peint toute la violence de sa passion pour un être insensible, sa statue s'anime ; elle se développe, elle descend de son piédestal, elle se promene sur le théatre comme étonnée de sa nouvelle existence, & il attend froidement qu'elle vienne à lui ; & son admiration semble absorber son amour, tandis qu'il devroit être tout de feu, voler dans les bras de son amante, & ne pouvoir se lasser de vérifier par ses attouchements, si ce n'est point une illusion.

Le rôle de la statue, extrêmement difficile à rendre par le double talent qu'elle exige pour le chant & pour la danse, a été bien joué par Mlle. Dervieux. Elle a conduit avec goût, intelligence & sensibilité son filet de voix, & s'est surpassée dans l'autre genre où elle déploie depuis plusieurs années une exécution non moins savante qu'agréable. Mlle. Guimard & le sieur Gardel ont enrichi les ballets d'une pantomime gaie[*], naturelle & ingénieuse.

Dans l'acte de *Psyché*, on a vu avec douleur manquer Mlle. Arnoux ; elle a été remplacée par

Mlle. Beaumesnil, qui a de très-belles attitudes, & tout l'extérieur d'une actrice faite pour plaire, mais dénuée de l'ame nécessaire au rôle de Psyché, le plus susceptible de sensibilité peut être qu'il y ait au théatre, par les nuances, toujours plus fortes, qu'il exige dans la gradation des tourmens que souffre cette nymphe, prodige d'amour & de constance.

Mlle. Rosalie, qui a fait dans l'acte pécédent le rôle de l'Amour avec toute la grace & la noblesse possible, a joué celui de Colette dans le *Devin de village* de la façon la plus vraie & la plus ingénieuse. Il est fâcheux que le sieur le Gros ait substitué dans celui de Colin le niais au naturel, & par cette charge ridicule en ait ôté tout l'intérêt. Les demoiselles Allard & Peslin se sont distinguées dans les ballets de cet acte par un pas de deux d'une vigueur & d'une gaieté unique; Mlle. Guimard & le sieur Gardel n'ont pas également réussi dans une nouvelle pantomime peu naturelle & fatigante pour l'intelligence du spectateur.

26 *Mars* 1772. M. Duclos, membre de l'académie des belles-lettres, de l'académie françoise, historiographe de France, &c. vient de mourir d'une fluxion de poitrine.

26 *Mars* 1772. Il paroît déja une autre lettre manuscrite, servant de réponse à celle du 8 mars: celle-ci est du 17, & c'est M. de Sorhouette qui écrit à M. le chancelier à l'occasion du réquisitoire & de l'arrêt du parlement contre la correspondance. On y a pris, aussi-bien que dans la premiere, le tour ironique de l'ouvrage ; mais on ne trouve pas que l'auteur ait encore réfuté aussi victorieusement qu'il le pouvoit, les fausses

assertions, & les suppositions indécentes de l'orateur du nouveau tribunal.

On attribue la réponse à l'auteur de la correspondance, à l'abbé MARY, conseiller clerc du nouveau tripot, auteur aussi du réquisitoire, à ce qu'on prétend.

31 *Mars* 1772. Extrait d'une lettre de Rouen, du 26 mars 1772. Il court ici une petite brochure très-mal imprimée, ayant pour titre : *Etrennes supérieures de Normandie pour l'année bissextille 1772, dédiée à monseigneur Thiroux de Crosne, chevalier, premier président du conseil supérieur de Rouen & intendant de la généralité, par un maître perruquier de sa famille, à l'enseigne des deux bassins blancs.* Et pour épigraphe : *Ici l'on rase proprement.*

Chaque mois est d'abord précédé, comme dans les almanachs de Liege, de prédictions non sur le temps, mais relatives à ce qui se passe & se passera dans la ville. Il y en a d'ingénieuses ; & en général elles sont toutes méchantes.

Après différentes plaisanteries des *éclipses*, des *pronostications* perpétuelles de M. *le chancelier*, des *ministres*, des *exilés*, des *conseils supérieurs*, &c. on fait la liste des membres qui composent le conseil supérieur de Rouen, ainsi que des avocats, & on cite différents traits de chacun, par lesquels on voit que ce sont tous gens tarés.

Suit un récit de l'installation du conseil le 17 décembre dernier, où l'on couvre ces messieurs de tout le ridicule qui leur appartient.

On y joint la liste des membres qui composent le conseil supérieur de Bayeux, avec des apostilles qui les rendent très-propres à faire le pendant de ceux de cette ville.

On finit par cette chanson qui donnera une idée du reste; elle est intitulée:

CHANSON NOUVELLE.

Sur l'air : *Still-là qu'a pincé Berg-op-Zoom*, &c.

Quand *Thiroux* fut fait intendant,
C'étoit pour raser le parlement;
On craignoit dans le ministere
Qu'il n'oubliât le métier de ses peres.

Par un duc brave en temps de paix,
Thiroux fut conduit au palais :
Messieurs, dit-il, le roi ordonne
Que je vous fasse le poil en personne.

Nos grenadiers n'étoient pas gens
A se laisser tondre honteusement.
Ils ont su, malgré ces bravaches,
Garder le poil de leurs moustaches.

Or deux d'entre eux furent tondus,
Mais c'étoient deux poils de leur cul,
Des lâches issus de familles
Portant pour armes des étrilles.

Puis Thiroux & le vil Normand
Sont tous deux placés présidents,
D'un conseil d'aussi vils esclaves
Que nos grenadiers étoient braves.

Sit-là qu'a baclé la chanson,
Vantez que c'est un fier luron;
Il iroit dans sa noble audace,
Leur chier à tous sur la face.

1 *Avril* 1772. On a donné lundi pour la capitation les mêmes actes dont on a rendu compte. Mlle. Arnoux qui a fait le rôle de Psyché, y a attiré encore plus de monde, & la recette a passé douze mille francs, sans compter les loges des princes. Il faut savoir que les jours de capitation sont les seuls où l'on puisse aller sur le théatre pendant le spectacle. Les places y coûtent un louis. La recette du lundi 23 n'avoit été que de huit mille quelques cents livres.

6 *Avril* 1772. Les plans pour la nouvelle place & la salle de comédie à établir, sont faits. Dans la crainte d'empiéter sur des terreins trop chers ou appartenants à des gens qui crieroient trop fort, l'artiste a été obligé de se renfermer dans des bornes gênantes. Il a cependant tiré tout le parti possible de son sujet; & si la place n'est pas aussi magnifique dans le premier projet, l'hôtel de la comédie n'y perdra rien, & aura plus de convenances & de beautés intérieures. La place sera un quarré long, au milieu duquel s'élevera le nouvel édifice; on ne le verra, il est vrai, qu'en passant, mais par une rue spacieuse, qui permettra de le découvrir en entier. Au moyen du pourtour qui régnera autour de la salle, il est démontré qu'en dix minutes elle peut être déblayée : on entrera également à couvert en voiture. Cet ouvrage ne fait pas moins d'honneur que le premier à M. Liegeon, par l'art avec

lequel il a fu fe retourner, enfanter de nouvelles combinaifons, & fur-tout par une exécution élégante & rapide. Dès que M. le duc de Duras, qui eft incommodé, fera en état d'aller à Verfailles pour préfenter une feconde fois l'auteur & fes nouveaux plans au roi, il doivent être fignés de S. M.

Les travaux de l'ancienne falle à reftaurer, reftent toujours fufpendus depuis le commencement de mars.

8 *Avril* 1772. Il paroît une troifieme lettre manufcrite, datée de Verfailles le 15 mars; elle a pour titre : *Réponfe de M. de Maupeou à M. Sorhouette*. Elle contient des anecdotes nouvelles : on ne fait fi ce commerce manufcrit durera long-temps, mais on parle déja d'une quatrieme lettre.

10 *Avril* 1772. On vient d'imprimer un *Supplément aux Etrennes fupérieures de Normandie* : il n'a que fix pages, mais contient une multitude d'anecdotes infamantes pour la plupart des membres : on cite différents arrêts du parlement de Normandie, condamnant à différents fupplices plufieurs perfonnages du même nom, & qu'on ne manque pas de donner pour parents des nouveaux magiftrats.

10 *Avril* 1772. L'opéra a fait plus de trente mille francs dans les trois jours de capitation, ce qui eft une recette incroyable.

12 *Avril* 1772. Le fieur *Duchanoy*, éleve de M. Petit, a répandu l'année derniere une lettre à M. *Portal*, lecteur du roi, profeffeur de médecine au collège royal, dans laquelle pénétré d'un louable enthoufiafme pour fon maître, il le défend fur la *critique que celui-ci a faite des ou-*

ges anatomiques de M. A. Petit ; mais pouſſant ſon zele ſans doute trop loin, il attaque monſieur Bouvart même, ennemi plus redoutable & plus déclaré encore de ſon héros. Il ſe permet une ſatire directe &, ce ſemble, étrangere à la queſtion, & fait une accolade de M. Portal & de M. Bouvart très-injurieuſe. Voici le paſſage :

« Dans le peu que vous dites, Monſieur,
» touchant la maniere dont M. Petit a défendu
» ſon opinion ſur les naiſſances tardives contre
» M. Bouvart, il eſt aiſé de s'appercevoir de
» la liaiſon qui regne entre ce dernier & vous.
» Jamais couple ne fut mieux aſſorti : *Simile*
» *ſimili gaudet*, même goût pour la vérité ;
» même reſpect pour les bienſéances ; même po-
» liteſſe, même juſteſſe dans le raiſonnement ;
» érudition auſſi-bien choiſie de part que d'autre ;
» égale légéreté dans le ſtyle ; ſi gens de votre
» eſpece pouvoient être amis, c'en feroit ſans
» doute aſſez pour le devenir : au moins cela
» ſuffit-il pour vous rapprocher & vous tromper
» mutuellement en feignant de l'être. Je ne vois
» qu'un point où votre ami, M. Bouvart, l'em-
» porte ſur vous, c'eſt par l'illuſtration que
» l'excellence de ſon ame & ſes bons procédés
» envers ſes confreres, &c. lui ont acquiſe ;
» mais, *euge puer*, avec les diſpoſitions que
» vous montrez, vous paſſerez votre modele. »

Quand il a été queſtion de recevoir docteur le ſieur Duchanoy, M. Bouvart, lors de l'aſſemblée pour juger de l'information de vie & de mœurs du ſujet, a fait rapporter un ſtatut de la faculté, par lequel tout candidat, convaincu d'avoir écrit contre un docteur de la faculté, doit être exclu. La cabale du médecin outragé a fait valoir cette loi; & il a été arrêté que le candidat feroit tenu de faire une lettre d'excufe à M. *Bouvart*; il l'a faite d'une façon très-humiliante; cependant celui-ci, traitant la chofe peu généreufement, a renvoyé la lettre à la faculté, en ajoutant qu'il la regardoit comme une nouvelle injure, & qu'il s'oppofoit toujours à la réception du fieur Duchanoy. M. Petit, intéreffé à la défenfe de fon protégé, y a mis toute la chaleur poffible. On exige aujourd'hui une rétractation formelle, précife, authentique du fieur *Duchanoy*, & c'eft là le point de difficulté; il y a beaucoup de cabales pour & contre, & ces deux chefs divifent tout le college de médecine.

12 *Avril* 1772. On a rendu compte dans le temps d'une partie d'ouvrage lue par M. Thomas à une affemblée de l'académie françoife, tirée d'un *Effai fur le caractere, les mœurs & l'efprit des femmes dans les différens fiecles*. Celui-ci paroît imprimé. L'auteur y veut faire voir ce que les femmes ont été, ce qu'elles font, & ce qu'elles pourroient être.

Il traite la premiere partie, qui eft hiftorique, d'une façon intéreffante & curieufe; fa marche même eft affez rapide, & c'eft fans contredit le meilleur morceau de l'ouvrage.

La feconde eft un tableau de nos mœurs actuelles relativement à cette partie de l'efpece humaine, mais contenant moins de faits que d'obfervations, & dans ces dernieres l'écrivain eft fouvent diffus, entortillé & trop minutieux.

Quant à la troifieme, elle eft fort courte & paroît uniquement deftinée à caractérifer, fous les traits d'une femme parfaite, Mad. *Necker*, l'héroïne de l'auteur, qu'il a déja célébrée précédemment

cédemment dans un portrait sous lequel les gens au fait reconnoissent parfaitement que c'est elle qu'il a eu en vue.

Mad. *Necker* est une Genevoise qui tenoit une espece d'école dans la ville; M. Necker, banquier de cette république, & aujourd'hui son ministre, en est devenu amoureux & l'a épousée. Elle rassemble chez elle des philosophes & des beaux esprits, & c'est dans un de ces comités qu'a été conçu, ainsi qu'on l'a dit dans le temps, le projet d'élever une statue à M. de Voltaire.

13 *Avril* 1772. Il paroît un *cinquieme supplément* à la gazette de France, plus long que les précédents. L'auteur a étendu sans doute ses correspondances, & donne des nouvelles des principales villes du royaume. Il prend consistance de plus en plus; c'est aujourd'hui une gazette scandaleuse très en regle, mais dont les retours périodiques ne sont pas encore assurés.

14 *Avril* 1772. C'est à l'occasion du ridicule que Moliere jette sur les femmes savantes, que M. Thomas établit le premier portrait de madame *Necker*, sur laquelle il craint apparemment que ne rejaillisse un pareil ridicule; il prétend faire voir dans son héroïne *l'usage heureux des lumieres à côté de l'abus*. « Il la peint comme
» une femme jeune & aimable, qui a reçu
» du côté des connoissances & de l'esprit, la
» meilleure éducation, & qui a conservé toutes
» les graces de son sexe; qui sait penser profon-
» dément & qui n'affecte rien; qui couvre d'un
» voile doux ses lumieres, & a toujours un
» esprit facile, de maniere que ses connoissances
» acquises paroissent ressembler à la nature; qui
» peut apprécier & sentir les grandes choses, &

» ne dédaigne jamais les petites ; qui ne fait
» usage de l'esprit que pour rendre plus touchant
» le commerce de l'amitié ; qui en étudiant &
» connoissant le cœur de l'homme, n'a appris
» qu'à avoir plus d'indulgence pour les foiblesses,
» & de respect pour les vertus ; qui enfin met
» les devoirs avant tout, mais les connoissances
» après les devoirs, & n'emploie la lecture qu'à
» remplir les instants que laisse dans le monde
» le vuide des sociétés & de soi-même, & à
» embellir son ame, en cultivant sa raison. »

Dans l'autre éloge M. Thomas se sert d'une nouvelle tournure ; il dit que « la femme esti‑
» mable du siecle, seroit celle qui en prenant
» dans le monde tous les charmes de la so‑
» ciété, c'est-à-dire, le goût, la grace & l'esprit,
» auroit su en même temps sauver sa raison &
» son cœur de cette vanité froide, de cette
» fausse sensibilité, de ces fureurs d'amour-
» propre, & de tant d'affectations qui naissent
» de l'esprit de société poussé trop loin ; celle
» qui, asservie malgré elle aux conventions &
» aux usages (puisqu'ils font partie de notre
» sagesse) ne perdroit point de vue la nature
» & se retourneroit encore quelquefois vers elle,
» pour l'honorer du moins par ses regrets ; celle
» qui entraînée par le mouvement général, sen‑
» tiroit encore le besoin de se reposer de temps
» en temps auprès de l'amitié ; celle qui, par
» son état forcée à la dépense & au luxe, choi‑
» siroit du moins des dépenses utiles, & asso‑
» cieroit l'indigence industrieuse & honnête à
» sa richesse ; celle qui en cultivant la philoso‑
» phie & les lettres, les aimeroit pour elles-
» mêmes, non pour une réputation vaine &

» frivole ; qui dans l'étude des bons livres cher-
» cheroit à éclairer son esprit par la vérité,
» à fortifier son ame par des principes, &
» laisseroit là le jargon, l'étalage & les mots;
» celle enfin qui parmi tant de légéreté, auroit
» un caractere ; qui dans la foule auroit con-
» servé une ame ; qui dans le monde oseroit
» avouer son ami, après l'avoir entendu calom-
» nier ; qui oseroit le défendre, quand il devroit
» jamais n'en rien savoir ; qui ne ménageroit
» point un homme vil quand par hasard il
» auroit du crédit & une voix ; mais qui, au
» risque de déplaire, sauroit dans sa maison, &
» hors de chez elle, garder son estime à la vertu,
» son mépris au vice, sa sensibilité à l'amitié,
» & malgré l'envie d'avoir une société étendue, au
» milieu même de cette société, auroit le courage
» de publier une façon de penser si extraordinaire,
» & le courage plus grand de la soutenir. »

Cette femme qui seroit est la femme qui est encore, au gré de M. Thomas, & c'est toujours madame Necker.

14 *Avril* 1771. Depuis le réquisitoire du 14 mars, il semble que les écrivains patriotiques aient repris plus d'activité, & comme pour marquer l'impuissance de la police & du ministere, les brochures se multiplient en foule. Depuis le cinquieme supplément il paroît un autre pamphlet intitulé : *L'auteur du quatrieme supplément à M. de Maupeou, chancelier de France. De Paris, ce 13 avril 1772.* Il y a apparence que c'est anti-daté, & que cela ne s'est pas imprimé depuis hier. L'auteur en question turlupine de son côté le chef suprême de la justice, & maître Jacques de Vergès sur certaines expressions de son réqui-

fitoire. Il rappelle des anecdotes atroces contre le sieur BREUZARD, conseiller, qui a fait la dénonciation du quatrieme supplément au nouveau tribunal, & peint ce magistrat non-seulement comme assassin de son frere, mais comme empoisonneur de sa première femme. Suit une prétendue *copie d'une lettre volée à l'éditeur de la quatrieme correspondance :* elle est la trente-sixieme, & de M. de Maupeou à M. Sorhouette, datée de Paris le 24 mars, où l'on dévoile les inquiétudes du chancelier & ses projets secrets pour opérer efficacement les liquidations, &c.

15 *Avril* 1772. La licence est poussée au point qu'il n'est pas de plaisanteries qu'on ne se permette, & qui ne trouvent à s'imprimer. On répand ici l'annonce suivante :

« Messieurs, vous êtes avertis qu'il est arrivé pour la foire Saint-Germain un personnage intéressant.

» Le sieur Fiquet de Normanville, dit le *vil Normand*, fils d'un aubergiste, devenu le receveur de la duchesse de la Force, petit-fils d'un valet d'écurie devenu aubergiste, président parjure & intrus au conseil supérieur de Rouen, est venu en cette ville avec beaucoup de prétentions. Il s'agit de traiter la réunion des deux conseils en un parlement, d'être premier président du conseil de Rouen actuel, ou du futur parlement postiche à la place de M. de Crosne, qui ne s'entend à rien, ou même d'obtenir une place méritée parmi messieurs les maîtres des requêtes.

» Le sieur Fiquet est reconnoissable à sa tête à perruque, sa face pleine, son nez large, ses yeux noirs, ses sourcils châtains, son col court,

sa taille fournie de cinq pieds quatre pouces, sa démarche rustique, son propos burlesque.

» On le verra souvent à la porte de M. de la
Michaudiere, dans l'antichambre de M. le chancelier, chez des filles, à la comédie italienne.

» Ceux qui apprendront de ses nouvelles, sont
priés d'en donner à M***. fauxbourg Bouvreuil
à Rouen : ils recevront récompense. »

16 *Avril* 1772. La quatrieme lettre manuscrite se répand : elle est de M. de Sorhouette
à M. de Maupeou. Sa date est du premier
avril ; elle roule sur les petites brochures nouvelles de M. le chancelier ; elle est peu de chose
& semble un passage seulement à la cinquieme,
ou doit être vraisemblablement un entretien
de M. de Machault.

22 *Avril* 1772. On a reçu la neuvieme partie
des questions sur l'encyclopédie : on y trouve
des lettres de Memnius à Cicéron, de main de
maître.

23 *Avril* 1772. Les entrepreneurs du colysée
imaginent tous les moyens possibles de faire revenir le public sur leur compte & de l'amuser
par des jeux nouveaux. On parle aujourd'hui de
donner un spectacle d'escrime.

24 *Avril* 1772. *Le point de vue* qu'on a annoncé, a fait un grand bruit dans le parti des
janséniftes, qui se fortifie merveilleusement aujourd'hui. On entrera dans une discussion plus
détaillée de cet ouvrage.

26 *Avril* 1772. Les propos se soutiennent sur
sa brouillerie constante avec madame Dubarri &
les autres ministres de la maison de Bourbon,

F 3

en sorte que les espérances se raniment merveilleusement de toutes parts, & qu'on a toujours fait à compte la chanson suivante.

CHANSON PROPHÉTIQUE.

Sur l'air : *Lon lan la derirette.*

Par ma foi, René de Maupeou,
Vous devriez bien être saoul,
    Lon lan la derirette,
De tous les pamphlets d'aujourd'hui;
    Lon lan la deriri.

Votre crédit baisse, dit-on,
Chacun vous tire au court bâton,
    Lon lan la, &c.
N'en êtes-vous pas étourdi ?
    Lon lan la, &c.

L'abbé Terrai, le d'Aiguillon
Méditent quelque trahison.
    Lon lan la, &c.
Le petit Saint (1) s'en mêle aussi;
    Lon lan la, &c.

Mais votre plus affreux malheur
C'est de n'être plus en faveur,
    Lon lan la, &c.

---

(1) Saint-Florentin, aujourd'hui duc de la Vrilliere.

Avec mesdames Dubarri ;
Lon lan la , &c.

Jusqu'à ce monsieur de Beaumont (1),
Qui vous a fait certain affront,
Lon lan la , &c.
Sans vous en avoir averti ,
Lon lan la , &c.

Ce qui redouble encore vos maux ,
Le maître vous tourne le dos ,
Lon lan la , &c.
Et bien plus la future en rit ;
Lon lan la, &c.

Voulez-vous que je parle net !
Il faut faire votre paquet ;
Lon lan la , &c.
Monseigneur décampez d'ici ;
Lon lan la , &c.

Car à la Greve un beau *Salve*
Pour vous bientôt est réservé ,
Lon lan la , &c.
Et par dessus *de profundis* ,
Lon lan la , &c.
Ainsi soit-il.

---

(1) On prétend que l'archevêque s'étoit opposé à la publication des monitoires.

27 *Avril* 1772. Depuis la mort du fieur *Trial* l'opéra est resté entre les mains des trois directeurs survivants ; pour mieux conduire ce tripot de musiciens, d'acteurs & de danseurs fort difficiles à faire aller, & dont les chefs actuels paroissent ne pas bien entendre la manutention, on a nommé le sieur *Rebel*, inspecteur-général de l'académie royale de musique ; c'étoit un des deux qui en avoient la direction précédemment, & dont le public étoit en général moins mécontent.

28 *Avril* 1772. *Le point de vue* est divisé en trois lettres : dans la premiere, sous la date du 25 février, on expose les faits préliminaires, à commencer seulement depuis les brouilleries de 1753 à 1754, propres à convaincre que les jésuites sont originairement les vrais & principaux auteurs de la situation déplorable où se trouve le royaume ; que les autres causes n'y participent que comme secondaires, & que les agents apparents de tant de catastrophes n'ont souvent eux-mêmes pas connu l'impulsion secrete qui les mettoit en mouvement ; que cette solution seule explique d'une maniere satisfaisante toutes les intrigues actuelles, & donne un dénouement aisé de démarches qu'on jugeoit d'abord contradictoires. Le tableau rapide des événements qui se sont succédés depuis ce temps orageux jusqu'à l'expulsion entiere de la société de France, comprend l'exécrable attentat commis par *Damiens*, qu'on n'assigne que comme l'instrument aveugle de la vengeance des jésuites. On veut que le roi ait été convaincu de cette horrible vérité, & que la certitude du crime ait été portée jusqu'à la démonstration par la dissolution de cet ordre régicide.

La deuxieme eſt datée du 29 février. On y retrace les faits qui ont ſuivi juſqu'au fatal édit du mois de décembre 1770. On y repréſente les jéſuites chaſſés de France & de Portugal, cherchant à ſe fortifier dans les états voiſins, à ſoutenir la confiance de leurs partiſans, à ſe ménager auprès des perſonnes en place des appuis, des créatures & des eſpions ; à conſerver encore une influence éloignée ſur l'éducation de la jeuneſſe, par le canal des évêques dont ils étoient ſûrs, & auxquels on attribua la plus grande part dans la formation des bureaux des nouveaux colleges par un édit qu'on fit paſſer au parlement ſous un prétexte ſpécieux, & par la réunion des bourſiers au college de Louis le Grand, à la tête duquel ils firent mettre adroitement M. l'archevêque de Rheims, qu'ils manioient à leur gré par ſon homme de confiance ; à exciter en leur faveur une réclamation aux états de Bretagne, qui ne réuſſit pas, mais alluma dans cette province des diviſions dont ils profiterent ; à faire tourner à leur avantage, l'élévation même de M. de Laverdy au contrôle général, en le faiſant concourir ainſi que M. le duc de Choiſeül à la formation d'un édit qui leur accordoit une ſorte d'exiſtence dans le royaume ; mais qu'on fit regarder aux ennemis des jéſuites comme confirmatif de leur deſtruction ; à profiter de leur rentrée ſourde pour cabaler près des évêques, & produire en 1765 les actes de l'aſſemblée du clergé, nouveau brûlot qu'ils lancerent contre les parlements, & qui occaſiona une ſciſſion momentanée ; à donner le change ſur la cauſe de leur deſtruction, en mettant adroitement en œuvre leurs propres adverſaires pour la réforme des ordres

F 5

religieux, en répandant ensuite le bruit que les ennemis de la religion ne cherchoient qu'à les anéantir, & que, pour mieux réussir dans ce projet impie, on avoit commencé par les jésuites, comme les plus difficiles à entamer: enfin à commencer l'exécution de leurs projets de récrimination contre les instruments de leur perte, par M. de la Chalotais & autres magistrats vertueux & intrépides, ce qui ouvre la chaîne des atrocités de toute espece qui se sont succédées sans interruption depuis les proscriptions célebres, jusqu'au moment où l'on a fait passer la faux de destruction sur toutes les provinces du royaume.

La derniere lettre datée du 9 mars, soutient les faits par diverses réflexions: 1°. Sur le rafinement de la profonde politique des jésuites, qui ne pouvant éviter l'extinction de leur ordre en France, ont préferé de faire substituer l'autorité immédiate du roi aux formes légales, & d'établir ainsi le principe contre lequel on réclame aujourd'hui. 2°. Sur l'espece des auteurs de la révolution actuelle, qu'on trouve tous être leurs partisans ardents. 3°. Sur la nature des persécutions plus fortes en proportion qu'on avoit témoigné plus de zele contre la société; ce qui se démontre par les divers traitements faits aux parlements, anéantis tout à fait lorsqu'ils sont tout-à-fait contraires, ou conservés dans leurs membres dévoués à l'ordre. 4°. Ce qui se démontre encore mieux par l'exemple des particuliers dont les plus ennemis des jésuites sont les plus maltraités. 5°. Sur ce que les jésuites seuls ont gagné à la désolation universelle, & qu'ayant essentiellement profité du désordre, ils doivent en être, suivant les principes du raisonnement, réputés les principaux inſtigateurs. 6°. Sur la délicateſſe mal placée qu'ont eu les corps réclamants de ne pas déſigner les jéſuites comme les auteurs ſecrets de nos diviſions, quoiqu'ils en fuſſent convaincus; réſerve fatale qui a perpétué les calamités. 7°. Sur l'eſpoir qui reſte que nous trouverons le terme de nos maux, & qu'un jour le pape nous ouvrira les yeux en détruiſant les jéſuites ſur les preuves excellentes & multipliées qu'il a, qu'ils ont entrepris de culbuter les états dont ils ont été chaſſés, qu'ils ont attenté à la vie du roi de Portugal, qu'ils ont conſpiré contre la maiſon régnante d'Eſpagne, qu'ils excitent en France les troubles actuels, & qu'ils veulent ſe venger ſur la magiſtrature qui a découvert leur ſecret.

28 *Avril* 1771. Pendant la quinzaine de pâque les comédiens françois, qui, au moyen du nouveau projet de ſalle dont on a parlé, doivent ſéjourner encore pluſieurs années aux Tuileries, y ont fait quelques changements pour rendre celle-ci moins ſourde, en rapprochant les loges du fond de l'amphithéatre plus en avant, & tâchant de réparer ainſi la faute énorme qu'ils avoient commiſe de reculer le théatre pour ſe procurer plus de loges.

Les *Druides* ſont affichés pour demain, 13e. repréſentation. On eſt d'autant plus ſurpris de cette tolérance, qu'on s'oppoſe conſtamment à l'impreſſion de l'ouvrage, & qu'on ſait que monſieur de Sartines a fait tout ce qu'il a pu pour engager d'amitié l'auteur à ne pas laiſſer reprendre cette tragédie; à quoi M. le Blanc s'eſt refuſé conſtamment, ſous prétexte qu'il ne pouvoit,

F 6

ainsi manquer au public qui lui faisoit l'honneur de la redemander.

29 *Avril* 1772. L'affiche des *Druides* avoit été renouvellée aujourd'hui. A une heure un exempt de police est venu signifier aux comédiens un ordre du roi de ne pas jouer cette piece ; ce qui les a fort embarrassés ; ils vouloient, par épigramme, y substituer le *Tartufe* ; malheureusement ils ne se sont pas trouvés assez complets pour le jouer. Cette proscription est un nouvel effort du clergé, & sur-tout de l'archevêque de Paris. D'ailleurs, des raisons de politique se sont jointes à l'esprit de fanatisme, & l'allusion qu'on a cru y voir entre madame Louise, & une fille de roi qui s'y dévoue au culte d'Esus, les applications qu'on en a faites malignement dans la brochure à *Jacques de Vergès*, ont engagé le ministere à se rendre en cette occasion aux vœux du clergé, qu'on ne veut pas mécontenter ouvertement dans le moment où il est question de s'assembler pour en obtenir de l'argent.

30 *Avril* 1772. On a donné hier dans le wauxhall de la foire St. Germain, un concert extraordinaire au profit des écoles gratuites de dessin. L'assemblée étoit nombreuse & brillante, & la salle qui est décorée de la façon la plus galante, ornée d'une multitude de jolies femmes, sembloit offrir une assemblée de l'Olimpe. La musique n'a point répondu à cette imagination. Le concert a commencé par deux symphonies qui avoient balancé le prix au concours établi depuis quelques années à la salle du concert spirituel pendant la quinzaine de pâque. Après l'exécution, M. de Meulan, fondateur de cette médaille, établi sur un théatre particulier avec les juges,

a déclaré que la seconde symphonie concertante avoit été jugée la meilleure ; il a nommé l'auteur qui est un musicien appartenant à l'électeur Palatin ; il a ajouté que regrettant de ne pouvoir reconnoître convenablement le mérite du second auteur, on avoit fourni une somme de 200 livres pour le récompenser ; celui-ci est un musicien du prince des Deux-Ponts. Les deux lauréats ont paru successivement, & ont reçu des mains de M. de Sartines, lieutenant-général de police, leur rétribution. On a ensuite chanté l'opéra de *Deucalion & Pyrrha*, mis en musique par M. Gibert. Il est en quatre actes, & n'a fait que peu de sensation ; il a d'ailleurs été fort mal exécuté. En tout, ce concert étoit médiocre, & ne répondoit pas à son objet. Des deux nouveaux morceaux de musique couronnés, l'un a paru plus savant, l'autre plus agréable ; mais dans aucun l'on n'a trouvé de ces traits d'harmonie sublime qui caractérisent les grands maîtres & les ouvrages durables.

5 *Mai* 1772. Les comédiens françois ne pouvant absolument songer à remettre *les Druides*, s'occupent aujourd'hui de *Pierre le Cruel*, qu'ils espèrent jouer incessamment ; il faut croire qu'on a aussi levé les obstacles qui s'opposoient à la représentation de cette tragédie.

6 *Mai* 1772. Les deux sujets couronnés au concert donné le 30 avril au profit des éleves des écoles gratuites de dessin, sont, le premier, M. *Canapick*, maître de musique de la chambre de l'électeur palatin ; & le second, M. *Eischer*, maître de musique de la chambre du duc des Deux-Ponts.

7 *Mai* 1772. C'est M. Watelet qui est constam-

ment reconnu l'auteur des paroles de l'opéra de *Deucalion* & *Pyrrha*. Rien de plus misérable que ce poëme, indigne à tous égards d'un membre de l'académie françoise.

9 *Mai* 1772. Le projet de la nouvelle salle de comédie s'avance toujours, quoique lentement, & prend une sorte de consistance. Le voilà étayé d'un arrêt du conseil du 23 avril, qui autorise à l'achat des terreins nécessaires, donne toutes les facilités possibles, & pourvoit aux sûretés respectives. Il est actuellement question de faire imprimer un *prospectus* de l'opération en finances, pour exciter les capitalistes & les engager par l'appât du gain & sa certitude, à placer leurs fonds dans cette entreprise.

11 *Mai* 1772. Les comédiens italiens se disposent à donner incessamment *l'Ami de la maison*, comédie en trois actes mêlée d'ariettes. On en a déja parlé à l'occasion de la représentation qu'elle a eue à Fontainebleau cet automne, & qui n'a pas eu un merveilleux succès. Les paroles sont de M. Marmontel, & la musique est de monsieur Gretry.

C'est pour cette semaine la premiere représentation de *Pierre le Cruel*.

13 *Mai* 1772. On écrit de Bretagne que monsieur le duc de Chartres a été reçu par tout avec les plus grandes démonstrations de joie, que la noblesse de toutes les villes où il a passé est montée à cheval pour aller au devant de lui, que les dames se sont parées, & se sont rendues aux endroits où il relayoit; qu'enfin on lui a adressé à Brest le discours suivant au nom de la noblesse :

« L'hommage que vient rendre à V. A. S. la

» noblesse de Bretagne, est l'expression des sen-
» timents les plus chers à son cœur. Ne lui se-
» roit-il pas permis de faire éclater sa joie, lors-
» que votre arrivée dans une province qui s'est
» toujours distinguée par son zele & sa fidélité,
» semble être *le présage des événements les plus*
» *heureux* ? Tout concourt, Monseigneur, à
» fonder les douces espérances que nous o[nt]
» former, le respect sans bornes pour l'augu[ste]
» sang des Bourbon, notre vénération pour
» les qualités éminentes & *patriotiques* de V. A.
» S. & notre juste confiance dans les bontés pa-
» ternelles d'un roi bien aimé. »

Quelques phrases de ce discours ont fort déplu à la cour, comme ayant trait aux circonstances. On n'est point à se repentir d'avoir laissé aller en Bretagne dans le moment un prince chéri, dont la présence n'est propre qu'à faire fermenter les têtes de ce pays-là d'une façon dangereuse, sur tout aux approches des états qui doivent s'assembler l'automne prochain. C'est M. le duc de Penthievre qui a demandé au roi la permission pour son gendre, & S. A. S. pourroit bien en essuyer des reproches.

15 *Mai* 1772. *Justice gratuite*. Titre d'un nouveau pamphlet qui consiste dans les doléances d'un plaideur à la veille d'être ruiné par la justice gratuite, & dans une *réponse* de son ami qui sent tous les grands avantages que M. le chancelier nous fait. Après les deux lettres on en trouve une troisieme, où l'on développe encore plus la matiere.

17 *Mai* 1772. On parle d'un nouvel écrit intitulé : *Requête des Etats-Généraux* au roi ; mais il est encore très-rare, & à peine à percer ; il

paroît émané d'un autre arsenal que celui où se fabriquent les diverses brochures politiques dont on a rendu compte ; on le croit même imprimé en pays étranger.

17 *Mai* 1772. La tragédie de *Pierre le Cruel* annoncée depuis long-temps, & toujours contrariée, vient de l'être encore par la rechûte de Mlle. Vestris, qui devoit faire le rôle de Blanche ; on a pris le parti de prier Mlle. Dubois de l'apprendre, & l'on compte que cette piece se jouera incessamment.

20 *Mai* 1772. L'opéra répete actuellement *la Reine de Golconde*, & doit donner incessamment ce ballet héroïque en trois actes, dont les paroles sont du sieur *Sedaine* & la musique du sieur de Montigni. Quoiqu'il n'ait jamais eu un succès bien merveilleux, on l'attend avec impatience, parce que sieur Larrivée, malade & absent depuis long-temps du théatre, doit y reparoître.

23 *mai* 1772. *L'Esprit de l'arrêt du conseil du* 13 *avril* 1772 : c'est le titre d'une petite feuille de 23 pages in-12. Elle est en deux colonnes ; d'une part est le texte de cette prétendue loi qu'on veut n'avoir point été délibérée au conseil du roi, & qu'on regarde comme émanée purement des bureaux du chancelier ; de l'autre est le commentaire, où l'on développe le faux, l'injustice, & l'atrocité de l'arrêt, tantôt par des louanges ironiques, tantôt par des censures directes & lumineuses ; par-tout on y suit l'auteur pied-à-pied ; on le combat, on le démasque, & l'on cherche à détruire l'impression que pourroient faire ou ses menaces ou ses caresses. On y a joint quelques anecdotes relatives, & il est fort à craindre qu'un tel écrit, s'il parvient aux exilés, ne les confirme

dans leur réfolution, & ne les rende plus inébranlables que jamais.

23 *mai* 1772. Malgré la chûte complete de la tragédie de *Pierre le Cruel*, dont on n'avoit ofé annoncer une feconde repréfentation le même jour, le public avoit vu avec indignation qu'elle ofoit reparoître fur l'affiche du lendemain ; cependant l'auteur, mieux confeillé, n'a ofé foutenir une autre chûte ; elle a difparu tout-à-fait : il dit que c'eft pour fe donner le temps d'y faire des corrections, ou même de la refondre : on croit qu'il feroit beaucoup mieux d'en fabriquer une autre, ou plutôt de n'en plus compofer ; car aujourd'hui que les yeux font deffillés, il eft à craindre que fes enthoufiaftes ne veuillent fe venger de la fotte admiration qu'ils affichoient pour ce poëte barbare.

24 *mai* 1772. *Les œufs rouges de monfeigneur* étoient attendus avec impatience, depuis longtemps on prématuroit leur arrivée ; ils étoient annoncés pour le 15 mai, & ils avoient effectivement été diftribués ce jour-là, fi l'on eût pu les faire paffer le 13, jour de la revue, comme on l'efpéroit, à la faveur du tumulte d'un tel fpectacle ; mais les défiances de la police, qui avoit redoublé fes fuppôts, a rendu vains les préparatifs, & il a fallu avoir recours à quelque autre rufe. Enfin, ils fe répandent, n'importe comment. C'eft un petit volume de foixante-quatre pages, ayant pour titre : *Les œufs rouges, premiere partie. Sorhouette mourant, à M. de Maupeou, chancelier de France.* Le difcours eft précédé de trois eftampes.

La premiere allégorie repréfente le temple de la juftice, qui s'écroule par les efforts d'un nouveau Samson, aidé du démon de la discorde, avec ses ailes de chauve-souris, un bonnet & un collet *à la jésuite*. Le Samson françois a un bandeau sur les yeux. La colonne sur laquelle le globe des armes de France est élevé, s'écroule aussi ; on n'y apperçoit plus que des traces d'anciens trophées à demi effacés ; on lit : *Vestigia gloria deleta*. La statue de *Thémis* a les bras cassés, ses balances tombent par terre ; des femmes renversées représentent les principales villes qui venoient demander justice ; l'écusson d'une d'entr'elles marque la bonne ville de Paris. Au bas on lit cette inscription : *Alterius Samsonis vires*.

La seconde allégorie est une allusion à la métamorphose d'Hécube en chienne enragée, poursuivie à coups de pierre par les Thraces.

Le chancelier en simarre a la tête déja changée en celle d'un chien, une patte fermée, avec laquelle il croit pouvoir encore donner des coups de poing, de l'autre portant à sa gueule la lettre à *Jacques de Vergès* : on lit sur l'adresse ce mot terrible : *Correspondance*.

La Vérité d'une main lui présente un miroir pour lui faire voir que la métamorphose ne lui a rien fait perdre des agréments de son ancienne figure.

A ses pieds on voit un ballot ouvert, duquel sortent avec impétuosité, les *Protestations des princes*, le *Maire du palais*, & les différentes parties de *la correspondance* qui se changent en pierres. Quelques François ramassent ces brochures & les jettent à ce vilain dogue. Le fond représente la partie d'un temple, sur le frontispice duquel est Thémis entourée de nuages : sur les marches on voit une foule de spectateurs qui levent les mains au ciel, pour rendre graces de la juste punition exercée contre le *Maupeou*. Au bas on lit cette inscription : *Canis infandi rabies.*

Telle est l'explication que l'auteur donne lui-même des deux caricatures. La troisieme est le frontispice ; il représente l'éditeur de la correspondance recevant des mains de l'auteur *les œufs rouges de Monseigneur*. Le premier a un masque sur le visage, le second a l'air moribond, & se souleve avec peine sur son lit. Un génie en pleurs tient un cadran. Au bas de l'estampe on lit : *Epitaphe de l'illustre défunt.* " Dans le courant de
" novembre 1771, est passé de vie à trépas, de
" facétieuse mémoire, l'auteur de la correspon-
" dance ; il étoit..... citoyen.... il aimoit sa patrie,
" & gémissoit de la voir dans *l'oppression* ; il
" aimoit son roi avec passion ; il n'en a jamais
" parlé qu'avec le plus tendre & le plus profond
" respect ; il plaignoit ce bon prince, ce prince
" qu'il adoroit.... d'être le jouet du malheureux
" qui abuse de sa confiance. "

Le discours de M. *Sorhouette* est daté du 25 avril ; il est précédé de cette épigraphe : *Qui va répondre à Dieu, parle aux hommes sans peur :* vers de la tragédie de Tancrede de M. de Voltaire. Il est dans le goût de la fameuse lettre du conseiller du grand-conseil, insérée dans la deuxieme partie de la correspondance, c'est-à-dire, plein de choses, fort & nerveux. C'est un tableau rapide des manœuvres de M. le chancelier pour opérer la destruction du parlement. L'auteur, avec sa politique ordinaire, continue à caresser M. le duc d'*Aiguillon*, à le supposer innocent, & à faire regarder tout ce qui s'est passé à son égard comme médité & tramé par le chancelier pour le perdre ; il cherche par-là fans doute à maintenir & accroître la divifion entre ces deux perfonnages pour les détruire l'un par l'autre, s'il eft poffible. Par un rafinement de politique plus grand encore, il atténue aujourd'hui les torts du contrôleur-général; &, comme il n'ofe l'excufer lui-même, contradiction trop manifefte avec ce qu'il en a dit précédemment, il met fa défenfe dans la bouche d'un de fes partifans, & prétend que l'abbé Terrai eft beaucoup moins coupable que M. de Maupeou dans les maux qu'il a faits à la France ; que le premier pouvoit du moins objecter la raifon d'état, fe laiffer entraîner par une néceffité impérieufe, & prendre des moyens violents fur lefquels il s'eft peut-être trompé ; mais que rien n'excufe le fecond d'avoir fcellé cet effroyable édit du vingtieme à perpétuité, de l'avoir fait paffer à fon parlement, & d'avoir en outre chargé l'état d'un capital de dettes énormes en capitaux par les fuppreffions qu'il a faites, & d'arrérages annuels. Ces détails épouvantables font rapprochés de façon à ferrer le cœur de tout François, & peut-être de tout étranger qui les lira. On eft fâché que la fin de cette philippique dégénere en détails vils, injurieux ou burlefques, fur différents membres du nouveau tribunal dont on n'avoit pas encore reffaffé l'origine, les mœurs & les talents. On y trouve malheureufement des faits faux, d'autres altérés dans leurs circonftances effentielles, qui indiquent trop de légéreté dans le compilateur à adopter des méchancetés, dont quelques-unes font plaifantes, il eft vrai, mais déparent abfolument le ton noble & vigoureux du refte de l'ouvrage.

On trouve à la fuite de tout cela de *très-*

humbles & très-respectueuses remontrances du parlement au roi, sous la date du 25 avril, qui sont d'une meilleure plaisanterie, & cachent des vérités importantes.

A la fin de ces *œufs rouges*, on lit: *la suite pour le bouquet de Monseigneur.*

27 *Mai* 1772. Rien de plus plaisant que les remontrances prétendues du parlement, insérées à la fin des *œufs rouges*, sous la date du 25 avril.

Ce parlement, après y avoir exalté ses qualités, droits, prérogatives, &c. & sur-tout son utilité dans l'ordre politique, avec beaucoup d'emphase & dans un style vraiment oriental, se plaint que le contrôleur-général veuille retenir les deux vingtiemes sur les gages des officiers de cette compagnie, quoiqu'ils ne suffisent, d'après le calcul même du chancelier, qu'à leur étroit nécessaire, y compris, il est vrai, tous les articles, même celui des filles.

On y fait valoir avec quel zéle cette compagnie a déja enrégistré tous les impôts qui lui ont été présentés, & sa disposition sincere à enrégistrer tous ceux qu'on lui présentera.

Pour accroître davantage cette ardeur patriotique, on y propose de donner un écu par tête à chaque membre pour chacun des édits bursaux qui viendront, jusqu'à la concurrence de quinze cents, & de passer le reste *gratis*.

On y ajoute que si S. M. vouloit y faire passer vingt mille arrêts du conseil, que le vieux parlement avoit refusé d'enrégistrer, messieurs sont très-empressés de donner cette nouvelle marque d'attachement, & toujours moyennant une légere rétribution.

30 *Mai* 1772. On n'est point en général aussi

content des *œufs rouges* que des autres parties de la correspondance. Les raisonnements n'y présentent rien de neuf, & les plaisanteries ne sont pour la plupart que méchantes, sans être gaies ; elles ne portent pas d'ailleurs sur des choses essentielles. On reproche à l'auteur d'avoir croqué cet ouvrage-ci, de n'avoir pas profité des contradictions, des absurdités, des suites effroyables que présentoit l'œuvre de M. le chancelier, des anecdotes dont il auroit pu enrichir sa collection. Beaucoup de gens n'aiment pas non plus qu'on y ménage tant l'abbé Terrai ; & les dévots jansénistes ont été révoltés de l'indulgence qu'on y témoigne pour madame la comtesse Dubarri, ainsi que pour les jésuites qu'on semble n'oser nommer.

On a oublié de dire que dans le frontispice qu'on juge avoir été gravé par un amateur, ainsi que les estampes, l'auteur mourant de la correspondance a auprès de lui un petit panier d'œufs rouges enluminés, très-bien fait.

31 *Mai* 1772. Dans la gazette de France, N°. 43, du vendredi 29 mai, on trouve la traduction de la sentence rendue contre Struensée, les griefs qui lui sont imputés ; & la peinture des désordres qui en ont résulté, dans l'administration, dans la justice, & dans toute l'économie intérieure du Danemarck, est si ressemblante à ce qui se passe ici, que la populace même en fait l'application : on a été fort surpris des détails qu'on a donnés à cet égard, & qu'on pouvoit se dispenser de faire. Les politiques veulent que cela n'ait point été fait sans dessein. Ils attribuent la méchanceté à M. le duc d'Aiguillon, qui, en sa qualité de ministre des affaires étrangères, a la principale

inspection sur les papiers de nouvelles publiques, & qui méditant depuis long-temps la perte du chancelier, n'est pas fâché d'entretenir la haine générale par des allusions, des applications sensibles.

3 Juin 1772. Mandement de monseigneur l'archevêque de Paris, qui proscrit l'usage des œufs rouges, à commencer du vendredi dans l'octave de l'ascension inclusivement, jusqu'à la résurrection des morts exclusivement.

Telle est une facétie nouvelle, où l'on parodie indistinctement & les pieux mandements de monseigneur l'archevêque, & les respectables arrêts du nouveau tribunal, & les saintes écritures; où l'on dénigre les œuvres de M. le chancelier, & l'on injurie fortement certains membres de magistrature, suppôts de cet illustre chef.

On sent au surplus, que l'on continue à jouer sur le mot, & que cette proscription d'œufs rouges tombe sur la brochure qui porte ce titre, & non sur ces œufs que par un usage antique & puéril les fruitieres & autres gens de la halle barbouillent de pourpre depuis pâque jusqu'à la pentecôte, pour amuser les enfants & la populace.

6 Juin 1772. M. de Voltaire est actuellement affamé de mémoire d'avocats; il écrit à un de ses amis auquel il demande tout ce qui paroît au palais: qu'il devient comme Perrin Dandin sur ses vieux jours; qu'il aime à juger. Il dit en parlant des factums répandus dans l'affaire de M. le comte de *Morangiès*: Vos avocats ont bien de l'esprit; quand on les a lus, on ne sait plus qu'en croire.

7 Juin 1772. Mlle. Sainval la jeune a joué hier le rôle de Zaïre dans cette tragédie: elle n'y a pas fait une sensation aussi considérable que dans *Alzire* & dans *Inès* : on ne peut cependant lui refuser d'y avoir mis toute la sensibilité dont il est susceptible ; elle a même témoigné la plus grande intelligence dans la scene muette ; mais elle n'a pas été égale ; en général elle a manqué les coups de force. Cela n'a pas empêché qu'elle n'ait été généralement applaudie dans tous les endroits où elle l'a mérité. Elle plaît beaucoup au public ; certains enthousiastes lui font tort par une admiration trop prodiguée & trop exclusive. Elle a certainement de grands moyens, beaucoup d'onetion, d'ame, d'expression, une figure où se peignent facilement les passions, & qui, sans être noble, a beaucoup de caractere. Elle est petite & cherche trop à s'agrandir sur la scene par des coups de tête forcés. Elle a un hoquet desagréable, mais qui se passera.

8 *Juin* 1772. Mlle. *Clairon* émerveillée de ce qu'elle entendoit dire de Mlle. Sainval, a voulu en juger elle-même dans le rôle *d'Inès de Castro*, & après l'avoir vu jouer, elle dit: « c'est en effet un prodige, mais il falloit le voir pour le croire. » Du reste, elle a exhorté la jeune débutante à ne se modeler sur personne, à ne jouer que d'après elle-même, & à céder aux impulsions d'une nature qui l'inspiroit si bien.

9 *Juin* 1772. Un enfant inoculé, mort depuis quelque temps dans l'opération, excite une grande fermentation contre les inoculateurs ; mais il paroît convenu que ce sujet a succombé à une fievre maligne survenue dans cet état, & ils ne prétendent point qu'on doive être immortel dans une pareille crise. Ils soutiennent seulement que
l'inoculation

l'inoculation ne peut occasioner par elle-même cette suite funeste.

10 *Juin* 1772. Les envieux du projet de la nouvelle salle de comédie n'ayant plus de bonnes raisons à opposer, cherchent aujourd'hui à employer le ridicule. Ils répandent une petite brochure intitulée: *Lettre d'une jeune dame du fauxbourg Saint-Germain à MM. Pidansat de Mairobert, secretaire du roi, & de Jossan, amateurs du théatre & auteurs du nouveau projet pour la comédie françoise.* Ce pamphlet est misérable par la plate ironie qui y regne, & par les suppositions absurdes qu'y fait l'auteur pour trouver matiere à ses plaisanteries fausses & puériles.

15 *Juin* 1772. Il paroît un nouveau supplément à la gazette de France, N°. 6. On continue à y inférer toutes les anecdotes vraies ou controuvées qu'on peut trouver sur les *inamovibles* & autres gens de cette sequelle. Le peu de soin que l'auteur apporte à discuter les faits qu'on lui envoie, rend ce recueil fort suspect aux gens impartiaux, & le faux malheureusement décrédite le vrai.

On y parle d'un gros volume in-8°. intitulé: *Lettres provinciales, ou Examen impartial de l'origine, de la constitution & de la révolution de la monarchie françoise, par un avocat de province à un avocat de Paris.* Cet avocat, à ce qu'annonce le journaliste, est le sieur Bouquet, bibliothécaire de la ville de Paris, pour la partie qui renferme les manuscrits. Il prétend que l'ouvrage a un air d'érudition qui pourroit en imposer aux gens superficiels, mais que *l'inauguration de Pharamond* est une réfutation anticipée des principes erronés de l'écrivain, gagiste du chancelier. Il l'accuse de n'entendre ni le françois, ni le

Tome XXIV. G

latin; d'être un traducteur inexact; de falsifier les auteurs qu'il cite, & d'ignorance grossiere de la matiere qu'il traite.

17 *Juin* 1772. On fait courir dans le monde des *Revers* & des *Légendes* qui ne partent certainement pas de l'académie des inscriptions & belles-lettres. Elles sont en général très-méchantes, & conséquemment font beaucoup de bruit. Les voici :

Revers & Légendes.

La France...	Revers.	Un vaisseau battu par la tempête.
	Légende.	*Ventis urgetur & undis.*
Le Roi....	Revers.	Un soleil éclipsé.
	Légende.	*Abeunte nitebit.*
Les princes exilés...	Revers.	Une lune.
	Légende.	*Sole adversante refulget.*
Le comte de la Marche...	Revers.	Un mendiant.
	Légende.	*Quid non cogit egestas !*
Les ducs protestants...	Revers.	Un faisceau de traits.
	Légende.	*Juncta corroborantur.*
Les autres ducs.	Revers.	Un hameçon.
	Légende.	*Mergens decipit & rapit.*
Mad. la comt. Dubarri...	Revers.	Un vase qui fuit.
	Légende.	*Indè mali labes.*
Le chancelier..	Revers.	Un volcan.
	Légende.	*A splendore malum.*
Le duc de la Vrilliere...	Revers.	Une girouette.
	Légende.	*Quocumque spirat, obsequor.*
M. Bertin, ministre...	Revers.	Un gagne-petit.
	Légende.	*Parvis parva decent.*
M. l'abbé Terrai...	Revers.	Une sang-sue.
	Légende.	*Non missura cutem, nisi plena cruoris.*

M. le marq. de Monteynard.	Revers.	Une tortue.
	Légende.	*Lentiùs ut cautiùs.*
M. le duc d'Aiguillon.	Revers.	Une roue.
	Légende.	*Sursùm, inoxque deorsùm.*
M. Bourgeois de Boynes.	Revers.	Un serpent au haut d'un arbre.
	Légende.	*Rependo.*
Mad. Louise.	Revers.	Une chandelle qu'on mouche.
	Légende.	*Minuitur ut elucescat.*
L'archevêque de Paris	Revers.	Une taupe.
	Légende.	*Occulte laborat.*
Les jésuites.	Revers.	Une hydre à sept têtes.
	Légende.	*Altero adherente tantùm.*
Le peuple.	Revers.	Un mouton.
	Légende.	*Exuviis cumulantur opes.*
Les conseillers d'état.	Revers.	Des roseaux.
	Légende.	*Flectere nostrum est.*
Les maîtres des requêtes	Revers.	Une fleche en l'air.
	Légende.	*Mittentis pulsum sequetur.*
L'ancien parlement.	Revers.	Le temple de Thémis embrasé.
	Légende.	*Novi sæculum Erostratis.*
Le nouveau parlement.	Revers.	Un âne bâté & bridé.
	Légende.	*Ad omnia paratus.*
Le grand-conseil.	Revers.	Un maronnier d'inde.
	Légende.	*Fructu cognoscitur arbor.*
La chambre des comptes.	Revers.	Une cruche qui penche.
	Légende.	*Inclinata ruit.*
La cour des aides.	Revers.	Des abeilles.
	Légende.	*Specula figentes pereunt.*
Les avocats au parlement	Revers.	Un arbre moitié verd, moitié sec.
	Légende.	*Altera parte resurget.*
Les procureurs, avoc. du parl.	Revers.	Un oison.
	Légende.	*Voce & pennâ notandus.*
Les procureurs supprimés.	Revers.	Un chien de basse-cour.
	Légende.	*Fures allatrat.*

18 *Juin* 1772. Un *Quidam* survenu dans cette capitale, & qui s'est annoncé comme faisant des miracles & guérissant tous les maux, a donné lundi dernier un des spectacles, plus digne des siecles barbares que de celui-ci. Son talent n'ayant pas tardé à se répandre, il a été arrêté & conduit chez un commissaire. Celui-ci, fort embarrassé de ce fou, l'a fait garder chez lui, & est allé voir les principaux magistrats pour savoir ce qu'il en feroit : pendant ce temps la renommée à porté dans ses environs l'art de cet enthousiaste. Les malades crédules se sont fait mettre dans des chaises à porteurs, dans des brouettes, dans des fiacres ; les autres se sont traînés comme ils ont pu & tous venoient demander leur guérison. La rue s'est trouvée engorgée de voitures & de peuple ; il a fallu faire venir des escouades de guet pour arrêter ce tumulte. On pénétroit jusques dans la maison, & déja des aveugles croyoient voir, des sourds entendre, des boiteux marcher. Ce tintamare a duré jusqu'au soir, que le commissaire revenu a fait embarquer le faiseur de miracles dans une voiture pour le reconduire chez lui ; & dans la nuit il a été enlevé, & on lui a enjoint de ne pas reparoître dans la capitale ; & les aveugles, & les sourds, & les boiteux sont restés comme ils étoient.

22 *Juin* 1772. Depuis plusieurs années monsieur Doyen, le meilleur peintre d'histoire que nous ayons à présent, étoit occupé aux peintures de la coupole de la chapelle St. Grégoire de l'hôtel royal des invalides. Lors de la construction de l'église, *Person* avoit été chargé de peindre dans la chapelle de St. Grégoire les principaux traits de sa vie : il ne put remplir cette tâche au-dessus

de ses forces. Michel Corneille lui succéda ; il avoit plus de génie, mais il n'étoit pas assez instruit des travaux de la fresque, & ses peintures ont été dégradées en peu de temps.

Carle Vanloo avoit été choisi pour décoter de nouveau cette chapelle, & au sallon du louvre en 1763, il avoit exposé les esquisses de sa composition ; la mort en a empêché l'exécution, & enfin M. Doyen son éleve a exécuté cet important ouvrage. Chaque artiste a sa façon de voir ; celui-ci a composé sept tableaux dont on annonce les beautés avec beaucoup d'enthousiasme. Le public va être incessamment en état de juger. Les curieux seront admis à voir cette chapelle vers la fin du mois.

23 *Juin* 1772. M. le duc de la Vrilliere, secretaire d'état ayant le département de Paris, & conséquemment la haute police de l'opéra, a envoyé chercher les principaux mutins, tels que les demoiselles Peslin, Guimard, les sieurs d'Auberval, Gardel, &c. leur a enjoint de retirer sur le champ leur assignation aux directeurs pour qu'il eussent à leur donner leur congé, sinon les a menacés d'une punition exemplaire ; ce *quos ego* a tout fait rentrer dans l'ordre accoutumé.

24 *Juin* 1772. On a vu successivement dans plusieurs gezettes de France, des relations de plus en plus absurdes concernant un *hydroscope* prétendu, dont l'œil perçant découvroit l'eau à travers les entrailles de la terre. Malgré les autorités que citoit le sieur Marin, le rédacteur de ce journal, le physicien révoquoit en doute ces faits extraordinaires, ou, pour mieux dire, n'en croyoit rien. Plusieurs curieux, & des membres de l'académie des sciences ont écrit sur les lieux,

& par les informations qu'ils ont reçues, ce phénomene se réduit à très-peu de chose. Des plaisants, à ce qu'il paroît, se sont égayés à se jouer de la crédulité du gazetier; & voyant avec quelle bonhommie il citoit les premieres merveilles, ils en ont envoyé de plus surprenantes qu'il a également adoptées.

On ne peut concevoir comment la gazette de France, si grave, si seche, si froide, est devenue tout-à-coup entre ses mains un recueil de contes de vieilles, & de fables de féeries. Des politiques qui rafinent sur tout, veulent que ce ne soit pas sans dessein: ils prétendent qu'on ne doit pas supposer raisonnablement que le ministere eût laissé passer tant d'absurdités dans ces annales qu'il revoit avec le plus grand soin, s'il n'eût voulu prêter ainsi aux spéculations des honnêtes citoyens de quoi se repaître, pour les détourner d'autant des matieres politiques, à l'*instar* de ces relations fabuleuses, de ces chansons qu'on fait courir les rues par des gens gagés de la police pour amuser le peuple. On n'a pas été fâché de trouver dans le sieur Marin un esprit simple qui se prêtât de lui-même aux vues du gouvernement.

26 *Juin* 1772. On répand une seconde lettre de M. le président d'Ormesson au roi, datée d'Orly, le 23 mai 1772. Elle développe les vrais principes sur la matiere des offices, & annonce au nom des magistrats une fermeté bien louable, mais qu'il est fort à craindre de voir se démentir, si cela dure encore long-temps.

27 *Juin* 1772. *Les Cabales, œuvre pacifique.* C'est le titre d'une nouvelle satire de M. de Voltaire, qui nous est arrivée de Geneve: elle paroît dirigée principalement contre M. *Clément*, auquel

l'auteur en doit beaucoup, par sa hardiesse à l'attaquer aussi ouvertement, & contre l'abbé de *Mably*, protecteur de ce *Clément*; autre grief bien propre à lui attirer les injures du philosophe de Ferney. Aussi celui-ci ne les épargne-t-il pas; sa bile en vieillissant, ne fait qu'acquérir plus d'âcreté. Outre ce but principal de son ouvrage, il profite de l'occasion pour passer en revue les différents partis qui divisent aujourd'hui la France en politique, en littérature & en religion, & pour se moquer de tout, suivant sa coutume. Le livre du *Système de la nature* semble, depuis quelque temps sur-tout, l'objet de sa rage; on ne sait pourquoi; car, malgré la profession qu'il fait dans cette épître de croire en Dieu, on ne peut attribuer à un zele vraiment sincere & éclairé les anathêmes burlesques qu'il prononce contre ce livre, son auteur & ses partisans. Il faut qu'il y ait quelque motif secret à cela que le public ne connoît pas. Au reste, il y a de la chaleur, & de la légéreté dans ce pamphlet, toujours marqué au cachet de son auteur.

28 *Juin* 1772. La chambre des comptes tous les deux ans nomme des commissaires subsistants pour les affaires de la compagnie; ceux actuels sont quatre maîtres des comptes: savoir, messieurs *l'Advocat*, *Portail*, *le Normand de la Place*, *Clément de Boissy*. Ils ont été jeudi dernier chez le contrôleur-général pour lui faire des représentations relativement aux retranchements d'épices que souffroit la chambre, & faire sentir à ce ministre son injustice. Ils ont fait voir que le total des charges se montoit à vingt-six millions, que les revenus n'alloient plus qu'à 1,300,000 liv. ce qui ne faisoit que l'intérêt de l'argent à cinq

pour cent, en sorte que ceux auxquels leurs charges n'appartenoient pas n'ayant rien pour leur travail, se trouvoient sans le sou; M. l'abbé Terrai a paru entrer dans ces considérations, il a demandé un mémoire sur cet objet & sur d'autres dont il a été question, & il a promis de l'examiner. Quant aux reproches qu'on lui a faits de regarder la chambre comme inutile, & sur tout les correcteurs, il s'en est défendu expressément. Il a fait sa profession de foi à cet égard, & a répondu que quant aux correcteurs, s'ils n'avoient rien à corriger, cela faisoit honneur au travail des auditeurs qui n'avoient besoin d'aucune réforme. Ce persiflage a été agréé des députés, qui ont fait semblant de le croire sincere.

2 *Juillet* 1772. Les délibérations de l'aréopage comique n'ont pas beaucoup de consistance; dès aujourd'hui ils commencent à déroger à celles qu'ils avoient prise concernant les ouvrages de Moliere qu'ils ne devoient jouer que les jeudis de quinzaine en quinzaine, ce qui devoit avoir lieu pour la premiere fois le 2 juillet par la représentation de l'*Etourdi* & de la *Comtesse d'Escarbagnas*. Ils ont donné la *Métromanie*, &c.

3 *Juillet* 1772. M. *Lourdet de Santerre*, ce bel esprit, maître des comptes, qui vivoit dans la plus grande intimité avec Mad. Favart & l'abbé de Voisenon, a profité de l'accès de celui-ci auprès de l'abbé Terrai, pour faire présenter par son entremise au contrôleur-général une petite requête en vers, où il se plaint des échancrures qu'il veut faire à sa fortune; mais l'oreille racornie de ce ministre chez qui les muses n'ont jamais eu beaucoup de crédit, a été insensible aux gémissements du poëte, & il lui a fait donner pour toute réponse

de vendre sa charge, & de la mettre en rentes viageres, ce qui doubleroit son revenu & le mettroit au pair.

3 *Juillet* 1772. C'est lundi 6 qu'est fixée la réception de MM. Brequigny & Bauzée, les nouveaux membres de l'académie françoise.

4 *Juillet* 1772. Le quolibet *c'est tout comme chez nous*, est aujourd'hui l'enseigne d'un livre où mettant d'un côté la sentence sur la cause du fiscal général, comme étant chargé d'une part d'être accusateur contre le comte *Jean Frédéric Struensée* d'une autre part, & de l'autre la sentence sur la cause (de la nation françoise) d'une part, accusateur contre (Charles-Augustin-Nicolas René de Maupéou) d'une autre part, l'on fait voir une ressemblance frappante entre ces deux ministres prévaricateurs; & qui se sont arrogé un pouvoir absolu sous le nom de leur souverain respectif. On suit pareillement les crimes de l'un & de l'autre, & l'on finit par condamner dans la seconde, à l'instar de la premiere, *Charles-Augustin-Nicolas-René Maupéou* à être dépouillé de sa dignité de chancelier & de toutes les autres dont il a été revêtu, à avoir la simarre déchirée & ses armes brisées par la main du bourreau; ensuite à avoir la main droite coupée, pendant qu'il vit encore, ensuite la tête tranchée, & à être écartelé après, & avoir ses membres exposés sur des roues, à l'exception de sa tête & de sa main qui seront attachées au haut d'une pique, suivant la commission royale & nationale, le 11 juin 1772, revêtue des signatures de dix-huit millions de François & de l'approbation royale, dans laquelle on fait dire à S. M. qu'elle a approuvé dans tous ses points la sentence ci-dessus prononcée par la

commission d'inquisition établie contre les ministres perfides, par laquelle Charles-Augustin-Nicolas-René de Maupeou est condamné à perdre son honneur, sa vie & ses biens, &c. Ecrit dans notre cœur royal, &c. Signé Louis le Bienaimé.

7 *Juillet* 1772. La fameuse fête que le colysée devoit donner dimanche dernier, est *l'entrée de l'ambassadeur de la Chine* ; comme il n'y a pas encore eu de cérémonie de cette espece en France, les entrepreneurs avoient imaginé de faire faire ce cérémonial dans la plus grande étendue : l'ambassadeur fictif auroit traversé les Tuileries, &, comme par attraction, auroit ramené tout le monde au colysée où se seroit consommée cette farce ; la police n'a pas voulu tolérer une semblable dérision, & c'est ce qui a empêché la fête d'avoir lieu la derniere fois : elle doit décidément s'exécuter demain, simplement dans l'intérieur du colysée ; on a loué une quantité de monde pour grossir le cortege, & sur-tout beaucoup de filles.

8 *Juillet* 1772. Une circonstance remarquable dans l'élection de M. *de Brequigny*, reçu avant-hier à l'académie françoise, & qui semble généralement attestée, c'est que ce candidat a été proposé par M. d'Alembert, comme n'étant d'aucun parti, & conséquemment comme ne pouvant déplaire à la cour, qu'on a dérogé pour lui à un article des statuts auquel on n'avoit pas dérogé même pour le comte de Clermont, & qu'il a été nommé sans s'être présenté & sans avoir fait les visites.

9 *Juillet* 1772. L'académie royale de musique doit remettre demain sur son théâtre les prologues & premier acte des fêtes de *l'Hymen & de l'Amour*.

Les paroles de ce ballet en trois actes sont de feu *Cahuzac*, la musique est de *Rameau*. A ces fragments ils doivent joindre l'acte *d'Eglé*, de M. *Laujon*, mis en musique par le sieur de la Garde.

10 *Juillet* 1772. *Les oreilles des Baudets de Corinthe.* Tel est un nouveau pamphlet attribué à M. de Voltaire, qui paroît principalement dirigé contre un abbé Sabbathier, auteur du *tableau philosophique de l'esprit de M. de Voltaire*, & qui dès-lors s'est attiré la fureur implacable de ce philosophe, qui dans cet écrit se compare modestement à Thésée.

A la suite est une *lettre* du même auteur *sur les cometes*, écrite en 1759 à M. *Clairault*, où, très-modestement encore, il se donne comme le premier qui ait fait connoître Newton en France.

11 *Juillet* 1772. On parle d'une estampe politique, allégorique, satirique, &c. Dans cette caricature on voit une vache très en embonpoint, dont l'empereur tient une corne, le roi de Prusse l'autre. Dessous est l'impératrice des Russies occupée à traire la vache, tandis que le roi de France est par derriere qui n'a que les excréments. On sent aisément que cette génisse désigne la Pologne.

12 *Juillet* 1772. L'académie royale de musique a donné le 10 juillet sur son théatre les fragments qu'elle avoit annoncés ; s'ils avoient été bien remis, ils auroient formé sans doute un spectacle très-agréable, mais l'exécution n'a pas répondu au mérite intrinseque de ces morceaux précieux.

Le prologue, qui caractérise la réunion de

l'Hymen & de l'Amour par les plaisirs, a été on ne peut plus mal rendu. Les demoiselles Châteauneuf qui faisoient le premier rôle, & Garus qui faisoit le second, ont été huées du public presque pendant tout l'acte ; & pour ne point entendre leurs voix discordantes, on les a applaudies de la façon la plus outrée & la plus soutenue. L'indisposition de Mlle. Rosalie, qui auroit représenté l'Amour, a été la cause principale de tout ce désordre.

Le premier acte est Oziris, protecteur des arts & des talents, qui triomphe de la fierté sauvage des Amazones. L'absence de M. le Gros, qui auroit dû jouer le rôle de ce monarque, n'a pas réconcilié les spectateurs avec les acteurs ; & le sieur Muguet, qui a remplacé celui-là, a essuyé toute la mauvaise humeur du public, qu'il mérite par son jeu exécrable & sa voix fausse & aigre. Ce tumulte n'a point encouragé Mlle. Duplant, représentant la reine des Amazones, d'autant que Mlle. Durancy, une de ses confidentes, a excité pour sa part aussi beaucoup de huées.

L'acte d'*Eglé* a été heureusement beaucoup mieux rendu par le sieur Larrivée, jouant le rôle d'Apollon sous le nom de Mysis, & madame Larrivée représentant une Bergere. Il eût été à souhaiter que Mlle. Beaumesnil eût aussi bien fait le rôle de la Fortune pour que l'exécution de l'ensemble eût été plus complete. Tout le monde connoît les divers morceaux de cette pastorale, qui font depuis son origine les agréments de la société, & sont les objets de défi qu'on propose aux voix tendres & moëlleuses. Le mari & la femme se sont surpassés en ce genre, & l'on est convenu généralement qu'on ne pouvoit rendre avec plus d'ame la sensibilité prodigieuse de ces rôles. L'actrice même qui n'est guere que cantatrice, a joué d'une façon ingénue & intéressante dans la scene de l'aveu.

Les ballets ont fait le plus grand plaisir & ont été fort bien dessinés & exécutés. Celui du prologue, de la composition du sieur d'Auberval, a fait honneur à son génie facile & galant.

Dans le ballet du premier acte, Mlle. Heynel, absente depuis long-temps, a reparu avec des applaudissements indicibles; cependant les connoisseurs lui reprochent d'avoir rapporté d'Angleterre une courbure en avant qui lui ôte une partie de ses graces.

Celui de l'acte d'Eglé est de la composition du sieur Vestris, qui, à ce titre, y déploie toutes les richesses de son talent: il danse à la tête d'un des suivants de la Fortune, & cette partie de ballet, composée de danseurs uniquement, est exécutée avec une précision peu commune. La Dlle. Allard & le sieur d'Auberval égaient le public à leur ordinaire en se mettant à leur aise avec lui, & en se livrant à toutes les folies qui leur passent par la tête ou par les jambes.

12 *Juillet* 1772. Les partisans de la comédie françoise, & sur-tout ceux de la nouvelle actrice, qui sont en grand nombre, sont revenus des craintes qu'ils ont eues sur le sort de la jeune Sainval: elle est hors d'affaire; sa maladie est une fluxion de poitrine, mais qui s'étoit annoncée par des caracteres si extraordinaires, que le sieur *Garnier*, son médecin, avoit cru un instant voir des symptômes de poison. Du reste, on ne sauroit rendre tout l'intérêt qu'on prenoit à cette actrice; on distribuoit les bulletins du jour & de la nuit avec

le plus grand soin, & sa porte ne désemplissoit pas de laquais qui alloient les chercher. Malgré son état de convalescence, elle ne peut jouer de long-temps.

13 *Juillet* 1772. Les directeurs de l'opéra ont été si mortifiés de la maniere humiliante dont le prologue de leurs fragments a été reçu vendredi, qu'ils ont jugé à propos de le retirer aujourd'hui; en sorte que le spectacle n'a été composé que du premier acte de l'Amour & de l'Hymen, & de celui d'Eglé, ce qui est peut-être sans exemple. Ce mauvais début ne donne pas une grande idée de l'administration nouvelle du sieur Rebel, ce directeur général qui sembloit devoir restaurer l'opéra dans toute sa splendeur.

14 *Juillet* 1772.

De deux coquins qu'on alloit pendre,
 L'un étoit blond & l'autre brun;
Le bourreau n'avoit pris de corde que pour un.
 Laissons le blond, dit-il, il peut attendre:
Amusons le public, qui vient ici se rendre
Pour avoir le plaisir de voir pendre *le Brun*.

Cette mauvaise épigramme paroît dirigée contre un nommé *le Brun*, ex-jésuite, secretaire intime de M. le chancelier & son ame damnée, auquel on attribue la plupart des préambules des édits, &c.

15 *Juillet* 1772. On répand une petite feuille intitulée: *Avis aux magistrats liquidables, & aux créanciers de leur compagnie*. On y démontre que l'arrêt du conseil du 13 avril dernier est extravagant, ridicule, absurde, injuste & tyran-

nique, contradictoire, illusoire. Ce développement est précis & rapide; il est encore plus frappant que l'écrit de *l'arrêt du conseil dont on a parlé*, parce qu'il est dégagé de tout ce qui pourroit en affoiblir le raisonnement. Il est à présumer que celui-ci a été réduit exprès à cette briéveté, pour être plus transmissible & pouvoir plus aisément prémunir les magistrats susceptibles de quelques craintes, ou de quelque séduction.

17 *Juillet* 1772. Après avoir flétri dans une épigramme sanglante le valet, on attaque aujourd'hui le maître anonymement; en voici une autre en acrostiche, répandue contre le chancelier.

Mauvais ami, plus mauvais citoyen:
Ardent au mal, de glace pour le bien;
Vil excrément, rebut de la nature,
Pétri de fiel, d'orgueil & d'imposture;
Ennemi-né des soutiens de la loi:
On reconnoît à semblable peinture,
Un traître infame à la France, à son roi.

Par des petits citoyens de l'antre.

18 *Juillet* 1772. L'académie royale de musique n'ayant osé reproduire deux fois sous les regards du public le prologue des fêtes de l'Hymen & de l'Amour, trop loué la premiere, quoique la proscription ne tombât que sur les acteurs, y a substitué le 17 juillet le prologue des indes galantes. Celui-ci a été beaucoup mieux accueilli: Mlle. Rosalie y a chanté, & dans le ballet on a eu soin

d'y faire paroître Mlle. *Peslin*, que le public se plaignoit de ne pas voir, & que des intrigues sourdes, telles qu'il s'en passe souvent dans le tripot, en avoient fait exclure.

19 *Juillet* 1772. On répete aujourd'hui sur le théatre du magasin de l'opéra quatre actes de celui de M. de Chabanon, intitulé *Sabinus*. Les amateurs les plus distingués sont priés d'y assister. La musique est du sieur Gossec, fameux pour celle d'église, qui a donné quelques petites choses aux Italiens, mais qui n'a encore rien fait dans le nouveau genre où il s'exerce. On lui connoît en général beaucoup de verve & d'harmonie, mais on ne peut encore apprécier jusqu'à quel degré il est propre à briller sur la scene lyrique.

20 *Juillet* 1772. Les curieux vont en foule voir le pavillon de *Lucienne* de madame la comtesse Dubarri ; mais n'y entre pas qui veut, & ce n'est que par une faveur spéciale qu'on pénètre dans ce sanctuaire de volupté. On sait que le bâtiment est du sieur le Doux, jeune architecte qui a beaucoup de talent pour la décoration, de belles idées, mais quelquefois disparates, & dans lesquelles il ne conserve pas assez l'unité, qualité essentielle dans toute production. Le pavillon est un carré sur cinq croisées de face en tout sens, il est situé sur une hauteur considérable, d'où l'on jouit d'une des vues les plus étendues & les plus riches qu'on puisse avoir ; la riviere qui, par un double contour, serpente en fer à cheval aux pieds de la montagne, ne contribue pas peu à l'agrément du spectacle. Le bâtiment est précédé par une avant-cour trop vaste peut-être pour l'édifice : il s'annonce par un péristile de quatre colonnes simples, dans le goût antique. Le fond en est

orné par un bas-relief du sieur le Comte, représentant une bacchanale d'enfants. L'intérieur est composé d'un vestibule servant de salle à manger, avec un réchauffoir à gauche & des garderobes à droite; d'un sallon, de deux sallons de côté: il n'y a point de chambre à coucher; dans le vestibule sont quatre petites tribunes pour placer les musiciens de madame la comtesse, car elle a depuis quelque temps une musique à elle. Le total de cette distribution est monotone, incommode & ne fait point d'honneur à l'invention du sieur le Doux. Les artistes les plus renommés se sont efforcés d'enrichir de leurs productions un séjour aussi délicieux. Le plafond d'un des sallons de côté est du sieur *Briard*; la devise en est: *ruris amor*, & représente les plaisirs de la campagne. De l'autre côté, c'est un ciel vague, & quatre grands tableaux du sieur *Fragonard*, qui roulent sur des amours de bergers, & semblent allégoriques aux aventures de la maîtresse du lieu: ils ne sont pas encore finis. Il y a de très-beaux morceaux de sculpture, mais qui doivent s'exécuter en marbre & ne sont que modelés. C'est moins dans ces chef-d'œuvres du grand genre que l'art semble s'être surpassé, que dans les ornements de détail & les plus minutieux; tels que les chambranles des cheminées, les feux, les bras, les chandeliers, les corniches, les bas-reliefs des pilastres, les morceaux de dorure & d'orfévrerie, les serrures, les espagnolettes, &c. pas une de ces productions qui ne soit achevée, finie, qui ne soit à montrer comme un modele de ce que l'industrie peut enfanter de plus précieux & de plus exquis. Il résulte de l'admiration de tant de beautés légeres, fragiles & vaines, que le local est trop mesquin pour la favorite d'un grand roi, que les détails en sont trop recherchés, trop fastueux, trop immensément chers pour une particuliere, & qu'on ne peut concevoir d'autre idée à la vue d'un pareil contraste, que s'imaginer être dans une petite maison où tout se ressent & du mot & de la chose. Le roi n'a encore mangé que trois fois dans cet élégant pavillon, & la troisieme les plaisirs furent si court, que S. M. étoit de retour à Versailles à onze heures & demie.

On ne peut calculer ce qu'a coûté ce colifichet, où tout est fantaisie, & n'a d'autre prix que la cupidité de l'artiste & la folie du propriétaire.

20 *Juillet* 1772. Les comédiens françois répetent *Romeo & Juliette*, tragédie nouvelle de M. *Ducis*, & tirée du théatre Anglois, ainsi que son *Hamlet*.

21 *Juillet* 1772. Les entrepreneurs du colysée, ne pouvant plus se soutenir que par des annonces de fêtes extraordinaires, ont publié qu'ils donneroient, jeudi 23 de ce mois, un grand feu d'artifice avec spectacle pantomime en deux actes. Le premier représentera Pandore animée par Prométhée; le second, la punition de Prométhée, suivie des Titans escaladant le ciel, & foudroyés par Jupiter. Le tout doit être accompagné d'une musique analogue aux différentes actions de la pantomime; on distribue des programmes où l'on annonce plus en détail les diverses opérations de ce magnifique spectacle.

24 *Juillet* 1772. *Au roi*, avec cette épigraphe: *La justice l'emporte tôt ou tard: elle est le seul principe du véritable intérêt des hommes*. Telle est

la premiere enveloppe d'un nouvel écrit, dont le second titre est : *Essai historique sur les droits de la Normandie, suivi de réflexions sur son état.*

Ce titre forme la division de l'ouvrage en deux parties. Dans la premiere, qui est purement historique, on traite de l'établissement du duc de *Raoul* dans la Neustrie ; on considere quel étoit cet établissement ; le partage qu'il fit de la province, & ses précautions pour y établir le bon ordre, consistant, 1°. en l'assurance qu'il donne à ses nouveaux sujets; 2°. dans les loix qu'il publie; 3°. dans l'institution de sa cour de l'échiquier, & dans la forme ancienne de ce tribunal ; 4°. dans le droit qu'il lui accorde, & les devoirs qu'il lui impose en réglant ceux du prince & ceux de tous ses sujets indistinctement, d'où dérivent les preuves de l'ancien coutumier ; 5°. dans l'établissement du sénéchal de Normandie ; 6°. par la permission qu'ont ses sujets de s'adresser à lui par l'invocation de son nom ; 7°. par la maniere dont il favorise ses vassaux, on démontre l'utilité des établissements du duc de Raoul, l'attachement des ducs normands aux rois dans la troisieme race, jusqu'au temps de Guillaume le Conquérant ; on fixe l'époque du retour de la Normandie à la couronne en 1204, & l'on rappelle la confirmation de tous ses droits par le roi Philippe-Auguste ; on détaille les services de la province & sa fidélité à ses rois ; on fait mention de la concession de la charte aux Normands, en faveur de leurs anciens droits & privileges en 1315, ainsi que de la confirmation de cette charte, par le roi Philippe de Valois en 1329 ; de l'échiquier rendu perpétuel & sédentaire à Rouen en 1499 ; de l'époque de 1515, où le nom de l'échiquier fut changé en celui de parlement, & de la justice qu'il rendit à cette ville en 1542, enfin des dernieres confirmations des droits de la province.

Dans la seconde partie on fait voir que la province n'a pas mérité de perdre son tribunal, ni ses loix, ni ses privileges, qu'il seroit d'ailleurs juste de rendre à la province son tribunal, indépendamment de ce qu'auroit pu faire ses magistrats ; qu'ils n'ont point été inculpés ni entendus, preuve certaine de leur innocence : on examine le motif exprimé dans l'édit de suppression ; on réfute les autres prétextes non exprimés dans l'édit; on discute ensuite les motifs qui prouvent la justice & la nécessité du rétablissement de l'échiquier, qui sont 1°. l'impossibilité de n'avoir qu'un seul parlement en France ; 2°. les égards dus aux titres & aux services de la province ; 3°. l'intérêt des loix & des privileges de la province ; 4°. qu'il y va de l'autorité du souverain ; 5°. que la majesté du trône souffriroit de la suppression de l'ancien tribunal souverain ; 6°. que l'ancien tribunal étoit moins onéreux au roi & aux peuples que les nouveaux tribunaux ; 7°. la justice du rétablissement de la chambre des comptes en Normandie; 8°. l'intérêt de la capitale au rétablissement des deux tribunaux ; 9°. on conclut que l'anéantissement de l'échiquier ne laissant aux sujets que la faculté d'exposer à S. M. leur humiliation, leurs pertes & leurs craintes, ils y sont autorisés par les loix normandes & les propres paroles de Louis XIV, qui dit : « bien que les sujets n'aient pas droit » de contraindre leur prince par la force à l'exé- » cution des loix & des coutumes, ils ont néan- » moins le droit de l'y obliger par la raison... » *Voyez le traité des droits de la reine.*

25 *Juillet* 1772. La *requête des état généraux de France au roi*, dont on avoit annoncé le titre il y a long-temps, est un écrit resté très-secret jusqu'à présent. C'est, en effet, le langage que la nation pourroit tenir. Elle y rappelle les vrais principes de sa législation, & elle y joint un exposé de ses malheurs. On y établit pour maxime fondamentale, que les rois de France ne sont pas seulement redevables de leur couronne à dieu, mais à leurs peuples, puisque le premier roi a été élu par eux, qu'ils ont fondé le droit de succession & de primogéniture. On convient que le roi est seul législateur ; mais comment ? On rappelle les assemblées de la nation, dont on veut que les parlements soient devenus les représentants ; devoirs du magistrat, en conséquence ; de-là le dogme de la constitution nationale, c'est-à-dire, pouvoir absolu dans le monarque, résistance jusqu'à la mort par le magistrat : on défend aussi les derniers arrêts des parlements de Rouen & de Toulouse, & l'on pose le vrai système pour l'honneur des rois & pour le bonheur des peuples, de reculer de la part des premiers, & de revenir sur leurs pas. On réfute briévement les écrits faits contre la magistrature ; on fait voir la malice de leurs auteurs, incertaine dans ses principes & dans ses opinions, injuste dans ses imputations, & criminelle envers le roi ; on justifie le parlement sur le temps des Anglois, de la ligue & de la fronde, ainsi que nos monarques sur le despotisme qui leur est faussement attribué, sauf Louis XIV, sur lequel on fait une digression vigoureuse & terrible. On prouve que les parlements sont propres à discuter les affaires d'état. Eloge du roi, dont ils méritent toute la confiance. On fait voir com-

bien, leurs ennemis sont coupables. On remonte aux sources des maux de la nation, qui sont, 1°. l'amour du luxe & de la grandeur; 2°. le séjour du prince trop concentré dans ses palais, séjour contraire au bien des peuples & à sa propre grandeur; 3°. les commandants de province, les intendants revêtus d'une autorité extrême & irréguliere, les lettres de cachet, punition extrajudiciaire; 4°. les changements fréquents des ministres, la variation de leurs systêmes, leurs passions personnelles; c'est de leurs vengeances dont les parlements sont les victimes. On dévoile l'incapacité des juges qu'on leur substitue; on revient sur la justification des parlements dans ces dernieres circonstances, relativement aux affaires ecclésiastiques, aux affaires d'administration, aux affaires de finances. On finit par le projet d'un ordre patriotique, dont on détaille les prérogatives, les fonctions & l'utilité.

Cette requête, écrite avec beaucoup de noblesse, est en même temps très-modérée; peut-être trop, en ce qu'elle atténue certains principes dont il est essentiel de bien fixer la vérité pour prévenir les conséquences louches qu'on en pourroit tirer; il en est d'autres dont la nation ne conviendroit peut-être pas. En général, cet écrit est fort parlementaire, & tend plus au rétablissement de la magistrature, qu'à l'extirpation réelle des maux de l'état.

26 *Juillet* 1772. La fête du colysée de jeudi dernier n'a pas mieux valu que la fête chinoise; nul goût, nulle entente dans les décorations, une exécution mesquine & misérable dans la pantomime, un feu d'artifice qui n'avoit aucune liaison avec l'action. Ce spectacle ne fait nullement hon-

neur à l'auteur, qu'on affure être M. le chevalier d'Arcq. On fait la liaifon intime qui regne entre lui & madame la marquife de Langeac; l'intérêt vif que cette dame prend au colyfée, l'aura engagé à s'évertuer pour attirer du monde en ce lieu. D'ailleurs, M. le chevalier d'Arcq fe pique de génie & de bel efprit.

27 *Juillet* 1772. La fameufe parade exécutée fur le théatre de Mlle. Guimard, a pour titre madame *Engueulle*, & caufe beaucoup de rumeur: on craint que la police ne prenne infpection de ce fpectacle licencieux, & le faffe fermer

28 *Juillet* 1772. M. Ducis n'a emprunté de Shakefpear dans la tragédie de *Romeo & Juliette*, que les noms des perfonnages & le fujet; mais s'il a évité de donner dans les écarts, les extravagances du poëte anglois, ce n'a été que pour y fubftituer d'autres fituations romanefques non moins bizarres, non moins extraordinaires, non moins incroyables, & qu'il n'a pas compenfées par les mêmes beautés fublimes de l'original. Qu'on fe figure tout ce qu'une imagination déréglée, planant dans le vague des chimeres, peut inventer de plus fou & de plus atroce, lorfqu'elle n'eft arrêtée par aucun retour de bon fens; tel eft le monftre dramatique que vient d'enfanter le tragique moderne. Dans le premier acte ce font des fcenes d'amour fade & langoureux entre les deux amants, des converfations en madrigaux; ce n'eft qu'une longue élégie dont la fin eft réveillée par l'imbroglio qu'y jette le pere de Juliette, annonçant le projet du mariage de fa fille avec le comte *Paris*.

Le fecond change l'intérêt & l'intrigue. Le pere de Romeo eft découvert; le prince de

Vérone veut le réconcilier avec celui de Juliette; il s'y refuse; on l'arrête; il reste à la garde de son fils, qui n'est connu pour tel que par son amante, & qui persiste à garder le secret vis-à-vis du vieillard.

Dans le troisieme, Juliette, dont Romeo a tué le frere, se trouve placée entre la tendresse fraternelle & sa passion. Le pere apprend la mort de son fils; il reconnoît le meurtrier qui se découvre pour le rejeton du plus cruel ennemi de cette famille, ce qui accroît merveilleusement l'embarras de toutes les situations, & rend Romeo l'objet plus particulier d'un intérêt nouveau.

Au quatrieme, Montaigu, le pere de Romeo, lui fait un long récit, d'où il résulte qu'il a dévoré ses propres enfants, dans un accès de rage canine, où il s'est trouvé par l'atrocité d'un ennemi qui l'a fait enfermer dans un caveau avec eux, en leur ôtant tous les aliments; ce qui légitime sa vengeance contre les Capulet, famille rivale de la sienne, & la rend implacable, malgré la réconciliation apparente à laquelle il a feint de consentir.

L'intérêt se ramene sur Romeo & Juliette dans le cinquieme acte qui se passe au milieu des tombeaux. Les deux amants veulent s'empoisonner; le premier préfere de se percer de son épée; tous deux meurent, & concourent par cette sanglante catastrophe à la réconciliation des deux peres.

Ce canevas indique en bref l'épouvantable assemblage de toutes les horreurs que renferme la tragédie en question, mortellement longue, suivant l'usage moderne, & qui, sauf des lieux communs, quelques situations cent fois répétées,

tées, n'offre aucun genre de beautés. Les deux premiers actes & une partie du troisieme avoient été assez bien accueillis; mais tout le reste a été hué. Elle n'a pas moins été annoncée pour mercredi *avec des corrections*, ce qui a calmé l'indignation. La versification est proportionnée au fond, c'est-à-dire, gigantesque & boursouflée.

30 *Juillet* 1772. La tragédie de *Roméo & Juliette*, avec quelques changements, & un cinquieme acte non moins absurbe que le premier, a monté aux nues hier, parce qu'à ces secondes représentations les amis de l'auteur restant maîtres du champ de bataille, lui prodiguent en paix tous les applaudissements qu'il leur plaît.

Il est à remarquer que dans cette piece il y a de très-fortes tirades en faveur du suicide dont les raisonnements ne sont point réfutés. On n'est pas peu surpris qu'on ait toléré une telle apologie dans un temps où cet attentat politique devient de jour en jour plus commun. Il n'est pas jusqu'aux Suisses, que cette manie gagne. Celui de madame la duchesse de la Valliere, s'est jeté l'autre jour à l'eau du Pont-Royal; mais il étoit si plein de vin, qu'il n'a pu se noyer; on l'a repêché & il est revenu à la vie.

31 *Juillet* 1772. La répétition de l'opéra de M. de Chabanon n'a pas eu lieu le jour auquel elle étoit indiquée. Elle a été reculée jusqu'au mercredi 29 de ce mois, & s'est exécutée sur le théatre du Palais-Royal, les rôles à la main. Le poëme n'est autre chose que la tragédie d'*Eponine* de cet auteur, sifflée il y a dix ans environ, & qui reparoît aujourd'hui comme poëme lyrique, sous le nom de *Sabinus*. Tout le monde est convenu,

Tome XXIV. H

même les amis du poëte, que les paroles font détestables & très-mal sonantes. Quant à la musique, on y a trouvé de très-beaux morceaux, des symphonies harmonieuses & pittoresques, quelques airs, &c. On n'a joué que quatre actes. Ceci n'est qu'un prélude de la part du poëte & du musicien pour pressentir le goût des amateurs. L'assemblée étoit très-brillante & très-nombreuse, ces deux personnages ayant beaucoup d'amis, de connoissances & de gens de cour dans leurs intérêts.

4 *Août* 1772. On vient de graver le portrait de l'homme merveilleux qui a fait tant de bruit à Paris en si peu de temps, par les prétendus miracles qu'il faisoit. Il a la physionomie très-honnête, point de fanatisme ni d'enthousiasme dans la figure, de grands traits, un nez aquilin, l'air calme & serein ; il est vêtu en paysan ; ses cheveux sont plats ; les ailes de son chapeau pendant rabattues, mais applaties. On a écrit au bas : *Antoine Jacob, appellé le médecin Allemand*, le 15 *juin* 1772.

4 *Août* 1772. La consultation des curés de Cahors rouloit sur ces quatre objets :

1°. Les curés sont-ils d'institution divine ?

2°. Cette doctrine appartient-elle aux libertés de l'église gallicane ?

3°. Le pouvoir de l'ordre est-il lié dans les prêtres qui n'ont point de titres qui obligent & donnent droit de faire les fonctions du saint ministere ?

4°. Ces prêtres auxiliaires reçoivent-ils des évêques ou des curés la liberté d'exercer les pouvoirs de l'ordre, par la communication de l'autorité territoriale ?

Le particulier chargé de faire cette consultation, qui rouloit sur un imprimé envoyé par les curés, s'adressa séparément à M. Ribalier, syndic de la faculté, & à M. Xaupi, doyen. Ils répondirent à l'insu l'un de l'autre ; on n'a envoyé que celle du dernier, que l'évêque de Cahors a fait dénoncer à la faculté de théologie pour qu'elle déclare si elle est conforme à sa doctrine.

M. Xaupi & son confrere Billette, qui avoient signé la consultation en date du 10 mai, ayant réuni celle de M. Ribalier & de son confrere le Grand, en date du 14 avril, ainsi que le mémoire des curés de Cahors, après avoir donné une explication plus développée de leurs sentiments, ont voulu se munir de l'autorité de deux jurisconsultes canonistes très-fameux, tels que l'abbé May & M. Pialles, qui ont absolument approuvé leur décision affirmative sur les quatre questions ci-dessus, par une délibération du 12 juillet.

Cette affaire, qui a occasioné un grand schisme dans la faculté, a pourtant été terminée le 1 août dans l'assemblée appellée *primâ mensis*. La faculté est convenue que la consultation de l'abbé Xaupi étoit conforme à ses principes ; mais qu'il avoit été trop loin dans les conséquences.

M. l'archevêque de Paris avoit le procès fort à cœur par son ardeur persévérante à vouloir étendre la jurisdiction épiscopale ; il avoit même excité les curés de cette capitale à s'assembler, dans l'espoir d'en tirer quelque aveu favorable ; mais cela n'a pas réussi suivant ses desirs, & cette tentative a été inutile.

8 *Août* 1772. Les comédiens italiens avoient affiché, il y a huit jours, une comédie nouvelle

à ariettes, intitulée: *les deux Comperes*. On ne dit point de qui étoient les paroles. C'est lundi dernier qu'elle devoit être jouée ; on a annoncé le lendemain qu'elle étoit retardée par l'indisposition d'un acteur ; on a ensuite mis simplement, *en attendant la premiere repréfentation des deux Comperes....* Enfin, cette piece a disparu tout-à-fait sans qu'on puisse savoir absolument ce qu'elle est devenue. La rumeur la plus générale est qu'au moment de la jouer, les comédiens se sont apperçus que c'étoit une très-mauvaise drogue, & ont eu honte de la présenter au public. On ajoute que la musique est du sieur la Ruette, mais on ne nomme point l'auteur des paroles.

9 *Août* 1772. Des plaisants, en parlant de la détestable tragédie de *Roméo & Juliette*, avoient dit épigrammatiquement, que jamais juillet ne verroit août : cependant l'auteur, merveilleusement encouragé par l'exemple des *Druides*, après avoir fait de grands retranchements à sa piece, & beaucoup de changements, a eu la satisfaction de se voir très-applaudi à la seconde représentation, & de s'entendre appeller par la multitude : depuis ce temps sa tragédie va tant bien que mal ; mais elle n'a pas, comme l'autre, l'avantage d'avoir le véhicule de la persécution du fanatisme & des dévots : on a même fait retrancher les tirades sur le suicide, qu'on avoit été fort surpris de trouver ; en sorte que M. Ducis verra mourir sa piece lentement & de sa belle mort : des chaleurs considérables survenues en hâteront la chûte par la désertion des spectateurs.

12 *Août* 1772. Tout l'opéra, tout le monde galant ont été émerveillés de l'acte d'héroïsme amoureux que vient de déployer Mlle. Peslin.

Cette célebre danseuse, fort attachée à M. le marquis de Fleuri, ayant appris par M. le duc de Chartres, son combat singulier & sa blessure dangereuse, à voulu partir sur le champ & se rendre auprès de cet amant chéri. Les directeurs s'y sont opposés & lui ont refusé un congé; elle a paru disposée à passer outre; on l'a menacée de la faire arrêter; rien n'a pu contenir son zele, & elle étoit en route lorsqu'elle a été surprise & ramenée. Cette nouvelle est la matiere de l'entretien du foyer & des coulisses, & l'on porte aux nues Mlle. Peslin.

C'est avec un officier du régiment de Touraine que s'est battu M. le marquis de Fleuri.

14 *Août* 1772. L'académie royale de musique va remettre sur son théatre *la Cinquantaine*, pastorale jouée l'année derniere avec peu de succès. Mais M. de la Borde, l'auteur de la musique, y ayant fait beaucoup de corrections & de changements, espere qu'elle réussira mieux cette fois.

15 *Août* 1772. Les entrepreneurs du colysée ne se rebutent point du mauvais succès de leurs premieres inventions; ils préparent un troisieme spectacle qui aura pour titre : *les Fêtes Villageoises*; il y a apparence qu'elles auront lieu pour la Saint-Louis, fête du roi; on n'a pas meilleure idée de celles-ci.

17 *Août* 1772. On prétend que depuis qu'on a découvert la statue de Louis XV, on y a trouvé la criminelle épigramme ci-jointe, qui avoit deja paru, & que des séditieux ont renouvellée.

Grotesque monument, infame piédestal !
Les vertus sont à pied, le vice est à cheval !

18 *Août* 1772. Depuis quelque temps les écrits sur le procès actuel entre le roi & la nation avoient tari, & les bons patriotes gémissoient de ce silence, craignant qu'il ne fût la suite d'une terreur pusillanime, inspirée par les procédures intentées au nouveau tribunal concernant *la correspondance*, &c. Un livre énorme en deux volumes, dont le premier a 541 pages, & le second 653, est une preuve que des mortels laborieux continuent à instruire la défense des peuples, & que, malgré toute la vigilance de la police & de la magistrature nouvelle éparse sur la surface de la France, il est des asyles où l'on peut faire gémir les presses en silence & dans le loisir le plus long. L'ouvrage en question a pour titre : *Maximes du droit public François*. Il est d'une trop grande discussion pour ne pas mériter le plus ample examen avant d'en rendre compte.

19 *Août* 1772. Le septieme numéro des *Suppléments à la gazette de France*, paroît daté du dimanche 9 août. Celui-ci contiendroit des anecdotes très-intéressantes, si elles étoient vraies; mais il faut être bien en garde contre ce qui s'est rapporté, dont une partie est fausse, l'autre altérée, & le tout écrit d'un très-mauvais ton, & dans un genre d'ironie dure & plate. Cependant on y court comme au feu, tant l'homme a d'ardeur pour le mensonge.

19 *Août* 1772. Le livre des *Maximes du droit public François* est divisé en six chapitres. On établit dans le premier que les rois sont pour les peuples, & non les peuples pour les rois.

On prouve dans le second, que le despotisme ou le pouvoir arbitraire sont contraires au droit divin, au droit naturel, à la fin même du gouvernement.

Dans toute monarchie bien réglée, les sujets ont la propriété de leurs biens, la liberté de leur personne ; l'usage du pouvoir souverain est borné par des loix fixes ; il y a enfin un corps dépositaire des loix, chargé de veiller à leur conservation.

On démontre dans le troisieme chapitre, que la France est une monarchie, & non un état despotique ; que les citoyens ont la propriété de leurs biens, la liberté de leur personne.

Dans le quatrieme on fait voir que la France est une monarchie tempérée par des loix fixes.

Le cinquieme présente les cours souveraines comme ces corps dépositaires des loix, où toutes les nouvelles doivent être librement vérifiées.

Toutes ces vérités acquierent un nouveau degré de certitude par la réponse à quelques objections, qui forment le dernier chapitre.

On peut regarder le livre en question comme une encyclopédie politique, renfermant tout ce qui a été dit sur la matiere & l'épuisant absolument ; c'est un véritable ouvrage de bénédictin, qui fait également honneur à la tête, à la mémoire, à l'érudition & à la patience de l'infatigable écrivain.

20 *Août* 1772. Il s'est élevé une singuliere question, savoir si les religieux de Sainte-Genevieve sont ou ne sont pas chanoines réguliers ; s'ils sont ou ne sont pas idoines à posséder des cures ; par qui doivent être possédées les cures des maisons qui forment leur congrégation.

Cette question débattue est résolue dans une *Consultation* imprimée de 44 pages in-4°. *pour* les prêtres féculiers pourvus des cures de Saint-Médard, dépendantes de l'abbaye royale de Sainte-Genevieve de Paris.

Le conseil y décide que les religieux de Sainte-Genevieve, comme membres de la congrégation de France, ne sont point chanoines réguliers, mais de simples religieux institués pour vivre dans l'étroite observance de la regle de Saint Augustin.

Qu'ils sont inhabiles à posséder des cures, & que les prêtres séculiers sont les seuls capables de posséder ces cures.

20 *Août* 1772. On a exécuté ces fêtes dernieres au colysée une pantomime nouvelle, intitulée : *le* Ménage *à la mode* ; elle n'a pas eu plus de succès que le reste, & le public paroît avoir absolument pris en grippe ce spectacle. Ce sont presque à chaque fois, des huées, des sifflets; on doute que les Fêtes *villageoises* annoncées pour la Saint-Louis, réparent le discrédit où il est tombé.

22 *Août* 1772. La police toujours attentive, sur-tout dans ces temps désastreux, à fournir au peuple de l'aliment à sa curiosité & une distraction à sa misere, a imaginé un nouveau spectacle pour l'amuser, d'autant plus agréable pour lui, qu'il ne coûte rien. Depuis quelque temps on voyoit chez les marchands d'estampes des caricatures très-originales sur nos coëffures élevées, appellées *à la monte au ciel*, tant en femmes qu'en hommes. On a réalisé ces personnages, & dans un café de la foire Saint-Ovide, ces figures bizarres de l'un & de l'autre sexe, restent toute la soirée en proie aux regards de la multitude, qui ne peut se lasser de les consi-

dérer & d'en rire : le tout est-accompagné d'une musique analogue, & de chansons très-ordurieres qui ne devroient pas être tolérées aux oreilles d'une nation tant soit peu pudibonde, mais qui passent à la faveur de la licence prétendue des foires. Cette farce attire un peuple immense.

23 *Août* 1772. Les Italiens se trouvent dans un grand délabrement par la dispersion des différents sujets qui composent cette troupe, & la trop grande facilité des gentilshommes de la chambre à les laisser oisifs. Pour suppléer au vuide qui en résulte, ils ont imaginé de donner une piece nouvelle ayant pour titre : *la Ressource comique*, en un acte, mêlée d'ariettes, précédée d'un prologue. Cette piece, soi-disant nouvelle, n'est autre chose qu'une ancienne comédie du sieur *Pannard*, que le sieur Anseaume a adaptée à la scene de l'opéra-comique, & dont le sieur Mairault, jeune organiste de Saint-Sauveur, a fait les ariettes ; l'ouvrage étoit ci-devant en vaudevilles ; on en a laissé quelques-uns, & il en résulte un mélange bizarre qui n'a pas plu.

Quant à la piece, elle n'est composée que de deux acteurs, faisant chacun trois rôles. L'homme fait ceux de valet, d'amoureux aimé, & de robin disgracié ; la femme, ceux de suivante, de jeune amoureuse, & de vieille tante acariâtre. Le sieur Julien a déployé dans ces personnages une grande variété de jeu, ainsi qu'une nouvelle actrice débutante dans les rôles de femme. L'indulgence due à de tels efforts, a soutenu l'attention du public, qui, sans cela, n'auroit pu tolérer la piece, dont la musique est des plus médiocres & l'intrigue des plus communes. Le grand art auroit été de ménager la sortie &

H 5

rentrée du même acteur dans plusieurs personnages, d'une maniere assez vraisemblable pour faire illusion au spectateur : ce qui seroit une grande adresse, bien au dessus de la froide intelligence du rédacteur.

24 *Août* 1772. Le livre des *Maximes du droit public François* a fort offensé le gouvernement, qui en a fait faire des recherches très-séveres. L'article des lettres de cachet est celui qui lui déplaît davantage. L'auteur prouve qu'elles sont contraires à la liberté des actions & des personnes, second attribut de la liberté françoise ; que les loix des empereurs Romains, les décisions des ordonnances en proscrivent, soit formellement, soit implicitement l'usage ; il en développe les inconvénients & l'injustice ; il fait voir qu'elles sont contraires à la fin de toute société ; il examine & réfute les raisons sur lesquelles on prétend les justifier ; il décide enfin qu'on n'est pas obligé d'y obéir, que le parlement auroit encore moins dû obtempérer aux lettres de cachet qui le dispersent.

Cette assertion, qui révolte les partisans du despotisme, est l'endroit du livre le mieux traité. En géréral, il est écrit avec un grand flegme, nulle chaleur, nulle éloquence même, tout y est principe, raison & bon sens. On attribue l'ouvrage à M. de *Montblin*, conseiller au parlement exilé aux confins du Poitou & de la Bretagne, dans un endroit mal-sain, & dont la santé délicate très-altérée par sa translation, n'a pu rallentir encore le courage & la fermeté, ni adoucir la dureté de son persécuteur. Ce magistrat, quoique jeune encore, étoit une des lumieres de sa compagnie, & l'orateur le plus en vogue. Un défaut de son ouvrage, s'il est de lui, mais qui le décele au moins pour un membre du parlement, est d'en avoir trop concentré l'intérêt dans cette compagnie, sans insister, comme il le faudroit dans les circonstances, sur la nécessité de l'assemblée des états généraux, le remede pour raffermir la constitution du royaume ébranlée.

26 *Août* 1772. *Les vues réelles & le système politique de la régence de Danemarck développés.* Tel est le titre d'une brochure imprimée à Londres, dans laquelle on prétend déduire les causes de la derniere révolution arrivée à Copenhague, fondées sur des papiers authentiques, par Christiern Adolphe Rothes, ci-devant conseiller de conférence, secretaire du cabinet de S. M. Christiern VII, & grand assesseur du conseil suprême d'Altena. On veut que cet écrit ait été publié originairement en françois à Hambourg.

L'auteur ne craint point d'avancer qu'une intrigue abominable a ourdi la trame du complot qui a conduit sur l'échafaud *Struensée & Brandt*, & a fait rendre un jugement inique contre l'infortunée reine, sœur du roi d'Angleterre. Mais l'on ne peut que regarder cette princesse comme coupable, tant qu'elle n'aura pas publié un manifeste pour dévoiler à toute la terre l'iniquité de sa condamnation.

Du reste, la brochure est fort mal écrite, sans chaleur, sans noblesse, contient très-peu d'anecdotes, & ne semble pas même exiger une grande confiance.

26 *Août* 1772. L'académie royale de musique a exécuté hier sur son théatre la *Cinquantaine*, pastorale de M. Desfontaines qui n'avoit pas fait fortune l'année derniere : il n'y a pas d'apparence qu'elle en fasse davantage celle-ci, malgré les

grands changements qu'on avoit annoncés ; ils consistent à faire jouer un rôle chantant au seigneur du village, qui n'étoit autrefois que dansant, & aujourd'hui répete à peu près tout ce que disoit le bailli. Ce dernier personnage devient par conséquent inutile. Du reste, pas plus d'intérêt & d'événements dans l'action froide & triviale. La musique du sieur de la Borde n'a pas mieux réussi ; on y a trouvé de jolis airs, quelques détails agréables, mais point d'ordre, d'ensemble, une surabondance des mêmes choses répétées jusqu'à la satiété.

L'exécution n'a pas été parfaite à beaucoup près. Le sieur Tirot a joué le rôle du seigneur, qu'auroit dû faire le sieur le Gros, qui s'est trouvé malade. Mlle. Rosalis a fait le jeune amoureux, & la Dlle. Dervieux l'amoureuse ; le sieur Larrivée & sa femme ont fait les vieux mariés. Le premier n'a ni l'agrément, ni la noblesse de son personnage ; il a d'ailleurs très-mal chanté. La seconde n'a mis ni chaleur ni expression dans le sien, qui devroit être tout de feu ; la troisieme n'a qu'un filet de voix, & , quoique danseuse par état, a montré du moins de l'ingénuité, principal caractere de sa situation. Les derniers ne peuvent pas chanter mal ; mais la dame Larrivée ne peut mettre ni onction ni intérêt dans son jeu, & son mari s'est trouvé très-refroidi par son épouse.

Les ballets ont été beaucoup mieux exécutés que le reste. Le sieur Gardel sur-tout y a réuni des applaudissements indicibles, & capables d'exciter fortement la jalousie du sieur Vestris, qui a été reçu infiniment plus froidement en comparaison.

27 Août 1772. *La Fête Villageoise*, qu'on avoit annoncée au colyfée pour la Saint-Louis, a été donnée fous le nom de *la Noce ruftique*, & cette pantomime n'a pas eu plus de fuccès que le refte. Il y a eu la veille un bal mafqué très-peu garni. En un mot, rien ne réuffit plus à ces malheureux entrepreneurs, & M. le chevalier d'Arcq a beau épuifer fon génie pour inventer quelque chofe qui plaife au public, tout rate, & l'argent ne vient pas.

28 *Août* 1772. M. de Voltaire a faifi l'à-propos de la révolution périodique du fecond fiecle depuis la funefte époque fi honteufe pour la France de la journée de la Saint-Barthelemi, fous le regne exécrable de Charles IX. Il a fait à cette occafion cinq ftrophes dignes de fon meilleur temps. On y retrouve cette philofophie douce, riante, pleine d'humanité qui caractérife le chantre *de Henri IV*.

31 *Août* 1772. Un nommé *Caufman*, vulgairement appellé *Marchand*, traduction en françois de ce mot allemand, & fervant d'interprete de langues près des parlements, & fur-tout près du châtelet, a été arrêté il y a quelques temps. Ce particulier, qui, fous l'infpection de la police, débitoit des nouvelles manufcrites, avoit déja été mis à la Baftille, pour s'être trop émancipé dans fes feuilles : depuis fon élargiffement, il avoit colporté diverfes brochures clandeftines & fur-tout celle intitulée : *Inauguration de Pharamond*. Il s'eft trouvé infcrit fur les mémoires du fieur de la Roche, l'un des commis des fermes arrêtés ; & les foupçons s'étant augmentés fur fon compte, il a été repris de nouveau par les informations & autres indices : on a fu qu'il con-

noiſſoit l'auteur du livre en queſtion, & l'on eſt à le tourmenter violemment pour en apprendre davantage.

Il paroît conſtant aujourd'hui que cet inconnu, auteur de *l'Inauguration de Pharamond*, du *Maire du palais* & du dernier livre qui vient de paroître, *Maximes du droit public François*, étoit retiré dans le Temple depuis long-temps, qu'il y vivoit dans la plus grande ſolitude, & ſans aucune communication extérieure, même pour les beſoins ordinaires de la vie ; qu'informé du ſort du ſieur *Caufman*, il eſt parti le même jour pour l'Angleterre, ce qui fait préſumer plus fortement des liaiſons de ce dernier avec lui. En conſéquence le Temple eſt inondé d'eſpions, mais dont l'emploi devient déſormais inutile. On ajoute que le prince de Conti, qui, en ſa qualité de grand-prieur, a la juriſdiction de cet enclos, ſur les plaintes qui lui ont été portées, a fait faire des recherches ſéveres, pour voir ſi l'on ne trouveroit pas quelque imprimerie ſecrete ; ce qui n'a rien produit ; on ſavoit bien d'avance ce qui en réſulteroit.

2 *Septembre* 1772. Le ſieur Razetti, violon ordinaire de la muſique & de la chambre du roi, eſt fort attaché à madame la comteſſe de Langeac, & c'eſt lui à qui elle a donné le ſoin de préſider au choix & à l'exécution des divers morceaux de muſique qu'on exécute au colyſée. On a voulu le récompenſer de ce zele, & l'on a obtenu des entrepreneurs un jour en ſa faveur. Il doit avoir lieu aujourd'hui. On doit donner *les Jeux Olympiques*, qu'on annonce avec beaucoup d'emphaſe. On diſtribue un ample proſpectus, où il eſt dit que l'ouverture du colyſée

se fera, selon l'usage, à quatre heures ; que depuis ce temps jusqu'à six heures le public sera amusé, & sans frais, de plusieurs petits spectacles indépendants de la fête; qu'à six heures on donnera, à l'imitation des jeux olympiques de l'ancienne Grece, une course de quatre athletes, spectacle dont on n'a pas encore vu d'exemple en France.

Que, pour cet objet, deux colonnes égales seront élevées au fond de la grande allée du jardin & désigneront le but de la course.

Qu'au premier signal, les athletes doivent courir sur quatre lignes paralleles, qui se termineront au but indiqué, & sur leurs extrémités quatre couronnes de fleurs seront suspendues à une guirlande, qui traversera les deux colonnes.

Que chaque athlete, en atteignant le but, doit détacher la couronne qui est perpendiculaire à la ligne qu'il parcourt, & que celui qui, pendant trois fois, l'aura prise le premier, remportera le prix destiné au vainqueur.

Qu'il sera couronné de lauriers au bruit de divers instruments, pas des juges qui seront placés aux côtés du but, & une musique militaire célébrera la victoire.

Que sur la fin du jour, on le conduira en triomphe dans la rotonde, qui se trouvera illuminée, & que plusieurs danses y seront exécutées en son honneur, après lesquelles on le conduira au cirque, où l'on tirera un feu d'artifice de la nouvelle composition, par le sieur de la Variniere, artificier du roi, qui représentera le temple de Vénus, & terminera la fête.

3 *Septembre* 1772. On a fait en Normandie, à l'occasion du voyage de madame la duchesse de

Chartres aux eaux de Forges, & de celui de M. le duc de Chartres, un ouvrage appellé, *la Gazette Normande.* C'eſt un journal modelé ſur les ſuppléments à la gazette de France, c'eſt-à-dire, bien méchant, bien menſonger, bien calomnieux, avec quelques vérités cependant, comme cela doit être.

3 Septembre 1772. Rien de plus miſérable que l'exécution des *Jeux olympiques*; nulle nobleſſe, nulle magnificence; quatre gredins courant les uns après les autres, à trois repriſes, pendant l'eſpace d'environ cent cinquante toiſes, ſans cortege, ſans concours, ſans illuſion, ſoit dans le local, ſoit dans le vêtement, ſoit dans le coſtume, ont préſenté un ſpectacle meſquin & qu'on a hué. Le feu d'artifice a été joli. Il s'y eſt cependant trouvé plus de monde qu'on ne devoit le croire après les diverſes attrapes où tant de badauds ont été pris.

3 Septembre 1772. Les comédiens italiens ont affiché pour aujourd'hui *les deux Comperes.* Cet opéra comique en deux actes, annoncé il y a ſix ſemaines, & qu'on avoit retiré par des tracaſſeries ſurvenues dans le tripot, eſt un ancien ouvrage de la foire, dont le ſieur Anſeaume a refondu les paroles; le ſieur la Ruette y a adapté de la muſique: on doute que cela vaille quelque choſe.

4 Septembre 1772. Le ſieur Carlin hier, avant qu'on jouât les deux Comperes, étoit venu capter la bienveillance du public par un compliment à ſa maniere, qui avoit été bien accueilli, & ſembloit d'un bon augure pour la piece. Mais la machine en a paru ſi plate, & la muſique ſi mince, ſi triviale, que le parterre, tout bonnace qu'il ſoit, n'a pu y tenir. L'uſage où l'on eſt aujourd'hui d'aller en déshabillé, ſans armes, mais avec une canne, a fourni une nouvelle maniere de ſiffler & de perſiffler. Les ſpectateurs ont battu la meſure avec leurs bâtons ſur le plancher, & il en a réſulté un bruit ſourd & ſoutenu qui a étourdi l'orcheſtre & les acteurs, au point qu'on a pris le parti de céder ſur le champ à cette nouvelle muſique, & de quitter le théâtre.

6 *Septembre* 1772. Il n'y a plus de doute ſur la nouvelle de la révolution de Suede. On vient d'imprimer à l'imprimerie du département des affaires étrangeres à Verſailles, la *relation de ce qui eſt arrivé à Stockholm depuis le 19 juſqu'au 21 du mois dernier*; on y voit comment en cinquante-quatre heures le roi de Suede, rompant les liens qui l'aſſerviſſoient au ſénat, a repris les rênes de l'empire telles que *Guſtave Adolphe* les dirigeoit & qu'elles ont été conduites juſqu'en 1680. Si l'on en croyoit cette relation, l'événement auroit été ſubit; mais par la combinaiſon des faits qui y ſont rapportés, on ne peut le regarder que comme le réſultat d'une politique profonde & combinée de loin. Sa majeſté Suédoiſe n'a point négligé la forme du ſerment, lien très-fort ſans doute, très-durable, tant qu'elle aura les troupes & les forces de ſon côté.

6 *Septembre* 1772. Le nuit du 23 au 24 du mois dernier, une garde nombreuſe s'eſt emparée des avenues du couvent des barnabites, & l'on a arrêté le pere *Miraçon*, fameux janſéniſte, interdit depuis long-temps & très-mal noté auprès de M. l'archevêque de Paris. Ce religieux âgé, frappé de terreur à la vue de tous ces alguaſils, avoit eu pourtant la préſence d'eſprit de dire au frere qui les conduiſoit, ſouffle ta lumiere : à la

faveur de l'obscurité & de l'embarras de ces gens qui ne connoissoient pas les détours de la maison, il s'étoit souftrait à leur garde, & s'étoit réfugié dans le clocher où l'on l'a trouvé après beaucoup de recherches. Ces recherches se sont étendues dans tout le couvent & jusqu'aux lieux les plus secrets. Il paroît qu'on soupçonnoit un entrepôt chez ces religieux. On n'a rien trouvé, pas même dans la chambre du pere *Miraçon*, sauf un exemplaire de la gazette ecclésiastique de la semaine. Il a déja subi trois interrogatoires dont il n'a rien résulté. Il est traité avec beaucoup d'égards & de politesses; & comme c'est un homme de lettres qui travaille à l'histoire du Béarn, on lui a fait remettre ses livres & papiers, pour qu'il pût continuer cet ouvrage. Il se promenoit souvent aux Tuileries avec beaucoup de nouvellistes, qui ont été fort alarmés au premier bruit de sa détention, mais sont rassurés aujourd'hui.

8 *Septembre* 1772. M. le duc d'Aiguillon avoit fait imprimer en diligence, par ordre du roi, une quantité considérable d'exemplaires de la relation de ce qui est arrivé à Stockholm le 19 août, & en avoit envoyé à tous les gens en place: ensuite on en a distribué gratis, & sans distinction aux personnes qui en ont voulu; la police à Paris a reçu injonction d'en délivrer gratuitement aux curieux.

9 *Septembre* 1772. Il y a eu hier chez mademoiselle Guimard à Pantin un spectacle délicieux, que M. le duc de Chartres a honoré de sa présence, mais *incognito*. C'étoit vacance des théatres publics à cause de la fête de vierge, ce qui a permis à cette *Aspasie* de jouir de plusieurs comédiens françois. On y a exécuté un opéra co-

mique nouveau, intitulé *Jeannot*, qui a fait peu de sensation. Il n'en est pas de même de *la Vérité dans le vin*, du sieur Collé, ouvrage connu & imprimé, plein de peintures fortes, d'un dialogue chaud, & de la composition la plus vraie. On ne peut rien voir de mieux joué que cette derniere piece. Trois excellents acteurs, tirés de la comédie françoise, savoir les sieurs *Feuillie*, *Dugazon*, *Oger*, y ont déployé des talents supérieurs à tout ce qu'ils ont montré jusqu'à présent. Mlle. *Lafond*, danseuse de l'opéra, & mademoiselle *Guimard*, la maîtresse du lieu, ont secondé à merveille ces personnages, sur-tout la derniere dont la voix naturellement rauque & désagréable quand elle parle, perd sa mauvaise qualité dans le chant & devient ravissante. Les plus jolies filles de la capitale, qui formoient en femmes le fonds de l'assemblée, la rendoient charmante. Il n'est que Paris pour trouver ainsi une courtisane donnant à ses frais un divertissement de prince, & qui ruine ordinairement les millionnaires les plus riches: d'ailleurs, chez les grands seigneurs il regne par essence un respect, un sérieux, une contrainte absolument bannis de chez Mlle. Guimard, tant à raison de l'héroïne que du genre de la compagnie & de celui des ouvrages, dont quelqu'un en place ne pourroit tolérer la licence chez lui sans s'exposer à l'animadversion de la police, du ministere & du public.

10 *Septembre* 1772. La préface de l'ouvrage ayant pour titre: *Essai général de tactique*, &c. qui est le morceau proscrit & précieux conséquemment, est divisée en deux parties. La premiere a pour titre: *Tableau de la politique actuelle.*

Son parallele avec celle des anciens; ses vices; obstacles qu'elle apporte à la prospérité & à la grandeur des peuples.

La seconde est intitulée : *Tableau de l'art de la guerre depuis le commencement du monde. Situation actuelle de cette science en Europe. Son parallele avec ce qu'elle fut autrefois. Nécessité du rapport des constitutions militaires avec les constitutions politiques; vices de tous nos gouvernements modernes sur cet objet.*

On voit combien ces grands objets peuvent prêter à la plume d'un philosophe éloquent & plein de génie; ils sont traités avec beaucoup de chaleur & d'énergie.

L'ouvrage est prodigieusement cher & paroît imprimé à Londres, le seul endroit où la liberté & la vérité puissent encore se faire entendre.

11 Septembre 1772. Le projet de la nouvelle salle de comédie essuie toujours des contradictions sourdes qui retardent d'autant l'opération. On a fait entendre depuis peu au maréchal duc de Richelieu qu'on lui en imposoit en lui disant que des étrangers devoient faire les fonds de l'entreprise, quand il y auroit des lettres-patentes pour autoriser l'emprunt; que les lettres qu'on produisoit à cet égard étoient fausses & controuvées. Il a fallu avoir une explication avec ce gentilhomme de la chambre, qu'on a enfin ramené à la vérité, & qui a promis de travailler incessamment à l'obtention des lettres-patentes; on lui a fait entendre qu'il y avoit aussi des Génois qui demandoient à entrer dans le nombre des capitalistes, & qu'on devoit leur envoyer un prospectus où l'on établiroit plus particuliérement les moyens de finances, la certitude de l'emploi &

le bénéfice des rentrées. On a ajouté que son nom seul, quand la république verroit combien il s'intéresse au projet & le favorise, détermineroit les richards de ce pays-là. Le maréchal a été flatté de cette observation, & redouble aujourd'hui de zele pour le projet.

Le procès-verbal du sieur Egresset, l'expert nommé par la police, n'est pas encore public, mais on sait qu'il est à peu près conforme à l'estimation faite par le sieur Liégeon.

12 *Septembre* 1771. Le pere Livoire, autre barnabite du couvent de Paris, a ressenti aussi, quoique d'une façon moins cruelle que le pere Miraçon, les suites des soupçons répandus sur son compte. Il est auteur d'une traduction de Muratori, auteur italien, qui a écrit sur le bonheur. Il est question en certains endroits du livre du Paraguay & des jésuites. Ceux-ci sont assez maltraités, & le traducteur n'a point affoibli les traits de l'original. Les partisans de l'ordre se sont remués, ont fait entendre que ce barnabite étoit un janséniste qui pourroit bien avoir eu part aux divers écrits contre le despotisme actuel. Le ministre n'ayant cependant acquis aucune preuve qui pût donner lieu à attenter à la liberté du religieux, on a laissé le soin à M. l'archevêque de le molester. Comme celui-ci n'a pas une autorité immédiate sur les individus d'un couvent qui n'est point soumis à l'ordinaire, & que les supérieurs ne se rendoient pas à ses insinuations contre le religieux, il a pris la tournure d'interdire tout le couvent, & de déclarer qu'il ne leveroit cet interdit qu'après l'expulsion du pere Livoire ; en sorte qu'on a été obligé de donner une obédience à ce religieux

pour changer de couvent & se rendre à Etampes.

20 *Septembre* 1772. Les entrepreneurs du colysée continuent à déguiser leur spectacle misérable & plat sous de grands noms. Tantôt c'est une colonne trajanne en artifice de cinquante pieds de haut, c'est-à-dire des fusées maigres & très-ordinaires ; tantôt c'est une course d'amazones, c'est-à-dire de douze gourgandines laides & à faire mal au cœur. Ils annoncent pour la prochaine fois, c'est-à-dire pour le mardi jour de la fête de Neuilly, une pantomime héroïque pour laquelle ils font de grands préparatifs ; ils esperent que le public en revenant du pont abondera chez eux.

21 *Septembre* 1772. *Procès-verbal qu'auroit dû faire M. Bastard, à la place des sottises qu'il a rédigées.*

C'est le titre d'un nouveau pamphlet imprimé seulement au rouleau, & qui vient vraisemblablement de Bretagne. Il contient un journal de ce qui s'est passé l'année derniere en cette province lors de la suppression & recréation du parlement de Rennes, enrichi d'anecdotes relatives à l'événement, ainsi que des singuliers & brefs & mémorables discours du duc de Fitz-James & du sieur Bastard à cette compagnie.

12 *Septembre* 1772. On a parlé de l'édition de l'encyclopédie imaginée & annoncée par le sieur Pankouke, dont M. le chancelier a fait enfermer à la Bastille les deux premiers volumes. Ce libraire & sa compagnie n'ayant pu trouver grace auprès du chef de la justice, ont cru pouvoir continuer l'édition proposée à Geneve, à commencer du troisieme volume seulement ; ils esperent que M. de Maupeou mourra ou sera hors de place

avant la fin de l'ouvrage : mais il eſt à craindre que ces maſſes de papiers enfermés dans des lieux humides & à la merci des rats, ne ſouffrent un déchet conſidérable, & ne deviennent hors d'état de ſervir.

22 *Septembre* 1772. Les talents que monſieur de Guibert développe dans ſon *Eſſai de tactique*, & le génie, l'éloquence qui reſpirent dans ſon diſcours préliminaire, ne peuvent faire déſirer qu'avec une grande impatience l'exécution de ſon plan intitulé : *la France politique & militaire*. Il ſera diviſé en quatre parties : dans la premiere il traitera des différentes conſtitutions politiques & militaires, des différents états de l'Europe ; dans la deuxieme, de la France qui ſera diviſée en politique intérieure & politique extérieure ; dans la troiſieme, de la conſtitution militaire de la France ; dans la quatrieme enfin, il fera un cours de tactique complet, contenant la tactique élémentaire ſubdiviſée en quinze chapitres, & la ſuite diviſée en cinq. Dans la concluſion, il expoſera une campagne ſuppoſée entre une armée conſtituée, &. qui manœuvre ſuivant les principes établis dans ſon ouvrage, & une armée de même force, ou même un peu ſupérieure, conſtituée & agiſſant ſuivant les anciens principes. Le théatre de cette campagne eſt entre la Seine & la Loire, dans le même pays où M. le maréchal de Puiſégur a ſuppoſé la ſienne, mais dans les mêmes données, les mêmes poſitions, ſe conduiſant par des combinaiſons différentes.

22 *Septembre* 1772. M *de Guibert* nous annonce dans ſa préface un ouvrage intéreſſant, & dans ſon genre contenant une hiſtoire des révolutions de l'art militaire, & leur rapport avec les conſti-

tutions politiques des différents peuples depuis son origine jusqu'à nos jours : c'est, à ce qu'il nous apprend, M. le chevalier d'Aguesseau, lieutenant colonel du régiment de la Couronne, qui entreprend cette pénible tâche, mais digne de son auteur, suivant l'idée que M. de Guibert nous donne de son génie, de ses vues & de son érudition.

23 *Septembre* 1772. Les entrepreneurs du colysée s'étoient imaginé pouvoir attirer beaucoup de monde, au retour de la fête d'hier; ils avoient en conséquence distribué de très-beaux *Prospectus du Temple de Mémoire*. Il mérite d'être détaillé pour son ridicule.

Les personnages étoient Minerve, la France, la Gloire, la Renommée, un Paysan, un Soldat ivre, un Peintre, un Poëte, un vieil Invalide & son fils, un jeune Villageois d'environ vingt ans, un petit Enfant d'à-peu-près trois ou quatre ans, troupes de Bergers, troupes de Bergeres, dansants.

Ensuite, dit le prospectus, l'élevation d'un nouveau pont à Neuilly est un de ces monuments dignes d'être célébrés par des fêtes de reconnoissance en l'honneur du monarque, & sa présence en fixe le jour.

Celle-ci se donne dans la redoute du colysée. On y voit en face de la principale entrée un arc de triomphe à la romaine, d'une riche architecture intérieure, sur lequel sont représentées en bas-relief des trophées d'armes, avec des attributs d'arts & de sciences, &c.

Derriere cet arc de triomphe, au dessus de son couronnement, & à la hauteur de l'entablement de la seconde galerie, paroît un temple

portant

portant cette inscription en or, *Temple de Mémoire*. Les jours de ses percées, & le brillant de ses couleurs d'azur, sont encore relevés par les clairs obscurs des nuages qui le soutiennent & l'entourent.

Du plan de l'espece d'élévation sur laquelle est posé l'arc de triomphe; au milieu de ce même arc, & entre lui & le temple, s'éleve une colonne d'argent entourée de petites guirlandes de feuillages & des perles, dont l'extrèmité va se perdre dans les nuages.

Précisément en devant de cette colonne, & sur la même ligne centrale, se voit une gaîne de lapis en or, qui, étant isolée, se trouve perpendiculairement sous la voûte de l'arc de triomphe: sur le milieu de cette gaîne est posé le buste ou médaillon de Louis XV en marbre blanc, & sur les côtés sont deux vases à l'antique, de corail, avec des gorges & des anneaux d'or.

Derriere le roi & à très-peu de distance, est un soleil éblouissant, dont les rayons entourent & illuminent la tête.

Encore à quelque distance, en face de la gaîne & à moitié de sa hauteur, est un autel d'albâtre, qui, par sa position indiquée, se trouve le troisieme objet détaché au milieu de la scene, & le premier en avant.

Au moyen de cette décoration, Minerve, la Gloire, la France & la Renommée forment des scenes pittoresque & des actions allégoriques en l'honneur du roi. Quelques personnages, ou intéressants, ou comiques (introduits par opposition) expriment l'amour des peuples d'une maniere qui fait éprouver *successivement à l'ame* l'attendrissement & la joie *avec la même fa-*

Tome XXIV. I

tisfaction. Ce spectacle orné d'agréments & mêlé de danses que forment nombre de bergers, est terminé par des chants d'alégresse relatifs au sujet & à l'objet de cette fête.

On ajoutoit que cette fête étoit de M. *Baret de Villencour*, & que le chevalier Fourré, éleve de Servandony, avoit présidé aux décorations & à l'exécution.

Le public, déja souvent dupe de ces annonces fastueuses, n'a été qu'en petit nombre au Temple de Mémoire, & ce spectacle, misérable encore plus que les autres, a été hué généralement.

25 Septembre 1771. Le sieur Bauvin, auteur de l'*Arminius*, tragédie imprimée depuis plusieurs années & non jouée, mais qu'on répete aujourd'hui, pour déguiser ce titre connu & lui donner un air de fraîcheur, a fait annoncer sa piece sous le nom *des Cherusques*, mot peu sonore & qui pourroit annoncer la barbarie de l'ouvrage. La premiere représentation est indiquée pour samedi.

26 Septembre 1771. Les comédiens italiens ont donné hier une piece italienne du sieur Goldoni, intitulée, *la Spoza Persiana*. Il y avoit long-temps qu'on n'avoit rien vu de cet auteur en pareil genre; cette comédie a eu peu de succès; l'*Epouse Bergamesque*, parodie de la piece précédente, a plus amusé.

26 Septembre 1771. Mardi dernier au colysée, il y a eu plus de monde qu'on n'avoit annoncé; la foule même a été très-grande. Dans le tumulte la police n'a pu s'exécuter convenablement. On se rappelle que dans la description de la fête, il y a un moment où l'on couronne le buste du roi, on l'orne de fleurs & de guirlandes. C'est une espece d'apothéose de *Louis XV*; alors il est parti beaucoup de sifflets qui tomboient sans doute sur la mesquinerie du spectacle, & non sur les honneurs rendus au monarque BIEN-AIMÉ. Mais les directeurs de la fête, voulant confondre leur injure avec celle prétendue faite à S. M. excitoient le sieur le Laboureur, commandant du guet, à faire arrêter quelques-uns de ces audacieux critiques: il n'a point voulu s'y prêter, & il a pris le prétexte que l'on ne pouvoit, dans les ténebres & dans le chaos de monde, distinguer les coupables; en sorte que les sifflets ont redoublé & continué jusqu'à la fin.

Le sieur le Laboureur a rendu compte de cet événement au duc de la Vrilliere, & lui a insinué qu'il seroit bon d'arrêter le zele indiscret des entrepreneurs du colysée, de ces fades adulateurs, qui, par des honneurs platement adressés au roi, faisoient retomber sur sa majesté une improbation qui ne regardoit que les artistes mal-adroits.

27 Septembre 1772. La tragédie *des Cherusques*, tirée du théatre allemand sur une traduction que le sieur Bauvin s'en est fait faire, est plus sagement conduite que toutes celles qu'on nous donne depuis long-temps; point d'écarts, point d'épisodes étrangers, point d'extravagances, de noirceurs atroces, d'horreurs dégoûtantes; mais l'intrigue n'offre rien de neuf; elle est calquée sur mille autres connues; nul nerf, nulle énergie dans les caracteres; nul intérêt, nulle chaleur; une froideur continue qui laisse sans relâche l'ame dans la même situation.

La versification n'est pas non plus énygmatique, dure & boursouflée comme celle de nos tragédies modernes; mais elle est d'une platitude très-grande, souvent triviale, & rarement noble. On peut dire de cet ouvrage ce qu'on dit de certains hommes qui n'ont ni vice ni vertu ; il n'y a réellement qu'un esprit d'humanité qui puisse la faire tolérer.

29 *Septembre* 1772. La machine de la comédie de *Julie*, est des plus triviales. Il est question d'une fille qu'on veut marier malgré elle à un homme riche, mais dégoûtant, vieux, infirme, tandis qu'elle en aime un autre, charmant suivant l'usage. Elle prend le parti de fuir pour se soustraire à cette tyrannie. Elle tombe entre les mains d'un bûcheron qui la recueille au sein de sa famille, qui consiste en une fille unie tout nouvellement à un jeune homme qui fait son bonheur. Le paysan se met en tête de réconcilier la demoiselle avec ses parents, & même de les déterminer à lui donner le galant qu'elle desire. Il imagine pour cela une petite comédie, c'est d'aller au château, de s'y faire précéder par ses enfants qui se jetteront aux pieds du seigneur comme demandant son secours contre la cruauté du bûcheron, & de lui peindre ainsi la sienne & toute l'histoire de l'évasion de sa fille. Cette fiction réussit ; le pere réfléchit sur la ressemblance de l'aventure, reconnoît son tort ; & quand il est bien attendri, bien convaincu de sa barbarie, sa fille reparoît avec son amant, & ils s'épousent. Ce dénouement ingénieux feroit honneur à l'invention du poëte, s'il étoit neuf : d'ailleurs, il n'est pas filé avec tout l'art, toute la délicatesse qu'il exigeoit. Il faut cependant rendre justice à l'auteur, sa piece annonce du talent, & vaut infiniment mieux que divers ouvrages donnés depuis long-temps à ce théatre. Il y a quelques saillies dans le

dialogue, des endroits gais, du naturel, & des plaifanteries piquantes & bien amenées. Il y a du fel dans certaines ariettes qui ne font point fadaffes ou bête comme le plus grand nombre de celles qu'on nous chante. La mufique ne vaut pas dans fon genre la comédie ; il y a quelque chofe d'agréable & de chantant ; l'ouverture a fait plaifir, ainfi que quelques accompagnements; mais nul plan, nul coloris dans l'enfemble.

2 Octobre 1772. Comme c'eft M. le duc de Fleuri qui eft gentilhomme de la chambre cette année, & qu'il a peu de goût pour les fpectacles, on ne croit pas que ceux de Fontainebleau foient bien brillants. Il eft décidé que l'on n'y jouera en pieces du théatre lyrique, que *la Cinquantaine* de M. de la Borde : ce premier valet de chambre, en cette qualité, & par fes entours, a obtenu cette faveur. On ne doute pas que le jeune *Veftrallard* n'y paroiffe & n'étonne toute la cour, ainfi qu'il fait l'admiration de la ville.

Au furplus, ce danfeur foutient prefque feul aujourd'hui l'opéra : on eft fi dégoûté de *la cinquantaine*, que M. de la Borde, pour ne pas éprouver une défertion totale, a obtenu que le fieur Veftrallard danferoit tous les jours de ce fpectacle ; après quoi il fe repofera & ne reparoîtra de quelque temps.

3 Octobre 1772. Quoiqu'on ait peu travaillé cette année à la nouvelle églife de Ste. Genevieve, elle avance pourtant à certains égards, & la façade conftruite dans toute fa totalité, préfente déja matiere aux critiques des moins connoiffeurs. Il eft fenfible qu'elle eft trop large pour fa hauteur, ce qui lui donne un air écrafé; on prétend que

ce défaut provient des colonnes qui ne font point écartées dans les regles de l'art : à cela près elle est simple, noble & d'une grande exécution.

4 *octobre* 1772. On prétend que le sieur Destouches, justement indigné du larcin du sieur Souflot, son concurrent, avoit excité sous main le sieur Patte à l'attaquer, & à mettre en avant toutes les difficultés qu'il a élevées sur la construction de la coupole de cette église, en sorte qu'il n'étoit que le prête-nom du premier. Cela donneroit une solution satisfaisante de la conduite du critique, qui jusques-là n'avoit paru agir que par une basse jalousie, puisqu'il n'avoit aucune mission qui l'autorisât à molester le sieur Souflot, & à faire naître des doutes sur la solidité de son édifice.

Tout cela va s'éclaircir par la mort du sieur Destouches : il n'étoit point de l'académie d'architecture ; & M. de Marigny, qui l'avoit pris en haine parce qu'il avoit réclamé contre l'injustice de son procédé, avoit juré qu'il n'en seroit point, tant que cela dépendroit de son choix. Cette persécution ne fait point d'honneur à un homme fait pour encourager les arts, loin de les écraser.

6 *octobre* 1772. Au moment où l'on s'attendoit le moins à quelque nouveauté, où les bons patriotes gémissoient du silence général des écrivains de leur classe, où les inamovibles triomphoient, s'imaginant par leurs procédures, leurs inquisitions, leurs vexations, avoir arrêté le cours des brochures, le *supplément à la gazette de France N°. 8*, a tombé comme un coup de foudre dans Paris: il a produit d'autant plus d'effet, qu'il est infiniment meilleur que les précédents, étant dégagé de toutes ces anecdotes fausses & incroyables dont ils sont farcis, & d'ailleurs enrichi d'une

Lettre à l'auteur du N°. 7 *du Supplément à la gazette de France*; excellente facétie, qui, sans être aussi bonne & aussi plaisante que la *Lettre à Jacques de Vergès*, semble sortir de la même plume. C'est encore un morceau très-propre à désoler le chancelier, par la maniere adroite dont on le fouille jusques dans les entrailles; ce qui prouve que l'écrivain est bien près de lui, ou qu'il est servi merveilleusement par ceux qui approchent monseigneur & ont sa confidence : nouveau tourment qu'on lui prépare en l'obligeant de soupçonner par-là ses amis les plus intimes, les dépositaires les plus sûrs de ses secrets.

6 *Octobre* 1772. Rien de plus plaisant que d'observer à l'opéra la tendre complaisance avec laquelle la D^{lle}. Allard & le sieur Vestris contemplent des coulisses leur petit bâtard, lorsqu'il danse; ils semblent le couver des yeux, suivre tous ses pas, les diriger, l'encourager du geste & de la voix; chaque applaudissement du public retentit dans leur cœur, & la satisfaction répandue sur leur physionomie, indiquent combien ils sont reconnoissants envers lui.

10 *Octobre* 1772. L'auteur des *Cherusques* fait répandre un avertissement par lequel il annonce se défier d'une tragédie de ce nom qu'on vend aujourd'hui, & qui n'est que l'ancienne édition à laquelle on a substitué ce titre au lieu de celui d'*Arminius*; mais si ce libraire s'en étoit pu défaire dans le temps, il ne seroit pas aujourd'hui obligé d'avoir recours à cette ruse : il suit de cette observation que M. Bauvin en ce moment a préféré son lucre à son amour-propre; il déclare au surplus, que la véritable édition va bientôt être mise en vente.

11 *Octobre* 1772. Un particulier de Joigny, doué apparemment d'un grand talent pour les anagrammes, occupé depuis long-temps à tourner & retourner les lettres des divers noms de M. le chancelier, a enfin trouvé un sens très-flatteur, & il a fait présenter son ouvrage au chef suprême de la justice. Celui-ci, quoique très-modeste, n'a pu qu'être infiniment sensible aux louanges de ce particulier; & pour lui en témoigner sa satisfaction, il l'a fait exempter de taille, récompense que les autres bourgeois sur lequel ce *deficit* sera réparti, trouveront sans doute bien mérité. On en peut juger par le petit chef d'œuvre: les noms sont:

René-Nicolas-Charles-Augustin de Maupeou.

Anagramme.

Il a ménagé, soutenu la puissance du trône.

Un autre dont on ne dit pas la récompense, a trouvé celle-ci.

Auguste chancelier sans pareil au monde.

13 *Octobre* 1772. Après quelques représentations de fragments que l'académie royale de musique se propose de donner incessamment, qui seront composés des actes de *Pygmalion*, de *Tirtée* & du *Devin de Village*, elle doit exécuter *Adele de Ponthieu*, tragédie nouvelle en trois actes de M. le marquis de Saint-Marc. La musique est des sieurs Berton, directeur de l'académie royale de musique, & de la Borde premier valet-de-chambre, qui va occuper encore une fois la scène lyrique.

17 *Octobre* 1772. Au moment où l'on s'y attendoit le moins, au milieu de l'appareil des vexations, des procédures, & des supplices destinés aux auteurs, distributeurs, colporteurs, fauteurs & adhérants des brochures si rigoureusement proscrites, on a trompé l'espion, & *le Bouquet de Monseigneur* a paru de toutes parts. C'est une brochure de 58 pages, non compris l'épître dédicatoire.

Celle-ci est adressée à monseigneur *René-Nicolas-Charles-Augustin de Maupeou, chancelier de France.* L'auteur lui fait des excuses sur le retard du Bouquet; il se rejette sur la fuite de *l'éditeur de la Correspondance.* Il s'annonce comme un nouvel athlete qui descend dans l'arene: il témoigne la plus grande sécurité, & fait entendre la mal-adresse de tourmenter les malheureux qu'on tient en prison pour découvrir un secret dont on ne les a certainement pas pris pour confidents. Du reste, il annonce que s'il alloit devenir victime de son zele, il seroit bientôt remplacé par une foule d'autres écrivains; que *s'il n'est plus en France de fanatiques de religion, il en est encore de patriotisme.* C'est l'emploi d'une telle société de prévenir par des secousses fréquentes l'affaissement & l'inertie du gros de la nation, peuple volage, qui rit de tout, & chez lequel il est essentiel de graver l'impression forte & mâle de cette vertu qui reside dans le cœur des héros citoyens.

Dans une petite préface qui commence le corps de l'ouvrage, l'écrivain, par une fiction ingénieuse & sublime, va d'abord au tombeau *de Vincent Maupeou* (l'auteur d'un fameux assassinat tant reproché dans les autres parties de la correspondance), pour chercher entre les ciprès qui l'entourent, des fleurs propres au bouquet qu'il destine au chancelier; prosopopée effroyable qui en résulte..... Il vole au temple de Thémis, où il ne trouve que des décombres & des ruines sur lesquels sont assis les nouveaux sénateurs; il se résout à faire faire le tableau de monseigneur par les artistes les plus habiles... Personne ne veut se prêter à son entreprise; il a recours aux écrivains, & il trouve dans Tacite le portrait de ce grand personnage peint de main de maître : il y ajoute différentes touches prises dans quelques peintures vives & fortes de l'éditeur de la correspondance, & finit par un dernier trait sorti de la bouche du roi. *Mon chancelier*, disoit-il ces jours derniers, *est un fripon, mais il m'est nécessaire.*

Vient ensuite *l'Apothéose de Monseigneur* : c'est un persiflage continuel d'une brochure intitulée: *Le vœu de la nation*, faite sous les yeux de M. le chancelier, avec cette épigraphe : *Deus nobis hæc otia fecit*, où le panégyriste l'appelle en effet *le Dieu tutélaire de la France*, de-là le Dieu Maupeou: catéchisme très-plaisant en conséquence, où l'on prouve sa divinité par les différents paragraphes du pamphlet apollogétique, & le détail de ses magnifiques & célestes attributs. On ne peut faire sentir d'une façon plus ingénieuse l'indécence, le ridicule, la fausseté, la faveur du plat encens dont monseigneur s'enivre lui-même par l'organe de son bas adulateur.

Le troisieme paragraphe est intitulé, *Justice vengeresse du dieu Maupeou* : on y dévoile en caracteres énergiques toute l'iniquité de la procédure instruite dans l'affaire de la correspondance; on démontre que c'est une horreur, une abomination, par les propres paroles du chancelier;

qui, pour exciter ſes ſuppôts à devenir impitoyables, les avertit que c'eſt *leur propre querelle qu'ils ont à venger*, & qu'ils *ſont des lâches s'ils ne font de ces coquins une punition exemplaire*; ce qui donne lieu à une harangue ſanglante de l'orateur, qui ſe ſuppoſe arrêté & préſenté à ce ſénat infame: après lui avoir déclaré ſes motifs de récuſation en général, il en apoſtrophe individuellement chaque membre, & leur reproche comme moyens de récuſation particuliere une foule d'iniquités dont ils ſe trouvent coupables. On ne pouvoit amener d'une façon plus adroite & plus naturelle le recueil de tant de turpitudes. Le tout eſt terminé par un hymne en l'honneur du *Dieu Maupeou*, qui n'eſt qu'une parodie appropriée des terribles imprécations de Camille dans les Horaces.

Tel eſt le précis de l'ouvrage, non moins propre que les autres à déſoler le chancelier & ſes adhérants: il eſt daté du 4 novembre, jour de la Saint Charles, un des patrons de M. de Maupeou; ce qui fait préſumer qu'on a prématuré le temps du débit par des circonſtances heureuſes.

18 *Octobre* 1772. Il paroît que le journal politique, annoncé avec tant d'emphaſe, n'eſt qu'un ſinge de celui de Bouillon, connu autrefois ſous le nom de *Gazette des Gazettes*. Il n'aura d'autre avantage ſur celui-ci que de paroître trois fois, au lieu de deux par mois que paroît ſon devancier; mais on ne doute pas qu'on ne lui cherche noiſe pour le forcer à laiſſer le champ libre à ſon rival.

21 *Octobre* 1772. Il court manuſcrit un billet doux de M. *de Sorhouet* à *M. de Maupeou*, en date du 10 octobre, où l'on offre à ce chancelier,

en attendant son bouquet, une chanson des plus ameres; ce qui annonce qu'elle a été faite avant que le bouquet ait paru.

22 *Octobre* 1772. Le sieur le Kain est de retour de ses caravanes, & a reparu le samedi 17 dans la tragédie de *Manlius* avec le plus grand succès. La beauté de son jeu est à son point de perfection le plus sublime, & s'y maintient.

22 *Octobre* 1772. L'affaire de la nouvelle salle de comédie françoise va toujours lentement par les entraves qu'y mettent sourdement les envieux du projet; cependant on gagne un peu de terrein à mesure : le projet de la restauration paroît d'abord totalement anéanti; les entrepreneurs ont retiré leurs machines, & commencent à déblayer le terrein. L'estimation des terreins est faite, & quoique mal, il est aisé d'en concevoir qu'elle ne pourra contrarier les suppositions établies à cet égard. Le sieur Liégeon en a reçu communication du lieutenant de police, & doit y répondre par des observations détaillées. Le sieur Moreau de Vormes, avocat au conseil, est allé à Fontainebleau, chargé de rédiger les lettres-patentes qui assurent la confection du projet, & donnent aux capitalistes étrangers qui se proposent de fournir les fonds, toutes les assurances capables de les exciter.

22 *Octobre* 1772. Mlle. *Heynel* se dispose à retourner en Angleterre pour y faire une nouvelle récolte. Les amateurs de l'opéra ne sont pas contents des absences de cette danseuse, qui laisse toujours un très-grand vuide, & quitte précisément dans l'hiver, le temps le plus brillant du spectacle.

23 *Octobre* 1772. Un acteur nouveau a débuté récemment à la comédie italienne dans les rôles

de Cailleau ; on a trouvé sa voix superbe, & il a été fort applaudi.

25 *Octobre* 1772. Une brochure ignorée jusqu'à présent, & qui depuis six mois s'étaloit sur les quais sans piquer la curiosité des amateurs, fait beaucoup de bruit aujourd'hui, & est recherchée avec fureur. C'est *le Vœu de la nation*, si parfaitement tourné en ridicule par l'auteur du *Bouquet*: les divers portraits des ministres actuels qu'on y trouve, ont paru extrêmement singuliers : comme l'auteur les voit sous un point de vue qui aura peut-être échappé aux étrangers, il faut apprendre à l'Europe les rares qualités, les talents sublimes qu'une connoissance plus profonde lui a sans doute découverts ; les voici :

« Le ministre de la justice (M. le chancelier),
» l'ami du trône, éclaire la nation & assure son
» bonheur par des vues aussi concertées dans le
» principe, que solides dans l'exécution. Quel plus
» bel éloge de son cœur & de son esprit !

» Le ministre des affaires étrangeres (M. le duc
» d'Aiguillon), génie vaste & élevé, cet ensemble
» de candeur & de prudence, s'honore de l'op-
» pression & de la calomnie de ses ennemis: sous
» un roi juste, le fantôme de la calomnie s'éva-
» nouir : on l'avoit vu commandant dans une
» grande province, y répandre les canaux de
» l'abondance ; on l'a vu depuis persécuté par
» l'ingratitude : il a tout oublié pour se livrer à
» la bienfaisance ; voilà son triomphe. Tranquille
» au sein de l'orage, il n'a ni craint ni désiré :
» attendez tous les avantages possibles de son
» ministere.

» Le ministre de la guerre (M. le marquis de
» Monteynard) offre un véritable Romain ; digne

» assemblage des vertus, toutes ses vues se portent
» au bien de la plus noble partie de la nation;
» un désintéressement est la base de ses opérations:
» plaire à son roi & fixer sa confiance, voilà ses
» desirs & son bonheur.

» Le ministre de la marine (M. de Boynes)
» nous donne un de ces hommes qu'à peine l'an-
» tiquité a connus: plein de son objet, génie
» portant la lumiere sur toutes les parties qui lui
» sont confiées, la marine va reprendre sa premiere
» splendeur: un travail opiniâtre vient à bout de
» tout.

» Le ministre de la finance (M. l'abbé Terrai),
» par cet heureux concours des opérations du
» ministere, & ses lumieres & ses principes,
» jette les fondements de la confiance publique;
» source de l'activité du commerce & de la circu-
» lation, qui est le nerf de l'état, il ne peut éclorre
» de ce ministre que des projets utiles à la France
» & à l'accroissement de ses finances.

» Puis-je mieux finir cette lettre, ajoute
» l'écrivain, qu'en rendant mon hommage à cet
» ancien ministre (M. le duc de la Vrilliere)
» qui a toujours excité l'admiration de la France?
» Occupé de captiver la confiance & les bontés de
» son roi, paisible dans son ministere, aussi juste
» qu'éclairé, plein de douceur & de cette affabilité
» qui gagnent les cœurs: tous nos vœux se sont
» tournés vers lui; sa vertu & sa candeur serviront
» de modele; il ne fut jamais exposé à l'orage,
» parce qu'il prit la sagesse pour guide.

» Percez la capitale, vous y trouverez le ma-
» gistrat (M. de Sartines, lieutenant-général de
» police, que le panégyriste met au rang des
» ministres, quoiqu'il ne soit que le subalterne

» très-inférieur du dernier) qui veille à sa sûreté,
» remplit à la fois les devoirs de juge & de citoyen:
» cette pénétration qui rassure l'innocent & con-
» fond le coupable, est son caractere distinctif:
» le masque tombe devant lui, & l'homme reste.

26 *Octobre* 1772. A la fin du *Bouquet* l'auteur annonce que son ouvrage est terminé ; mais qu'il reparoîtra bientôt sous le titre de *Journal politique, historique, critique & littéraire des hauts faits de M. de Maupeou*. On attend avec impatience ce nouvel écrit, qui prendra vraisemblablement la place des *Suppléments à la gazette*, & qui sera désormais le seul de ce genre, tout le dogmatique de la matiere étant épuisé, mais les faits se reproduisant sans cesse & pouvant toujours fournir à la plume d'un historien.

28 *Octobre* 1772. Il y a huit jours que les fragments de *Pygmalion*, de *Tyrtée* & du *Devin de village* dévoient se remettre, & ils ont été retardés par les contretemps de la cour, ce qui a même occasioné qu'on a eu toutes les doublures possibles. Quoiqu'on ne donne point d'opéra en regle à Fontainebleau, que, malgré son amitié pour le sieur de la Borde, le roi ait rejeté *la Cinquantaine*, que celui-ci vouloit y faire jouer pour l'exécution plus parfaite des opéra comiques, on prend les meilleurs sujets du grand opéra, ce qui met celui-ci dans un délabrement pitoyable.

29 *Octobre* 1772. La fable de l'Hydroscope est de plus en plus la risée des gens éclairés & des vrais physiciens. Un membre de l'académie des sciences a bien voulu prendre la peine de disserter sur ce conte de vieille & d'en faire voir l'absurdité; il a couvert du plus grand ridicule l'ineptie & la crédulité du sieur Marin : l'amour-propre de ce

dernier a été piqué contre M. de la Lande, fon antagoniste ; il a pris le nom d'un foi-difant marquis pour répondre, & témoigner combien il étoit choqué du ton dogmatique de l'académicien ; on ne doute pas que celui-ci ne riposte, & ne pulvérife le nouveau marquis, dont il découvrira les oreilles d'âne.

30 Octobre 1772. On vient d'imprimer à Verfailles à l'imprimerie du département des affaires étrangeres, *la forme du gouvernement de Suede, ratifiée par le roi & les états du royaume à Stockholm le 21 août 1772 ; avec les difcours prononcés à la diete à l'occafion de fa cloture.* Quoique toutes ces pieces foient éparfes dans les gazettes, on est très-étonné de l'attention du gouvernement à les recueillir, & de fon affectation à les diftribuer & à les répandre gratuitement, ainfi que la relation de la révolution. Apparemment M. le duc d'Aiguillon veut-il continuer à donner à entendre qu'il a part à tout cela. Cependant dans la ratification du roi de Suede, il y a des phrafes très-fortes, des imprécations même contre *la monarchie abfolue, appellée communément fouveraineté,* que les malins ont remarquées & qui ne font pas apologétiques de l'adminiftration actuelle.

30 Octobre 1772. Le Supplément à la gazette de France n°. 9, paroît d'aujourd'hui : il y a de quoi défoler le nouveau tribunal ; il contient des chofes fi récentes, qu'on ne peut douter que ce pamphlet ne forte de quelque preffe très-voifine ; il y a fur-tout un article de Paris du 26 octobre, & un autre concernant les états de Bretagne. Les fuppôts de la police font fur pied à l'ordinaire pour recommencer leurs recherches.

2 Novembre 1772. Le neuvieme *Supplément à*

la gazette de France ne vaut pas mieux que les précédents, il est même plus mauvais : outre les grossières injures dont il est plein, les fausseretés, les abfurdités qu'il renferme, il y a une tirade de vers contre les intrus du nouveau tribunal, qui est une platitude atroce & dégoûtante. On y attaque fucceffivement le fieur Bertier, premier préfident, les fieurs de la Bourdonnaye, Chateaugiron, de la Briffe & Nicolaï, préfidents à mortiers, les deux avocats-généraux Vergès & Vaucreffon, ainfi que le procureur-général Fleury. On révele & détaille toutes leurs turpitudes les plus infames ; ce font les couplets de Rouffeau pour les horreurs dont ils font pleins, mais dénués de cette énergie de ftyle, de cette éloquence terrible qui font paffer les injures & les ennobliffent. L'auteur annonce qu'il paffera ainfi en revue les membres divers du nouveau tribunal.

4 *Novembre* 1772. Malgré la puiffante cabale que le fieur de la Borde avoit mife fur pied pour foutenir la piece qu'il a fait exécuter aux Italiens famedi dernier, elle n'a eu aucun fuccès, ou pour mieux dire, elle est tombée à plat ; les paroles & la mufique ont également échoué.

6 *Novembre.* 1772. L'épître à Horace eft comme tout ce que fait aujourd'hui M. de Voltaire, inégale, incorrecte ; elle n'annonce pas dans fon auteur ce goût fûr & délicat du grand maître auquel il écrit ; mais il y a des chofes très-heureufes, des vers charmants & du coloris le plus frais ; le philofophe de Ferney n'a pas manqué d'y inférer des tirades piquantes contre des perfonnages du premier ordre, pour donner toujours à ces pieces une clandeftinité fi propre à amorcer la

curiosité du lecteur & à rendre un ouvrage plus célebre: du reste on y remarque cette familiarité ordinaire avec laquelle il s'associe librement aux rois, en les flattant, & semble vouloir marcher de pair avec eux; mais on y trouve sur-tout cette dureté de caractere, cette incompatibilité qui le rendent ennemi de quiconque le critique, & lui font vomir des flots d'injures & de grossiéretés, autre défaut que n'avoit pas le satirique romain, qui ne faisoit que décocher légérement ses traits en passant, & ne s'appesantissoit jamais sur les blessures qu'il faisoit comme pour déchirer à belles dents la malheureuse victime de sa rage.

11 *Novembre* 1772. Les ennemis du sieur Souflot, architecte de la nouvelle église de Ste. Genevieve, triomphent en ce que voilà l'année des travaux qui expire sans que la coupole soit encore élevée. Celui-ci ne paroît pas ému de ces rumeurs: il dit qu'il a voulu prévenir un inconvénient très-ordinaire en France, aux édifices modernes, & dont on voit un exemple sensible dans l'église de Saint-Sulpice; c'est que lorsque l'essentiel est fini, on retire les secours nécessaires pour les embellissements, & l'ouvrage reste imparfait. Il a donc préféré de faire terminer les ornements extérieurs pour ne faire sa coupole qu'à la suite. D'autres veulent qu'il ait senti la force des objections de son adversaire, le sieur *Patte*, & qu'il s'occupe sérieusement des moyens de parer aux inconvénients qu'il lui annonce comme démontrés géométriquement.

16 *Novembre* 1772. Le tableau en question est intitulé, *le Songe de Raphaël* par quelques connoisseurs. D'autres prétendent que ce n'est pas lui,

& que c'eſt un autre ſujet. Quoi qu'il en ſoit, celui-ci a ſix pieds de large ſur quatre pieds & demi de hauteur environ. Il eſt d'une compoſition abondante & variée, d'un très-beau coloris & l'on ne peut mieux réparé. C'eſt une allégorie relative aux miſeres de la vie humaine & au courage avec lequel une ame ferme & inébranlable s'y expoſe & les combat. La premiere partie de cette compoſition conſiſte en un philoſophe élevé ſur un plan ſupérieur; il ſemble contempler profondément la nature humaine & ſes infirmités. Tous les maux qui l'aſſiegent ſont déſignés par différents emblêmes, ſoit naturels, ſoit figurés. Au deſſus de ſa tête eſt la foudre; à ſes pieds, un naufrage; les paſſions ſont exprimées ſous diverſes figures, telle que l'Amour décochant ſes fleches: des animaux de toute eſpece contribuent à enrichir cette ſcene prodigieuſe; ils ont tous quelque caractere qui ajoute à l'enſemble; dans la gravure l'idée du peintre ſe ſent mieux par cet hémiſtiche au deſſous du contemplateur, *Sedet, æternumque ſedebit infœlix*. Sur un plan inférieur eſt une Minerve avec tous les attributs qui peuvent figurer le courage & la force; elle enviſage le philoſophe & l'excite au combat: c'eſt encore le graveur qui ſuggere cette explication aſſez ſenſible par cet autre vers de Virgile, *Tu ne cede malis, ſed contrà audentior ito*.

On ne peut diſconvenir que l'idée du peintre ne ſoit belle & féconde, que l'exécution n'en ſoit admirable & ſublime dans quelques détails; mais en général ce genre d'allégorie eſt ſouvent obſcur & froid: il eſt moins à la mode que jamais dans ce ſiecle-ci, & pourra plaire davantage aux étrangers. Quoi qu'il en soit, si l'ouvrage est reconnu incontestablement pour être de Raphaël, une pareille acquisition ne peut appartenir qu'à un souverain.

22 *Novembre* 1772. Les directeurs du colysée ne sachant que faire pour attirer le public, ont annoncé un combat de coqs pour demain à onze heures du matin.

23 *Novembre* 1772. M. de Sartines, le lieutenant de police actuel, est fort intrigué pour connoître l'auteur d'une préface qui s'est trouvée insérée dans un exemplaire du *Portier des Chartreux*, saisi à la chambre syndicale. Ce magistrat y est traité de la façon la plus infame ; on l'y accuse de putanisme, de maquerelage, de friponnerie, d'être le fléau des auteurs & le tyran des libraires ; toutes ces injures sont si grossieres qu'elles tombent d'elles-mêmes, & qu'elles ne devroient point affliger M. de Sartines.

24 *Novembre* 1772. Le combat des coqs n'a point réussi hier au colysée : quand le monde, en petit nombre, a été rassemblé, on en a tiré un de son sac qui a déployé une grande fierté. Son rival ne s'est pas animé à cette vue, comme il auroit dû, on n'a pu le maintenir sur la table & il est allé chercher un asyle sous les jupes des dames ; on en a présenté un second qui n'a pas été plus courageux, en sorte que le public indigné, a crié que c'étoit se moquer de lui : il a réclamé son argent. On a répondu qu'il étoit porté chez M. le lieutenant-général de police, qu'on alloit rendre les billets ; sur quoi on a riposté qu'on ne vouloit ni l'un ni les autres, puisque l'argent étoit en sûreté, qu'on exigeoit qu'il fût

donné aux pauvres. On espere que les entrepreneurs, fatigués de tant d'avanies & n'étant encouragés par aucun lucre, fermeront enfin ce pitoyable spectacle.

25 *Novembre* 1772. Il paroît une petite feuille sans titre, qui est une espece de lettre distribuée à propos pour prévenir les liquidations dont le terme fatal approche, & prémunir les magistrats contre les fausses tournures qu'on leur indiqueroit. Il y est question sur-tout d'un plan général, d'un concert unanime proposé par quelques membres ennuyés de leur exil, ou par quelques traîtres vendus au chancelier pour se prêter à la liquidation des charges, & envoyer une procuration uniforme pour la remise des titres à cet effet. On prouve l'inconséquence d'une pareille conduite & le danger qu'il y auroit à la tenir, en supposant même qu'elle procure la levée des lettres de cachet, parce que la distinction du titre d'avec le prix de l'office, quoique vraie en elle-même, ne peut l'être dans le cas d'une liquidation faite au sens du chancelier qui ne veut pas l'admettre.

Cet écrit est court, sensé, & doit faire effet sur les gens raisonnables & principalement sur les vrais patriotes.

26 *Novembre* 1772. Dans la gazette de France du 16 novembre, le sieur *Marin* dit.... « Nous
» avons cru devoir donner le tableau de la po-
» pulation du royaume, & déterminer l'âge de
» tous les habitants. Nous avons puisé ces no-
» tions dans l'ouvrage le mieux fait en ce genre,
» parce que l'auteur (le sieur abbé d'Expilly) a
» été aidé dans ses recherches par les commissaires
» départis dans les différentes généralités. Il ré-

» sulte des éclaircissements que nous avons pris,
» qu'il y a actuellement en France,

Au dessous de 20 ans, en hommes & garçons.	4. 747. 516.
En femmes & filles.	4. 796. 735.
Entre 20 & 50, en hommes & garçons	4. 243. 516.
En femmes & filles.	4. 648. 050.
Entre 50 & 65, en hommes & garçons.	1. 970. 306.
En femmes & filles.	1. 318. 344.
Entre 65 & 80, en hommes & garçons	413. 240.
En femmes & filles.	588. 585.
Au dessus de 80 ans, en hommes & garçons.	61. 053.
En femmes & filles.	100. 012.
	22. 887. 357.

Et M. Marin compte,

Total des hommes.	10. 562. 631.
Idem, des femmes.	11. 451. 726.
Ce qui fait, dit-il.	22. 014. 357.
Suivant les dix sommes énoncées, il se trompe de.	873. 000.
	22. 887. 357.

Et cette grosse erreur tombe sur la somme des hommes, dont il oublie 873,000 seulement, ce qui est un infiniment petit.

Ce calcul extrêmement exagéré relativement à ceux du maréchal de *Vauban* dans son dénombrement, & de M. le marquis de *Mirabeau* dans sa théorie de l'impôt, calcul qu'il faut réduire de six millions environ pour le mettre à sa juste valeur, n'a été fait au gré des politiques rafinés, que pour préparer à une surcharge d'impôts : plus le fardeau se subdivise, & moins il est lourd.

Arpentage de la France, suivant la même gazette.

La France contenant 30,000 lieues carrées, de 25 au degré, la population est à raison de 734 personnes par lieue carrée.

D'un autre côté, la France renfermant environ 140,664,750 arpents, cette étendue de terrein se trouve partagée à raison de 29 arpents à peu près pour chaque famille.

En retranchant de la somme totale d'après les évaluations faites 122,600,050 arpents, pour les chemins, les rochers, les montagnes, les communaux, les terres vaines & vagues, les fossés, les haies, les rivieres, les ruisseaux, les maisons, les édifices, en y comprenant les parcs, les jardins, les marais, les étangs, il restera pour les bois, les vignes, les prés & terres labourables 18,864,700 arpents.

Ce ne sont pas les sept huitiemes d'un arpent pour chaque personne, puisqu'on prétend qu'il y a 22,014,357 hommes & femmes ; pour donner les trois quarts & demi d'un arpent à chaque individu, il manqueroit, 751,794 cinq huitiemes d'arpent de terre, en la supposant toute labourable.

C'est d'après ces calculs faux & exagérés qu'on a adressé au sieur Marin l'épigramme suivante.

D'une gazette ridicule,
Rédacteur faux, sot & crédule,

Qui, bravant le fens & le goût,
Nous raconte fans nul fcrupule,
Des contes à dormir debout ;
A ton dénombrement immenfe,
Pour qu'on pût ajouter foi,
Il faudroit qu'à ta reffemblance
Chaque individu fût en France
Soudain auffi double que toi.

On fait que le fieur Marin eft auteur de plufieurs écrits répandus par M. le chancelier.

27 *Novembre* 1772. Mlle. *Luffi*, de la comédie
françoife, eft fort mal d'une maladie de femme,
qui ne pardonne guere, fur-tout quand elle eft
caufée & fomentée par le libertinage.

27 *Novembre* 1772. M. *Saurin* vient de remettre en un acte fon *Orpheline léguée*, qu'il a
déguifée fous le titre de l'*Anglomane*. Cette piece,
jouée ici le lundi 23 pour la premiere fois, n'y a
pas eu le même fuccès qu'à Fontainebleau où elle
a reparu d'abord. On peut juger du vice radical
de ce caractere par le perfonnage d'un *Anglomane*
qui n'entend pas un mot d'Anglois, ce qui donne
lieu à toute l'intrigue de la piece.

29 *Novembre* 1772. La faculté de médecine eft
fort agitée aujourd'hui à l'occafion du fieur le
Thieullier, fon doyen, dont elle eft très-mécon-
tente, quoique par fes intrigues, il ait trouvé le
fecret de fe faire continuer. L'injuftice criante
qu'il a fait commettre aux principaux membres
de la faculté, en faifant exclure de la licence le
fieur *Sigaud* par des calomnies dont on a reconnu
la fauffeté, ont fait ouvrir les yeux aux plus honnêtes

nêtes gens du corps : ou a reconnu que sa vengeance contre le sieur Sigaud n'étoit d'ailleurs fondée que sur un motif de vanité basse & puérile, & l'on travaille à l'exclure, s'il est possible, d'une dignité qu'il déshonore.

1 *Décembre* 1772. On vient de répandre dans le public un nouvel écrit intitulé : *Les Filets de monseigneur de Maupeou*, avec cette épigraphe : *Frustrà jacitur rete ante oculos pennatorum*. Proverbes 1, 17. On parlera plus amplement de cette brochure.

1 *Décembre* 1772. Les entrepreneurs du colysée se sont piqués d'honneur vis-à-vis le public qui avoit été si indignement attrapé lundi 23 novembre : ils ont rendu les billets à ceux qui en ont voulu, & ont annoncé que la joûte recommenceroit le samedi 28, qu'on avoit pris des précautions pour qu'elle pût s'exécuter avec plus de succès, qu'on avoit établi une cage de 24 pieds de diametre, dans laquelle les combattants seroient enfermés ; que les billets pour la séance du 23 auroient lieu ce jour-là 28 : malgré ces promesses, il ne s'est pas trouvé plus de cent spectateurs. Les deux rivaux, ainsi forcés de combattre, se sont effectivement acharnés l'un sur l'autre, & tous deux sont restés morts au champ de bataille.

3 *Décembre* 1772. *Les Filets de M. de Maupeou* sont une brochure médiocre, qui ne remplit pas à beaucoup près son titre piquant : son objet est de rassurer les exilés que la confiscation prochaine pourroit arrêter ; mais les raisonnements de l'auteur, bons en eux-mêmes, ne sont pas neufs, & sont même atténués par la façon dont il les présente. Nulle énergie dans le style, nulle éloquence,

nulle chaleur ; l'écrivain est tout à-fait resté au dessous de son sujet.

3 Décembre 1772. L'aventure arrivée à la comédie françoise lundi dernier, fait un bruit du diable : on plaint le pauvre auteur, qui en veut sur tout au sieur Préville, & l'a nommé spécialement dans sa diatribe contre les comédiens.

4 Décembre 1772. On connoît actuellement les entrepreneurs utiles du *Journal politique*, commencé au mois d'octobre dernier, sous les auspices du ministre des affaires étrangeres. Ce sont les sieurs *Dusson*, médecin du duc d'Aiguillon, & *Rousseau*, ex-oratorien, instituteur du comte d'Agenois : c'est le sieur *Marin* qui tient la plume moyennant mille écus de pension sur cet objet.

6 Décembre 1772. Les directeurs de l'académie royale de musique ont été agréablement trompé vendredi en voyant une affluence de monde plus prodigieuse encore que le mardi. Il paroît que le spectacle nouveau du cérémonial de la chevalerie est ce qui a piqué la curiosité. Il a été mieux exécuté ce jour-là. Ce sont deux acteurs qui ont combattu & qui s'en sont très-bien acquittés. Le premier jour c'étoient deux soldats aux gardes maîtres en fait d'armes, mais qui, sans doute intimidés par le public, avoient eu l'air tout à-fait gauche. Pour rendre la scene plus amusante, il est question d'essayer des chevaux : on doute qu'on puisse réussir à les faire manœuvrer avec la précision & la sûreté qu'exigeroit cette innovation.

7 Décembre 1772. Le N°. 10 des *Suppléments* à la gazette de France vient de paroître.

8 Décembre 1772. La *nouveauté* de MM. *Loujon* & *Martini* n'a pas eu lieu aux Italiens par des circonstances particulieres ; mais les mêmes au-

teurs y ont substitué un autre ouvrage de leur composition, c'est *le Fermier cru sourd* ou *les Méfiances*, piece en trois actes & en prose, mêlée d'ariettes. Depuis long-temps on n'avoit vu une chûte aussi complete; cet opéra comique a été tellement hué depuis le commencement jusqu'à la fin que personne n'a pu l'entendre, & personne n'a regretté de ne pas entendre, tant cela a paru plat. La musique moins mauvaise n'avoit rien de saillant pour compenser le dégoût général : il falloit qu'il fût bien grand pour s'être manifesté aussi indécemment, malgré la présence de madame la duchesse de Bourbon qui honoroit ce spectacle, & à laquelle un des auteurs appartient.

9 *Décembre* 1772. Il paroît un *manifeste aux Bretons*, avec cette épigraphe : *Si tacuerint homines, lapides clamabunt*. Il est écrit avec une éloquence vigoureuse; c'est une philippique digne de *Démosthene*. Elle prouve de quelle énergie est capable un cœur ulcéré, qui sent ses maux, un citoyen attaqué dans ses propres foyers, & qui voit ses bourreaux insulter encore à ses souffrances par une dérision insolente, par un persiflage atroce. Au reste, cette éloquence est soutenue de la logique la plus pressante, & le public indigné ne peut s'empêcher de vouer à l'exécration la plus entiere les ministres prévaricateurs, auteurs de tant d'infractions aux droits les plus légitimes, les plus sacrés, les plus reconnus. *Le tableau des monuments qui constatent l'origine du parlement de Bretagne, & qui démontrent l'impossibilité de sa suppression*, avec cette autre épigraphe : *Tolle & lege*, est une suite naturelle du premier ouvrage. On a renvoyé dans celui-ci le développement des preuves employées dans l'autre, & les citations

des textes fur lefquels on s'appuie. C'eſt une hiſtoire en accourci des faits les plus eſſentiels, propres à conſtater la néceſſité & la juſtice des réclamations d'un peuple opprimé.

10 *Décembre* 1772. Il paroît un arrêt du conſeil d'état du roi, du 28 novembre, qui ſupprime un imprimé qui a pour titre : *Lettres Provinciales*, comme contenant des aſſertions haſardées, & des notions peu exactes ſur l'hiſtoire de la monarchie. Cette ſuppreſſion a d'autant plus ſurpris, que ce livre eſt une production ſortie des preſſes que font gémir les écrivains du parti de M. le chancelier, & que le ſieur *Bouquet* tout dévoué à lui, en eſt l'auteur.

11 *Décembre* 1772. *L'accompliſſement des prophéties, pour ſervir de ſuite à l'ouvrage intitulé*, *Le point de vue*. Ecrit intéreſſant pour la maiſon de Bourbon. Cet ouvrage ne paroît pas moins bien fait que le précédent, & mérite qu'on y revienne.

12 *Décembre* 1772. L'arrêt du conſeil qui proſcrit les *Lettres provinciales*, leur donne une vogue extraordinaire, & les fait ſortir de l'obſcurité où elles ſeroient probablement reſtées à jamais. C'eſt un gros *in-*8, qui a pour titre : *Lettres Provinciales, ou Examen impartial de l'origine, de la conſtitution, & des révolutions de la monarchie françoiſe, par un avocat de province à un avocat de Paris* ; & cet avocat eſt en effet le ſieur *Bouquet*, avocat & bibliothécaire de la ville. On ne peut nier que ſon ouvrage ne ſoit très-ſavant, plein de recherches, & diſtribué dans un ordre clair, précis & méthodique. Il eſt d'autant plus étonnant, qu'un tel traité ait été proſcrit ; que l'écrivain en général eſt très-royaliſte, & met la puiſ-

sance du roi à son plus haut période : aussi continue-t-on à regarder la condamnation de ce livre, comme une niche faite au chancelier. Voici les propositions dont on s'est servi pour prétexte à sa proscription, pages 193 & suivantes.

Association au trône.

L'élévation sur le trône de *l'un des fils du roi*, étoit alors, comme sous la premiere & seconde race, une cause de l'assemblée générale, &c.

Une lettre d'*Odofric*, évêque d'Orléans, sur la maniere de terminer le différend qui s'élevera entre les hauts-seigneurs au sujet du choix de celui des deux fils du roi qui seroit associé au trône, nous apprend qu'il ne devoit point y avoir d'association au trône, & que si le roi insistoit trop à ce sujet, *il falloit donner sa voix à celui qu'il croyoit le plus en état de régner...*

En cas d'association, le choix du roi & des grands devoit concerner l'aîné. *Il n'y avoit que les défauts de qualités nécessaires pour régner, qui dût l'exclure du trône.* Les avis ne furent pour lors partagés que par les intrigues de la reine *Constance*, qui vouloit, au préjudice du droit d'aînesse & de l'usage, faire élever le fils puîné au trône par préférence au fils aîné....

Au surplus, M. le chancelier a pris son écrivain sous sa protection, & l'a fait pleinement revenir des craintes qu'il avoit d'être mis à la Bastille.

A la suite de ces lettres est un tableau historique, généalogique & chronologique des trois cours souveraines de France : *Cour Législative*, *Cour de la Pairie*, *Cour Palatine*.

Le sieur Bouquet prétend démontrer par ce tableau une distinction marquée & soutenue entre ces trois cours sous la premiere race.

La *Cour Législative*, le dépôt des loix, est sous le chancelier de France.

La *Cour de la Pairie*, présidée par le roi, où a toujours été jugé le premier ordre de l'état, étoit composée des pairs de France & des grands officiers de la couronne.

La *Cour Palatine* étoit ordinairement présidée par un comte, appellé *comte Palatin*, ou du palais, dans laquelle étoit jugé le second ordre de l'état, consistant dans les personnes libres.

Ce morceau est appuyé d'un recueil de pieces justificatives, traduites & commentées, qui font bien de cet ouvrage le traité le plus mortellement ennuyeux possible.

13 *Décembre* 1772. L'*Accomplissement des prophéties*, &c. est une suite du *Point de vue*, &c. L'auteur, qui certainement est un janséniste très-fougueux, continue à voir des jésuites par-tout, il attaque sur-tout le *Vœu de la nation*, cette brochure devenue si célebre par ses critiques : il trouve dans cet ouvrage de nouvelles preuves de son système. C'est un jésuite qui a fait la prédiction de l'élévation de M. de Maupeou au ministere; c'est la société qui l'a effectuée; c'est elle qui l'exalte comme un dieu tutélaire: c'est donc elle qu'il faut reconnoître dans tout ce qui se passe aujourd'hui, & ce n'est qu'en la détruisant jusques dans ses moindres racines qu'on peut parvenir à opérer le grand œuvre de la pacification de la France.

14 *Décembre* 1772. Le N°. X est beaucoup plus mauvais que les précédents : dans la petite quantité de faits qu'il contient, il y a beaucoup de faussetés & d'erreurs palpables, ce qui décele l'écrivain pour un homme obscur, qui n'apprend les choses que d'une maniere indirecte & altérée.

15 *Décembre* 1772. On vient d'imprimer une petite feuille intitulée : *Récit exact de ce qui s'est passé au sujet du retour de M. le prince de Condé à la cour.* Suivant cet écrit la réunion du prince de Condé se seroit faite de concert avec les autres princes du sang, ou du moins leur bonne intelligence n'en auroit point été altérée ; mais comme il est absolument contraire à celui énoncé dans la gazette de France, on est obligé de s'en tenir au dernier, tant que le prince de Condé n'aura pas réclamé contre par une déclaration expresse que son intention n'a jamais été d'adhérer aux opérations du chancelier, de reconnoître son tribunal, & qu'il ne le reconnoîtra jamais.

Au surplus, ce récit est fait sans noblesse & en très-mauvais style ; il est accompagné de plates turlupinades, qui ne serviront pas à l'accréditer auprès des gens impartiaux & judicieux : on voit qu'on cherche à y replâtrer la défection du prince de Condé, pour corroborer les exilés qu'elle pourroit déterminer à la liquidation.

18 *Décembre* 1772. *Lettre ou perspective sur le retour des princes à la cour, décembre* 1772. Ce petit écrit ne fait que répéter ce qui est dit dans le *récit*, &c. dont on a parlé ; mais il est mieux écrit, quoique encore peu digne de la cause qu'il défend. On sent que c'est un nouvel effort de quelque patriote zélé pour contenir les magistrats exilés, & les exhorter à la persévérance. On y

voudroit colorer d'un prétexte de bien public la honteufe défection des princes de Condé & duc de Bourbon ; mais leur défenfeur n'a ni affez d'adreffe, ni affez d'éloquence pour perfuader : il avance pourtant un fait qui, bien conftaté, feroit plus fort que fes pitoyables raifonnemens. Il affure que le prince de Condé a fait écrire tout récemment dans fes domaines, que fa rentrée à la cour ne devoit point faire penfer *qu'il voulût que fes affaires contentieufes fuffent portées dans les confeils fupérieurs, ou dans le nouveau parlement, & qu'il en renouvelloit la défenfe.*

19 *Décembre* 1772. Quoiqu'on dife beaucoup de mal du nouvel opéra, la foule s'y foutient & tout le monde veut voir le fpectacle qui eft de mieux en mieux exécuté.

20 *Décembre* 1772. Les *Lettres provinciales* font devenues extrêmement recherchées depuis leur fuppreffion par l'arrêt du confeil dont on a rendu compte. Tous les exemplaires reftant chez le libraire ont été portés à la Baftille & enfermés dans des fouterrains, ce qui ajoute encore à la rareté de l'ouvrage, & lui donne un autre véhicule en le rendant extrêmement cher.

25 *Décembre* 1772. Les directeurs de l'académie royale de mufique fe difpofent à remettre *la reine de Golconde* les jeudis : il n'y a pas à efpérer que cette nouveauté très-ufée ait beaucoup de fuccès.

19 *Janvier* 1713. Un ami de M. de la Condamine lui avoit écrit de Lyon qu'il envoyoit deux Bartavelles (deux perdrix de Dauphiné, les meilleures de France); cependant il ne les a pas reçues ; elles ont été interceptées par quiproquo, ou confifquées exprès, & mangées à la table de M. le contrôleur-général. Ce vieillard très-gour-

mand, ranimant sa verve octogénaire, a exhalé sa fureur dans les diverses épigrammes suivantes sous différentes formes.

LES BARTAVELLES.

Conte qui n'est que trop vrai.

Un ami m'écrivoit, mardi tu peux attendre
      Deux Bartavelles à coup sûr ;
C'est un mets délicat. Terraï vient me le prendre :
      Je ne sais s'il l'a trouvé tendre,
      Mais pour moi cela m'est bien dûr.

QUESTION DE DROIT.

Monsieur le contrôleur écorne ma tontine,
Ma pension, ma rente ; il fait bien son métier ;
      Mais pour me prendre mon gibier,
      A-t-il des droits sur ma cuisine !

SOUHAIT PIEUX.

Vous avez donc raflé mon gibier de Lyon !
Je suis un bon chrétien, Monsieur ; puisse-t-il être
      De moins dure digestion,
Que tous vos beaux arrêts que chaque jour voit naître.

ACTE DE CONTRITION.

Il faut se convertir & vivre en bon chrétien :
Pratiquons les conseils du plus sacré des livres ;
A qui me fait du mal, je veux faire du bien,
En nourrissant celui qui me coupe les vivres.

REMORDS.

De ces mauvais quatrains si vous avez nouvelle,
Monsieur l'Abbé, croyez que je suis mal vengé,
Et que mes bons propos ne m'ont pas soulagé :
J'ai toujours sur le cœur ma double-Bartavelle,
   Morceau friand que vous avez mangé.

LA REPRÉSAILLE.

Vous riez donc, me disoit tout à l'heure
 Un austere & grave censeur,
 De monseigneur le contrôleur !
 Eh bien ! voulez-vous que je pleure !
 Pour moi, Monsieur, je vous soutiens
Qu'il en rira lui-même, & me laissera dire :
C'est lui qui tient la poële & s'amuse à nous frire ;
 Il fait main-basse sur nos biens :
Je crois qu'à ses dépens il m'est permis de rire,
 Tandis qu'il se régale aux miens.

LES SEPT PÉCHÉS MORTELS DÉTRUITS.

A Terrai nous devons élever des autels
Pour les dons que sur nous sa bonté multiplie ;
Il veut nous affranchir des sept péchés mortels :]
Il dompte notre *orgueil* quand il nous humilie ;
Il appauvrit le riche, à qui l'on porte *envie* ;
Il guérit *l'avarice* avec *la pauvreté* ;
En nous faisant *jeûner* il éteint la *luxure* ;
La *colere* se calme en buvant de l'eau pure ;
Et le besoin pressant chasse l'*oisiveté* :

Ainsi l'art de Terrai corrige la nature.
Reste *la gourmandise*, & c'est, en vérité,
Des vices à peu près le seul qui m'est resté ;
Mais en mettant le comble à ses faveurs nouvelles,
Terrai pour me forcer à la frugalité,
S'empare en vrai houssard de mes deux Bartavelles.

SONGE DE M. LE CONTROLEUR-GÉNÉRAL.

Monsieur l'abbé Terrai raille, grapille & rogne ;
    Mais il a bien un autre tic :
Il a rêvé qu'il étoit Fréderic,
    Et mes deux perdrix la Pologne.

19 Janvier 1773. Les divers plans de M. Liégeon concernant la nouvelle salle de comédie françoise, ainsi que les projets de finance pour l'exécution, ont dû être portés au conseil avant-hier & jugés définitivement.

21 Janvier 1773. Les comédiens françois se trouvent si bien du concours effroyable de monde que leur attire la nouvelle actrice, qu'ils ont suspendu les répétitions des *Loix de Minos*, tragédie de M. de Voltaire, qui devoit avoir lieu après les rois, & l'ont renvoyée après pâques. Outre ce début-ci, la jeune Sainval va reparoître, & ne peut qu'exciter de plus en plus la curiosité du public. D'ailleurs, après qu'elle aura joué quelque temps, & que Mlle. de Raucoux se sera reposée, on fournira un nouvel encouragement aux amateurs, en les faisant paroître l'une vis-à-vis de l'autre, dans les pieces où il se trouvera deux rôles en état de leur fournir occasion de se développer, & de faire voloir leur émulation.

K 6

22 *Janvier* 1773. Les directeurs de l'académie royale de musique répetent actuellement l'opéra de *Castor & Pollux*. On voit avec peine qu'ils prodiguent aussi souvent un pareil chef-d'œuvre, dont aucun autre ouvrage du même genre ne pourra plus soutenir la comparaison.

25 *Janvier* 1773. L'approbation du docteur *Riballier* qui fait crier contre lui, est conçue en ces termes :

« J'ai lu par ordre de monseigneur le chancelier
» un livre qui a pour titre: *Réflexions sur le système*
» *de la nature* ; quoique plusieurs plumes savantes
» se soient déja appliquées avec succès à montrer
» la fausseté & l'extravagance de ce monstrueux
» système, je crois cependant que l'on lira avec
» plaisir cette nouvelle réfutation, qui me paroît
» devoir tenir un des premiers rangs parmi nos
» bons ouvrages. Le style en est vif & serré, les
» raisonnemens clairs & frappans, & les répon-
» ses aux objections, solides & lumineuses. L'au-
» teur paroît sur-tout versé dans la connoissance
» de la physique & des mathématiques, & en
» cela, comme en bien d'autres points, fort su-
» périeur à son adversaire, qui n'a emprunté le
» langage de ces sciences que pour en imposer aux
» ignorants : j'espere que la lecture de cet ouvrage
» achevera de dissiper entiérement l'illusion qu'a
» pu occasioner une malheureuse production
» que notre siecle doit rougir d'avoir enfantée. »
A Paris, le 9 novembre 1772.

Les gens sages croient qu'on auroit mieux fait de ne pas proscrire avec éclat un livre que cette proscription même va rendre précieux.

26 *Janvier* 1773. M. le contrôleur-général ayant lu les vers de M. de la Condamine, lui a envoyé

pour le dédommager de ses Bartavelles, une dinde aux trufes; ce qui a excité de nouveau la verve de l'auteur, & il a adressé le remerciement suivant à l'abbé Terrai.

Au lieu de deux perdrix aux jambes d'écarlate,
   Qu'on m'envoyoit vuides du Vivarais,
Je reçois un dindon rebondi, gras & frais,
Et de trufes garni jusques à l'omoplate,
   Très-propre à calmer mes regrets.
Monsieur le contrôleur a fait de grandes choses,
   Il en fera sans doute encore; mais
   De toutes les métamorphoses
   Qu'il opere par ses arrêts,
   Dont il redouble un peu les doses,
Si cet effet n'est pas le plus prodigieux,
   Ni le plus sujet à des gloses,
   C'est celui que j'aime le mieux.

MADRIGAL SUR LE MÊME SUJET.

   J'ai gémi peut-être un peu fort
   De mes deux perdrix égarées;
   Mes pertes sont bien réparées
   Par un dindon de Périgord.
   Vous avez fait une lacune
   A mon petit garde-manger;
   Mon mal étoit assez léger;
   Mais si d'une plainte importune
   Vous daignez ainsi vous venger
   Ayez toujours de la rancune.

On peut juger par ces vers que le sujet prête plus aisément aux injures qu'aux louanges vraies & délicates ; c'est ce que disent les amis de M. de la Condamine pour l'excuser.

29 *Janvier* 1773. L'arrêt du conseil qui supprime l'ouvrage de M. Holland, porte que sa majesté a reconnu que ce livre, introduit d'abord de l'étranger en France, & pour lequel il a été accordé un privilege le 17 novembre 1772, malgré la solidité avec laquelle l'auteur a entrepris de réfuter un ouvrage impie, contient néanmoins des écarts contraires aux véritables principes de la religion & du gouvernement; en conséquence, de l'avis de M. le chancelier, &c.

L'abbé Riballier ne peut apporter pour excuse qu'une très-grande faute, c'est d'avoir approuvé l'ouvrage sans l'avoir lu, contradiction avec les termes louangeurs dont il est énoncé.

31 *Janvier* 1773. Mercredi dernier on a donné le concert institué depuis quelques années au profit des écoles gratuites de dessin. La ferveur des grands-maîtres à cet égard ayant diminué, il n'est plus aussi brillant qu'il étoit, & celle des amateurs se ralentit aussi ; en sorte qu'il est à craindre qu'il ne tombe bientôt.

2 *Février* 1773. On a fait de nouveaux noëls sur le retour des princes à la cour. Ils ne sont pas meilleurs que les premiers ; mais ils paroissent avoir pour objet politique d'entretenir la division entre les deux branches, à l'occasion des deux manieres dont la réconciliation s'est faite. Bien des gens présument qu'ils émanent de chez le chancelier, & que c'est un de ses petits moyens qu'il fait

employer avec adreſſe pour parvenir à ſes fins.
Quoi qu'il en ſoit, on en va juger.

NOEL. Air: *Qu'eſt-il le petit nouveau-né.*

Pourquoi faire les méchants,
Princes tout débonnaires!
Vous n'êtes que des enfants
Dont on tient les liſieres :
Allons-çà, meſſeigneurs d'Orléans,
Redites vos affaires.

Vous irez au parlement,
Soit dit, ſans vous déplaire,
Vous irez tout bonnement
Comme vous devez faire,
En ſujet ſoumis, obéiſſant;
N'en faites plus myſtere.

Pourquoi rougir à préſent
D'avoir vu la comteſſe!
Un juſte remerciement
Se fait avec nobleſſe ;
Iriez-vous donc croire en ce moment,
Que c'eſt une baſſeſſe!

Vous avez fort noblement
Combiné la démarche,
En refuſant conſtamment
Le prince de la Marche:
D'Aiguillon vous a bien finement
Fourni cette autre marche,

La Marche a le cœur loyal,
Condé fut le connoître,
Et fervi par fon égal,
Il va droit à fon maître ;
Ce moyen paroît en général
Le plus digne peut-être.

Mais au fond l'honneur n'eft rien ;
Il n'en faut tenir compte :
Eh ! que vous fait le moyen,
Si vous n'en avez la honte !
Allez, d'Aiguillon vous dira bien
Comment on la furmonte.

6 Février 1773. L'ouverture de la foire Saint-Germain s'eft faite le lendemain de la purification avec les cérémonies ordinaires ; mais le fieur *Audinot* a ouvert fon théatre d'une façon très-piquante pour le public & très-flatteufe pour celui qui en a été l'objet. M. le lieutenant-général de police ayant été invité par cet hiftrion de venir voir fon théatre, a eu la bonté de s'y rendre : tout étoit difpofé de façon à pouvoir exécuter fur le champ ce que l'auteur avoit projeté ; la chambrée étoit complete. On a mis M. de Sartines à la place d'honneur qui lui étoit réfervée près de la fcene ; on a commencé une pantomime variée & relative aux divers amufements de la foire, d'où il a réfulté un tableau naif & pittorefque. Enfin, eft paru un des acteurs une lanterne à la main : on lui a demandé ce qu'il cherchoit ? Il a répondu comme Diogene, un fage ; on s'eft mocqué de lui, on lui a dit que ce n'étoit pas sur-tout à la foire qu'il falloit songer à le déterrer ; après différents quolibets relatifs aux circonstances, à la perversité du siecle, & à la dépravation des mœurs, il s'est approché du magistrat ; il a éteint sa bougie, & a désigné par-là la découverte qu'il venoit de faire. Des applaudissements longs & universels ont très-bien prouvé la vérité de cette pantomime ; la modestie de M. de Sartines a encore relevé son triomphe qui s'est étendu dans toute la foire, & a fait l'anecdote du jour.

8 *Février* 1773. Quoique le projet du sieur Liégeon pour la construction de la nouvelle salle de comédie françoise ait passé, que S. M. même ait déclaré qu'elle vouloit qu'il en eût la direction, le prince de Condé se remue fortement pour faire changer cette destination, & faire revivre le projet de construire le nouvel édifice dans son hôtel. On espere pourtant que cela sera décidé sans retour cette semaine, où le roi doit signer & arrêter les plans.

14 *Février* 1773. La jeune *Sainval* perd de jour en jour auprès des amateurs ; elle a presque été huée avant-hier dans le rôle d'*Ariane*, un des plus vigoureux qu'il y ait au théatre. Elle en a pleuré de dépit & vouloit ne point finir. Elle est un triste exemple de l'inconstance du public.

14 *Février* 1773. M. le chancelier ne va jamais qu'à 6 chevaux : on rapporte un distique que des méchants lui appliquent, & dont la composition est sans doute très-condamnable, suivant le sens qu'on y donne dans le monde ; le voici :

Sex trahitur Maupæus equis, quot murmura vulgi ;
 Nulla forent quatuor si traheretur equis.

17 *Février* 1773. La comédie intitulée, *l'Affem-blée*, n'eſt autre choſe qu'une image naïve de l'aſſemblée des comédiens lors qu'ils admettent un poëte à la lecture : l'inſolence des comédiens auroit pu fournir matiere à des tableaux très-piquants ; mais l'auteur, au contraire, a paru avoir eu envie de leur faire ſa cour juſqu'au point de ſe dégrader lui-même pour relever davantage l'aréopage comique. Il s'eſt préſenté ſous un ridicule bas qui a fait rire, mais révoltant pour l'homme de lettres. Il annonce ſon projet aux hiſtrions qui en ſont émerveillés, mais fort embarraſſés ſur la tournure à prendre. Après divers détails à ce ſujet, le fond du théatre s'ouvre ; tout-à-coup on voit la ſtatue de Moliere. Et Thalie & Appollon travaillent de concert à ſon apothéoſe : mademoiſelle Raucoux, habillée en grande-prêtreſſe, vient débiter une ode en l'honneur de ce grand poëte, après une marche majeſtueuſe : le tout eſt terminé par un ballet : ſi ce dernier eût été plus agréable, accompagné d'une meilleure muſique, & pas ſi long, la piece eût eu plus de ſuccès ; elle avoit juſques-là été aſſez applaudie. Elle n'eſt point mal écrite, il y a des ſaillies ; & le ſieur Dugazon a ſur-tout ſupérieurement joué le rôle du poëte.

On a trouvé que Mlle. Raucoux avoit débité avec trop d'emphaſe, l'ode, qui par elle-même eſt très médiocre.

18 *Février* 1773. Le ſieur le Roi de la Faudiniere continue à montrer aux amateurs le tableau de Raphaël, dont il ne s'eſt pas encore trouvé d'acquéreurs, quoique perſonne n'en conteſte la vérité : c'eſt George Mantuan qui en 1563 en a fait la gravure. On y lit : *R. Vrb. inv. Philippus Datius animi gratiâ fieri juſſit*. On prétend que

ce Philippus Datius, qui a commandé le tableau à Raphaël, étoit un philosophe hermétique, c'est-à-dire, de la sorte de chymistes qui travailloient au-grand-œuvre, & que le tableau allégorique est relatif à tout ce qui concerne cette secte mystérieuse.

18 *Février* 1773. Dans la comédie de *la Centenaire*, *Momus & Thalie* sont envoyés sur la terre pour voir ce qu'on y pense de Moliere. Le projet de Jupiter est de l'immortaliser après le siecle révolu de sa mort; l'une est déguisée en veuve & l'autre en charlatan: il en résulte une grande quantité de scenes à tiroir, dans lesquelles le poëte passe en revue les princpaux personnages des pieces de Moliere. Elle se termine comme la précédente par l'apothéose de ce grand homme, enrichie de chants & de danses. Il y a plus d'art dans celle-ci, où l'on a enchâssé beaucoup de morale & sur-tout quantité de citations du poëte comique, heureusement amenées. Le style n'est pas bien soutenu; il y a par fois du bas & du trivial: le divertissement est gai, & les couplets ont été fort applaudis.

Le sieur Préville avoit perdu sa mere le matin même; mais sachant que son devoir envers le public ne le dispensoit pas de paroître & de remplir son rôle, il a joué malgré la circonstance douloureuse où il se trouvoit.

19 *Février* 1773. On doit donner incessamment aux Italiens *le Magnifique*, comédie du sieur Sedaine, musique du sieur Gretry.

20 *Février* 1773. Il paroît un recueil de différentes pieces, soit en vers, soit en prose, contre les opérations du jour, où il y en a de très-condamnables par leur ton séditieux & insultant

envers les personnages les plus graves. Elles consistent en une *Annonce aux Parisiens* ; *les huit Péchés capitaux* ; *l'Arrêt du divan françois*, le roi y étant. Une *Epigramme contre le nouvel Enguerrand* ; une *Epigramme d'un Gascon* ; un *Dialogue de poissardes sur la mort inopinée du chancelier* ; une *Epître à Freron contre Voltaire*, au sujet de la lettre de ce dernier en faveur des opérations du chancelier ; *Charade sur le mot de Maupeou* : *le duc de Richelieu à un mauvais plaisant qui l'avoit appellé cul pourri*, &c. Les autres sont très-connues, celles-ci, quoiqu'aussi anciennes, l'étoient moins. On jugera de la méchanceté de ces satires sanglantes par l'épigamme sur le nouvel *Enguerrand*.

Comme autrefois le fameux Enguerrand,
 Tout le premier se vit conduire
Au gibet qu'avec zele il avoit fait construire,
Où traîtres & voleurs sont mis au même rang :
 Par une oraison très-dévote,
Prions le ciel que notre chancelier,
 Aux dépens de sa tête, éprouve le premier
 Tout ce que peut un roi qu'il érige en despote.

21 *Février* 1773. M. de Voltaire ayant su combien sa piece *des Loix de Minos* perdoit à la lecture, jette les hauts cris contre le libraire qui l'a imprimée ; il prétend que c'est le larcin de quelque canaille de la littérature ; il a écrit, suivant son usage, au lieutenant-général de police pour se plaindre de cet attentat. En effet, on commence à croire que cette tragédie ne sera pas jouée.

M. de Voltaire, pour donner plus de véhicule

à son ouvrage, avoit imaginé d'engager mademoiselle Raucoux à y prendre un rôle; mais celle-ci s'en est défendue; ce qui a allumé la bile du philosophe de Ferney, qui a écrit à cette occasion une lettre à M. le maréchal duc de Richelieu, où il injurie cette jeune actrice, & la représente comme une hypocrite dont la vertu a reçu plus d'un échec. Ces calomnies du vieux philosophe de Ferney ont sensiblement affligé la débutante.

23 *Février* 1773. On fait courir une épigramme sur le duc de Richelieu, qu'on dit être sa réponse au mauvais railleur qui l'avoit appellé *cul pourri*: on sait que ce seigneur a le sang très-impur, a été couvert de dartres, qu'il a long-temps été *bardé de ruelles de veau*, ce qui faisoit dire plaisamment au duc de Fronsac, son fils, que son pere étoit un *bouquin relié en veau*, & enfin qu'il ne subsiste qu'à force de bains & de purifiants. On suppose donc qu'il répond ainsi.

 Appeller cul pourri le cul de Richelieu,
 Le cul qui fut jadis honoré comme un dieu (1),
 Le cul, le plus beau cul qui fut en aucun lieu!
   As-tu flairé, gredin, mon haut de chausse!
 Eh bien! pour te punir, tu périras, morbleu!
   Dedans un cul de basse-fosse.

Un lecteur qui n'est pas plaisant, ajoute la note suivante.

---

(1) On peut se rappeller l'apothéose du cardinal de ce nom.

En ce cas il aura la même destinée que le cardinal de Richelieu, ce cruel despote qui supprima les états, ce traître à la patrie, aujourd'hui si odieux que son nom est devenu un infamie; ce tyran perfide, qui par un juste châtiment du ciel, *pourrit* en Sorbonne dans un caveau creusé précisément dans le cul des lieux du college de *Boncœur*.

24 *Février* 1773. Avant-hier l'académie royale de musique a remis pour le lundi gras l'acte d'*Eglé* & *le Mariage de Ragonde*, espece d'opéra comique en trois actes, de Destouches quant aux paroles, musique de Mouret : il faut un temps comme celui-là pour faire passer une pareille farce, dont la musique très-foible n'est pas à beaucoup près du goût moderne.

26 *Février* 1773. On ne parle plus à la comédie françoise *des Loix de Minos*. Il est question d'un drame nouveau, intitulé *Alcidonis*: il est en trois actes. L'auteur l'annonce comme un tableau philosophique, où il s'est attaché à peindre le contraste des mœurs de Sparte & d'Athenes.

27 *Février* 1773. Une rixe élevée entre le sieur de Sauvigny & le sieur de la Harpe, a offert une scene risible au public. Le premier a fait un *Recueil du Parnasse*, où il a prétendu extraire & placer les meilleures pieces; le journaliste n'a pas approuvé ce choix, & s'en est expliqué dans son mercure de façon à exciter la bile de l'éditeur; elle s'est exhalée au point qu'il a proposé au sieur de la Harpe de mettre l'épée à la main : celui-ci s'en est défendu sur ce qu'il étoit pere de famille : la fureur de l'assaillant s'en est accrue; il a colleté son adversaire; cela a fait tumulte; on les a séparés; le sieur de Sauvigny n'a lâché prise qu'en

menaçant le critique de lui donner du bâton.
Toute la littérature est en l'air à l'occasion de
cette querelle ; on se partage suivant ses affections,
& les malins persiflent l'un & l'autre parti.

28 *Février* 1773. M. de *Montclar*, procureur-
général du parlement de Provence, magistrat
d'un mérite rare, très-renommé par un fameux
réquisitoire dans l'affaire de la destruction des
jésuites, exilé à sa terre lors de la suppression de
sa compagnie, vient d'y mourir de la pierre. C'est
une très-grande perte, d'autant qu'il étoit encore
en état de travailler, & d'aller aux plus hautes
dignités de la robe.

1 *Mars* 1773. On parle beaucoup de la fête
donnée par madame la comtesse Dubarri à son
pavillon dans l'avenue de Versailles ; il y a eu
quatre spectacles & environ cent comédiens,
chanteurs & danseurs des trois théatres. On a
imaginé toutes sortes de surprises agréables pour
exprimer les charmes puissants de cette dame ;
on parle entr'autres choses d'un œuf qui s'est
trouvé au milieu du sallon ; on a affecté d'appeller
la comtesse pour lui faire voir ce phénomene
éclos subitement ; à peine s'en est-elle approchée,
qu'il s'est ouvert ; un Cupidon tout armé en est
sorti, & l'on a dit qu'un seul de ses regards faisoit éclorre l'Amour ; dans un autre intermede
c'est l'Amour qui perd son bandeau, & désigne la
passion éclairée du monarque envers la favorite.

2 *Mars* 1773. Vers à Mad. de *** veuve.

Jeune & charmant objet, à qui pour son partage
Le ciel a prodigué les trésors les plus doux,
Les graces, la beauté, l'esprit & le veuvage ;

Jouiffez du rare avantage
D'être fans préjugés, ainfi que fans époux:
Libre de ce double efclavage,
Joignez à tous les dons le don d'en faire ufage:
Faites de votre lit le trône de l'amour;
Qu'il ramene les ris bannis de votre cour,
Par la puiffance maritale.
Ah! ce n'eft pas au lit qu'un mari fe fignale,
Il dort toute la nuit & gronde tout le jour;
Ou s'il arrive par merveille
Que chez lui la nature éveille le defir,
Attend-il qu'à fon tour chez fa femme il s'éveille!
Non, fans aucun prélude, il brufque le plaifir;
Il ne connoît point l'art d'échauffer ce qu'on aime,
D'amener par dégrés la volupté fuprême;
Le traître jouit feul, fi pourtant c'eft jouir.
Loin de vous tout hymen, fût-ce avec Plutus même;
L'Amour fe chargera du foin de vous pourvoir;
Vous n'avez jufqu'ici connu que le devoir;
Le plaifir vous refte à connoître.
Quel fortuné mortel y fera votre maître!
Ah! lorfque d'amour enivré,
Dans le fein du plaifir, il vous fera renaître,
Lui-même trouvera qu'il l'avoit ignoré.

3 *Mars* 1773. On a fait un quolibet fur la fête de madame la comteffe Dubarri, pour l'intelligence duquel il faut favoir qu'il n'y avoit que quinze feigneurs d'une diftinction marquée, quatorze femmes de la cour, & que le roi n'y a point été du tout ni en cérémonie, ni *incognito*;
ce

ce qui a mortifié la favorite qui comptoit sur S. M. Ce vuide a fait dire qu'elle avoit une quinte au valet, quatorze de dames, mais qu'ayant son roi à l'écart, elle avoit été capot. On voit que cette allégorie soutenue est tirée du jeu de piquet.

3 Mars 1773. Il se répand une anecdote scandaleuse sur une princesse illustre, mais si publique qu'on ne peut se refuser à la raconter. On sait que M. le chevalier de Coigny est un seigneur très-agréable & très-bien venu des femmes de la cour; on cite entr'autres une des plus jolies femmes de ce pays-là comme sa conquête, madame la princesse d'Hénin; il s'humanise aussi & daigne honorer les bourgeoises de sa couche: c'est ainsi qu'on lui attribue une dame de Martinville, femme du fermier-général: enfin on ajoute que Mad. la duchesse de B****** ayant eu des bontés pour lui, il avoit fait à son altesse le sacrifice des deux autres. C'est dans ces circonstances que le lundi gras Mad. d'Hénin masquée jusqu'aux dents & rongée de jalousie, le rencontrant avec M. d. la duchesse de B****** aussi masquée, mais qu'elle connoissoit parfaitement, affecta de la prendre pour Mad. de Martinville, & après lui avoir fait un compliment ironique, sur le sacrifice que ce seigneur avoit fait d'elle (Mad. d'Hénin) pour cette bourgeoise, lui ajoute que cela ne la surprenoit pas, vu ses graces, sa jeunesse, sa beauté, &c. mais qu'un étonnement dont elle ne pouvoit revenir, c'est qu'il l'eût quittée (elle Martinville) pour une grande dame, très-respectable sans doute par les titres, par la naissance, par les qualités du cœur & de l'esprit, mais pleine de défauts dans sa personne, & elle est entrée dans un détail humiliant de

tous les défauts qu'elle a exagérés suivant l'usage. La princesse très-embarrassée a voulu l'intimider en lui protestant qu'elle n'étoit point madame de Martinville, qu'elle se méprenoit, qu'elle faisoit là des confidences très-dangereuses ; elle a insisté, en déclarant qu'elle ne se trompoit pas ; & dans l'excès de son emportement, ne craignant point de se dégrader elle-même : « Vous avez beau vous contrefaire, beau masque, entre P..... nous nous connoissons toutes. »

4 *Mars* 1773. Mlle. Sainval n'ayant pas eu le succès dont elle avoit d'abord joui dans le tragique, espere s'en dédommager dans le comique, où elle n'aura pas de concurrente comme mademoiselle Raucoux. Elle doit jouer le rôle de *Nanine* dans la piece de ce nom, & celui d'*Agate* dans les *Folies amoureuses*, ce qui forme deux contrastes de jeu très-difficiles à rendre.

5 *Mars* 1773. Les comédiens italiens ont donné hier la premiere représentation du *Magnifique*, comédie en trois actes & en prose mêlée d'ariettes. Les paroles sont du sieur Sedaine, la musique du sieur Gretry. Depuis long-temps le public n'avoit rien vu de ces deux auteurs, & s'est porté en foule à ce spectacle.

La comédie n'est autre chose que le conte de la Fontaine, déja mis en action avec beaucoup de succès au théatre françois par la Motte dans une piece en deux actes : l'auteur de celle-ci l'a inutilement alongée en surchargeant le sujet d'incidents étrangers ; il est resté fort au dessous de son rival.

On ne peut reprocher à l'auteur de la musique qu'une trop grande abondance de richesses harmoniques ; elle devient fatigante pour l'auditeur ;

d'ailleurs il n'y a point affez de variété. Le meilleur de l'ouvrage, dans l'un & l'autre genre, eft l'ouverture qui eft en action ; elle commence par une marche de captifs, où il y a beaucoup d'art, de goût & de fymphonie. C'eft un coup de tambour qui donne le fignal, & a paru une nouveauté heureufe.

6 *Mars* 1773. Le début de Mlle. Sainval la jeune dans le comique n'a pas été auffi heureux que l'efpéroient fes partifans. Elle a rendu le rôle de *Nanine* trop tragiquement, & n'y a pas mis cette candeur, cette naïveté, cette ingénuité qui doit y être & qui en fait l'effence. A l'égard de celui d'*Agate*, elle ne l'a point mal rendu dans le premier acte; mais comme il devient enfuite un des plus difficiles du théatre, & qui exige le talent le plus comique & le plus varié, elle l'a manqué abfolument.

6 *Mars* 1773. Une plaifanterie grave arrivée au bal le lundi gras, intrigue la maifon d'Orléans, qui fait des perquifitions pour en découvrir l'auteur. Cette nuit-là entra feul dans la falle un mafque déguifé en *Mannequin*: on fait qu'un mannequin, en terme de peinture, eft une figure factice d'ofier, dont les membres font mobiles & fouples à tous les mouvements que l'artifte veut leur donner : il avoit la tête furmontée d'un moulin à vent, fur lequel étoit une petite lanterne. Ce mafque fut fe placer fous la loge des princes, & au moyen d'une ficelle qu'il avoit en dedans de fon étui, il faifoit aller les ailes de fon moulin tantôt à droite & tantôt à gauche ; il éteignoit & rallumoit tour-à-tour fa lumiere. Ce manege excita l'attention de quantité de fpectateurs, & le duc d'Orléans fentant l'épigramme fanglante

que renfermoit cette pantomime, fortit de la loge & vint dans la falle pour reconnoître le plaifant, & voir fi c'étoit bien à lui qu'on en vouloit. Le mafque aborde en effet fon alteffe & lui fait les reproches les plus vifs de fa défection, & fur les efforts qu'elle avoit faits pour féduire & débaucher le prince de Conti. Il parloit affez haut, & les fpectateurs qui s'éloignoient par refpect fans entendre toute la converfation, en ont faifi une partie, comme celle-ci. Le duc d'Orléans encore plus intrigué, & voulant abfolument favoir qui a pris la liberté de l'attaquer ainfi, donne ordre à quelqu'un de fuivre le mafque & de ne pas le quitter. Celui-ci, plus fin que le prince, s'approche de l'orcheftre des muficiens, & fe couche auprès d'eux; il refte ainfi toute la nuit; le bal finit, le monde fe retire, & le mannequin y étoit encore; on l'approche, on vient l'avertir de fe retirer; mais on ne trouve que le panier; le plaifant s'étoit échappé.

7 *Mars* 1773. On ne connoît rien de ftable & de fixe dans ce pays-ci: on auroit cru que le projet de la nouvelle falle de comédie françoife, arrêté au confeil il y a un mois, auroit enfin triomphé des contradictions qu'il effuyoit. Cependant les comédiens continuent à s'y oppofer, & quoique les gentilshommes de la chambre aient témoigné hautement combien ils l'approuvoient, les hiftrions n'ont pas craint d'aller en députation chez madame la comteffe Dubarri pour lui préfenter leurs doléances. Cette démarche n'a pas eu de fuccès; ils ont voulu en faire une autre auprès du contrôleur-général; leurs fupérieurs la leur ont défendue; ils ne réfiftent pas moins & fe prévalent de la faveur du duc de la Vrilliere pour faire

apporter chaque jour des obstacles renaissants ; cela même pourroit engager une querelle entre les gentilshommes de la chambre qui ont la supériorité immédiate sur eux, & le secretaire d'état ayant le département de Paris, qui la convoite depuis long-temps & voudroit se l'arroger.

8 *Mars* 1773. On sait que depuis long-temps M. de Voltaire travaille à dénigrer la réputation de Rousseau le lyrique ; en conséquence les mirmidons de la littérature, ses suppôts & ses gagistes s'efforcent à l'envi de le seconder : M. de la Harpe, un de ses plus écervelés partisans, s'est établi publiquement son champion dans le Mercure, pour disputer le surnom de grand à ce rival du patriarche de notre littérature. M. de Voltaire n'a pas manqué, l'encensoir à la main, de rendre graces à ce généreux défenseur ; ce qui a occasioné de la part de monsieur *Clément* l'épigramme suivante :

Quand la Harpie, oracle du Mercure,
Du grand Rousseau vient déchirer le nom,
Et que, pour prix de cette insulte obscure,
Voltaire éleve au ciel ce Mirmidon ;
Expliquez-nous qui des deux, je vous prie,
De plus d'opprobre a souillé son pinceau,
Ou la Harpie en déchirant Rousseau,
Ou bien Voltaire en louant la Harpie !

9 *Mars* 1773. Un plaisant s'est amusé à faire un thermometre en portraits, c'est-à-dire par une allégorie soutenue à caractériser le degré de faveur

où est chaque ministre, ainsi que leur situation & leur caractere; les voici:

Madame la comtesse Dubarri. . . . . au beau fixe.
Le Roi . . . . au variable.
M. le duc d'Aiguillon. . . monté depuis quelque temps au beau.
Le marquis de Monteynard. . . . . . au tempéré.
L'abbé Terrai . . . . au très-sec.
M. Bertin . . . . au temps couvert.
M. de Boynes . . . . au froid.
M. le duc de la Vrilliere . . . . . . au dégel.
M. le Chancelier . . . . : à la tempête.

9 *Mars* 1773. Les comédiens françois doivent donner incessamment *La Journée Lacédémonienne*, comédie en trois actes & en prose, mêlée d'intermedes, annoncée d'abord sous le nom d'*Alcidonis*. Cette piece est d'un auteur qui n'est pas encore connu; on la croit tirée du conte des quatre flacons de M. Marmontel.

10 *Mars* 1773. Les directeurs de l'académie royale de musique se disposent à remettre sur leur théatre *Daphnis & Alcimadure*, opéra gascon de Mondonville, composé d'abord en patois languedocien & puis en bon françois. Ce n'étoit pas assurément ce qu'ils pouvoient donner de mieux pour exciter le public.

11 *Mars* 1773. Un *nouveau supplément à la gazette de France* du 1 janvier de cette année, se donne clandestinement, & s'annonce comme rendant compte du conseil tenu à Versailles au sujet de la requête de la noblesse de Normandie & des

divers avis des opinants : on y voit pour interlocuteurs le chef de la justice, les secretaires d'état. M. l'abbé Terrai & les conseillers d'état y discourent dans leur costume, ce qui rend la brochure très piquante. On y a joint quelques particularités avec quelques annonces de livres qui ne caractérisent pas cet ouvrage pour partir d'une tête froide. La *Lettre de M. Camus de Néville*, conseiller au grand-conseil, à M. le chancelier, y est tout au long, telle que ce magistrat l'a fait insérer dans les gazettes étrangeres. Le pamphlet qu'on peut regarder comme formant le onzieme numéro des suppléments à la gazette, n'est point imprimé en France ; ce qui annonce que les facilités que les auteurs avoient ci-devant à cet égard leur manquent : d'où il est aisé de conclure que les princes favorisoient sourdement cette besogne, & qu'ils ont retiré leur protection aux zélés.

11 *Mars* 1773. Une communauté de maîtres à danser, connue sous le nom de *Confrairie de Saint-Julien des Ménétriers*, vient de s'attirer l'animadversion du ministere. Le sieur *Guignon*, en sa qualité de *Roi des violons*, s'est plaint qu'au préjudice de ses droits & prérogatives, cette communauté s'étoit ingérée de donner des charges de lieutenants généraux des menétriers & violons à différentes personnes dans les provinces, qui eux-mêmes se nommoient des substituts particuliers, & exerçoient des vexations sur les différents musiciens, même sur ceux des cathédrales ; sur quoi est intervenu arrêt du conseil du 13 février, qui, pour remettre le bon ordre dans cette hiérarchie musicale, casse toutes ces créations, & notamment le sieur Barbotin, & rappelle les

anciens réglements à cet égard qu'on veut remettre en vigueur.

13 Mars 1773. A la suite de la *Déclaration de M. de Voltaire sur le procès entre M. le comte de Morangiès & les Veron*, est Réponse d'un avocat à l'écrit intitulé : Preuves démonstratives en fait de justice, où M. de Voltaire attaque plus particuliérement M. Falconnet, qui lui a demandé de quel droit il écrivoit en faveur de M. de Morangiès. Il répond : du droit qu'a tout citoyen de défendre un citoyen ; du droit que lui donne l'étude qu'il a faite des ordonnances de nos rois, & des loix de sa patrie ; du droit que lui donnent des prieres auxquelles il a cédé (aveu plus formel des sollicitations de l'accusé) ; de la conviction intime où il est jusqu'à ce moment de l'innocence de M. le comte de Morangiès, & de son indignation contre les artifices de la chicane qui accablent si souvent l'innocence ; en un mot, du droit qu'il avoit d'exercer comme M. Falconnet la profession d'avocat, même d'être son juge, ainsi que le sont ses parents.

13 Mars 1773. L'affaire du docteur Guilbert de Préval se suit avec ardeur par la faculté : pour éviter la rigueur du décret prononcé contre lui, il lui a fait enjoindre par le nouveau tribunal d'arrêter toute délibération sur cette affaire, parce que pour que la peine de l'exclusion prononcée par un pareil décret ait lieu, il faut qu'il ait été renouvellé dans trois assemblées consécutives ; en sorte que celui-ci reste annullé par de pareilles défenses. La faculté, au contraire, prétend que l'honneur même de l'accusé, qui se trouve flétri du premier jugement, exige qu'on aille aux autres par lesquels il peut être absous.

14 *Mars* 1773. Depuis plus de deux mois il ne couroit plus de brochures : il en paroît aujourd'hui une de 24 pages sans titre, & qui commence par ce mot, *Ego.* C'est le premier texte tiré des épîtres de *Cicéron*, & traduit ainsi :

« Si je voyois la république gouvernée par des
» hommes perdus & méchants, comme cela est
» arrivé & même de nos jours, ni la vue des
» récompenses qui ne peuvent rien sur moi,
» ni la crainte des dangers qui ébranlent néan-
» moins les grands courages, ne pourroient jamais
» m'engager dans leur parti, quelque service que
» j'eusse reçu de leur part. »

C'est de ce point que l'auteur part pour entrer en matiere. Il rend d'abord compte du silence qui regne depuis la fin de l'année, & il l'attribue aux espérances qu'avoit fait renaître le retour des princes à la cour. Il ne dissimule pas qu'elles sont aujourd'hui fort ralenties; & quoiqu'il n'attaque pas personnellement ces augustes personnages, il leur reproche indirectement leur pusillanimité, même l'indécence avec laquelle ils ont donné des fêtes dans un temps où la patrie étoit en deuil. Il prouve qu'il faut enfin élever la voix ; que ce silence qui paroît d'abord du respect & de la confiance, seroit aujourd'hui l'indice de la foiblesse & de la lâcheté. Il faut de nouveau inquiéter dans sa sécurité apparente l'auteur d'un projet destructeur & trop bien exécuté, ainsi que son tribunal déshonoré, étonné lui-même de la longueur de sa durée.

14 *Mars* 1773. *Alcidonis* n'a pas paru meilleure à la représentation qu'à la lecture, & les ressources qu'on se promettoit des intermedes n'ont pas eu lieu. Cette pantomime, destinée à représenter les

exercices fpartiates, avoit produit quelque effet au premier acte; il a même été affez bien exécuté; mais les autres n'ont pas également réuffi; ils ont paru monotones. la mufique d'ailleurs eft très-médiocre, & pour furcroît de dégoût la vieille *Gauthier*, aujourd'hui Mad. *Drouin*, a chanté deux airs déteftables au défaut de Mad. Bellecour, qui a prétexté une incommodité. La voix chevrotante de cette carcaffe a beaucoup fait rire le public. Malgré la profcription générale, on a annoncé la piece pour la feconde fois, mais le parterre a répondu par un *non* fec, qui a paru dans le coftume.

14 *Mars* 1773. C'eft mercredi qu'on doit donner à l'opéra *Daphnis & Alcimadure* pour la capitation des acteurs avec le ballet d'*Endimion*. Outre l'affluence ordinaire des fpectateurs qu'attire toujours cette circonftance, une particuliere doit augmenter la foule confidérablement. On fait que madame la conteffe Dubarri a fait retenir deux loges; & doit s'y rendre conféquemment *in fiocchi* : époque remarquable, d'autant que madame la marquife de Pompadour n'a jamais ofé y venir ainfi en cérémonial durant tout le cours de fon regne très-long. On ajoute que c'eft elle qui a demandé le ballet ci-deffus, le plus lubrique qu'il y ait à ce théâtre.

15 *Mars* 1773. Le peu de fuccès du colyfée paroît déterminé à rendre à Torré fon wauxhall fur le boulevard. On croit que de concert avec les entrepreneurs du premier fpectacle, il donnera fept ou huit fêtes brillantes pour fonder le goût du public.

15 *Mars* 1773. La faculté de théologie eft en fermentation à l'occafion de ce qui s'y eft paffé

au *primâ menſis de ce mois*. Un docteur a voulu dénoncer une theſe ſoutenue aux grands auguſtins, où il a cru remarquer des propoſitions erronées. Le ſieur Riballier, ſyndic, a prétendu qu'aucun membre de l'aſſemblée ne pouvoit faire de dénonciation qui ne lui eût été communiquée, & ſur les difficultés que ſon oppoſition a occaſionées, il a adminiſtré une lettre de cachet, confirmative de ſon droit.

15 *Mars* 1773. Les comédiens pouſſent avec activité leur oppoſition au projet concernant la nouvelle ſalle de la comédie françoiſe : indépendamment des menées ſouterraines par leſquelles le duc de la Vrilliere & l'abbé Terrai les favoriſent, ils ont fait intervenir les propriétaires des maiſons & commerçants du quartier de la comédie. La marchande de biere nommée *la Loque*, dont on a déja parlé, a de nouveau harangué madame la comteſſe Dubarri à ce ſujet, & a ému les entrailles de cette dame en ſa faveur & en celle de ſes coaſſociés, par le tort conſidérable que leur feroit le retard de la nouvelle conſtruction ; en ſorte que celle-ci s'intéreſſe auſſi pour eux. Si cette intrigue réuſſit, on abandonnera totalement les grandes idées, & l'on reviendra à la meſquine & ignoble reſtauration déja commencée il y a un an, interrompue, & à laquelle on avoit abſolument renoncé.

16 *Mars* 1773. *Endymion*, ce ballet héroïque qu'on doit donner ſur le théatre lyrique pour la capitation des acteurs, après *Daphnis & Alcimadure*, a été exécuté chez madame la comteſſe Dubarri, à ſon pavillon dans l'avenue de Verſailles, le jour de la ſuperbe fête qu'elle y a donnée ; il eſt de la compoſition du ſieur Veſtris, & c'eſt un

L 6

assemblage de divers morceaux de symphonies les plus agréables & les plus voluptueux de quantité d'opéra. Comme les directeurs faisoient difficulté de le faire exécuter, le sieur Vestris, qui est fort accueilli par madame Dubarri, a eu recours à elle; & pour mettre ces messieurs dans l'impossibilité de s'y refuser, l'a engagée à le demander comme si elle vouloit le revoir. En conséquence, par une munificence digne d'elle, elle a fait louer deux loges; mais on ne croit pas qu'elle vienne.

18 *Mars* 1773. *Daphnis & Alcimadure* n'a pas eu hier un grand succès; mais le ballet d'*Endymion* mérite un détail particulier. C'est une pantomime très-pittoresque des amours de Diane avec ce berger. Le commencement de cette passion, son développement & les suites y sont exprimés de la maniere la plus énergique. Les airs qu'on y a adaptés sont on ne peut pas mieux choisis; ils sont très variés, & contribuent à augmenter les sensations vives & voluptueuses qu'excite la danse. Les principaux coryphées sont le sieur Vestris faisant Endymion, Mlle. Guimard représentant Diane, & le petit *Vestrallard* jouant le rôle de l'Amour. Le premier est à merveille dans son personnage; les grimaces & l'afféterie de la seconde ne rendent que foiblement les tableaux tendres & charmants de cette action; mais tout le monde a été enchanté du jeune Cupidon; il n'avoit pas paru depuis un an, & l'on a trouvé qu'il avoit encore acquis beaucoup depuis; il a toute la malice, toute la hardiesse, tout l'impérieux de son rôle, & l'a soutenu avec des applaudissements universels. On ne peut reprocher d'autre défaut à ce ballet que trop de longueur, qui est aisé à corriger.

19 *Mars* 1773. Le projet de la nouvelle salle de la comédie françoise reprend quelque activité, & le contrôleur-général ne paroît plus s'y opposer au moyen de ce que la ville se charge de cette dépense.

21 *Mars* 1773. M. de la Condamine n'est pas le seul de nos poëtes qui, conjointement avec M. de Voltaire, ait turlupiné le *Grand-Houssoir* : un certain marquis de *Caraccioli*, connu par une multitude d'ouvrages de morale & de politique assez tristes & ennuyeux, a changé de ton à l'occasion du contrôleur-général, & a voulu s'égayer aussi sur son compte. Il répand sur la *Réduction des Rentes* une épître assez plaisante qui couroit à Tours où il est réfugié ; la voici :

  Monseigneur, vous dont le génie
  S'étend sur la postérité,
  Vous, par qui la France enrichie
  Chantera sa prospérité,
  Daignez écouter, je vous prie,
  Le cri de la nécessité.
  Toujours soumis aux loix du prince,
  Mon cœur avec docilité
  Reçoit un arrêt qu'en province
  La renommée a débité :
  C'est l'arrêt qui rogne nos rentes,
  Et qui supprime mon souper.
  Mais que peuvent des loix urgentes
  Sur la faim qu'on ne peut tromper ?
  Mon estomac déraisonnable
  Ne veut nullement obéir,

Et me contraint d'aller à table
Quand la nuit commence à venir.
Que ferai-je en ces circonstances !
Ne point manger..... votre dessein
N'est pas pour grossir les finances,
Que les auteurs meurent de faim.
D'ailleurs si l'église elle-même,
Ne veut qu'un jeûne limité,
Nous prescrirez-vous un carême
Qui dure à perpétuité !
Rendez-moi donc, je vous supplie,
Par votre générosité,
Ce qu'on retranche sur ma vie ;
Ou pour que la loi s'accomplisse,
Faites par un trait inconnu,
Que l'estomac se rétrecisse
Conformément au revenu.

23 *Mars* 1773. Les épigrammatistes font intarissables sur les événements actuels. Voici une méchanceté éclose d'un tel cerveau :

Un bon Gaulois éperdu, consterné,
De son pays déploroit la ruine ;
Il en cherchoit vainement l'origine ;
Elle échappoit à son esprit borné ;
De sa bêtise un plaisant étonné
Lui dit : viens çà, benêt, je veux t'instruire.
Ecoute moi : Dans ce siecle tortu,
Lorsqu'une nymphe, au comble du délire,
Tient dans ses mains les rênes d'un empire ;
Comme elle, ami, cet empire est f.. tu.

27 *Mars* 1773. Le chaud défenseur du comte de Morangiès publie un écrit nouveau sous le titre d'*Observations* : il a préféré ce titre vague à celui de *Mémoire*, parce qu'en effet cet imprimé est sans plan caractérisé, absolument informe, & porte tour-à-tour sur différents objets. On voit que le but de l'orateur est d'embrouiller de plus en plus la matiere, & ne pouvant justifier son client, d'empêcher à force d'incidents, que l'innocence des adversaires ne perce.

Il traite d'abord de l'objet de sa cause, ensuite des procédures faites au bailliage du palais jusqu'à la détention du comte de Morangiès. De-là il passe aux faits depuis l'appel du comte de Morangiès jusqu'au 15 mars 1773 ; il rapporte les plaidoieries & arrêt du 15 mars ; il finit par des réflexions sur le plaidoyer de M. l'avocat-général, partie du comte de Morangiès, le 15 mars 1773.

Ce dernier paragraphe est le plus neuf & le plus curieux. On assure qu'il est sans exemple de voir un avocat prendre en quelque sorte un avocat-général à partie, lui reprocher publiquement des prévarications dans son ministere. Le sieur Linguet articule neuf griefs contre M. de *Vaucresson*; mais les deux qui prêtent le plus à l'éloquence abondante & rapide de l'orateur, c'est la *Dénonciation faite au comte de Morangiès*, dont l'avocat-général a prétendu qu'il ne devoit point s'occuper, *parce que c'étoient des brochures, des productions littéraires faites en réponse à d'autres ouvrages du même genre*.

Et le *défenseur du comte de Morangiès a-t-il mérité les imputations qui lui ont été faites à l'audience ?* Il faut lire ces articles même dans l'ouvrage : comme ils exigent plus de sentiment que de logique, le sieur Linguet est excellent dans de pareils morceaux : il finit par déclarer que si sa maniere de présenter la vérité dans le cercle étroit où il est resserré, mais fonction indispensable de son ministere, a le malheur de déplaire, il brisera sa plume; il fermera sa bouche. Cet égoïsme, qui n'est qu'une impudence véritable, est traité de façon à plaire beaucoup & à en imposer au gros des lecteurs.

Quant au fond de l'affaire, il n'en résulte rien d'avantageux pour le maréchal-de-camp; & son défenseur n'ayant pu obtenir son élargissement, cherche à affoiblir l'impression fâcheuse que cette détention donne de son client en voulant persuader que c'est une suite inévitable de la forme.

30 *Mars* 1773. Le *Parnasse des Dames* est un recueil entrepris par le sieur de Sauvigny, de divers ouvrages de poésie composés sur les femmes illustres, anciennes & modernes ; cet écrivain traduit ces morceaux écrits en langue étrangere. C'est une rapsodie très-fade & très-dégoûtante, mais qu'il a entreprise sous les auspices de madame la comtesse Dubarri, & qui doit lui faire sa fortune. Cette dame a souscrit pour une quantité prodigieuse d'exemplaires, & quiconque veut lui faire sa cour est obligé d'en faire autant. C'est à l'occasion de cet ouvrage que s'est élevée la rixe entre ce poëte & le sieur de la Harpe.

2 *Avril* 1773. Le sieur Linguet vient de se faire une querelle avec l'académie des inscriptions & belles-lettres à l'occasion de l'inscription de la statue de la place de Louis XV, faite par cette

académie qu'il critique, & d'un certain *quæ-sivit*, l'objet de ses sarcasmes. Cette compagnie a fait imprimer une lettre en date du 13 mars, où l'on démontre pleinement l'ânerie de cet orateur vain & présomptueux; il doit être très-penaud d'avoir fait une pareille levée de bouclier.

3 *Avril* 1773. Depuis la mort du sieur de Mondonville, on a cherché à réparer le vuide qu'il faisoit au concert spirituel; on y a mis un nouvel ordre; on a acquis de nouvelle musique, & ceux donnés depuis quelque temps ont plu aux amateurs & paru meilleurs que par le passé.

8 *Avril* 1773. M. Pierre Rousseau de Toulouse, qui s'est établi à Bouillon où il a formé l'entreprise de divers ouvrages périodiques qu'il conduit avec succès pour sa bourse, & avec l'approbation du public à beaucoup d'égards, est à Paris pour se disculper de quelques imputations qui lui sont faites à l'occasion de son journal encyclopédique, où l'on trouve des choses très-fortes sur les despotes & le despotisme. M. le chancelier veut examiner la chose par lui-même, & ce journaliste est à la veille d'être proscrit de la France. On l'a aussi chargé de quatre mille francs de pension, quoique dans le principe, il n'en dût supporter que deux, nouvelle lésion contre laquelle il réclame.

10 *Avril* 1773. Le colysée a été autorisé dans son établissement & création par arrêt du conseil du 16 juin 1769; on l'y regarde comme un monument utile au public & d'une importance assez grande pour que le roi veuille que la direction & l'administration de ce spectacle n'aient lieu que sous ses ordres, d'après le compte qui lui en sera rendu par le secrétaire, ayant le dé-

partement de Paris, de la même maniere que sa majesté se l'est réservé pour son académie royale de musique.

La premiere destination (l'ouverture de cet établissement royal) fut ordonnée pour le mariage du dauphin, avec injonction de laisser au prévôt des marchands & aux échevins la liberté de la faire, & d'y donner telles fêtes qu'ils jugeroient à propos à l'occasion de ce mariage, & dans telles autres occasions de réjouissances publiques, où ils jugeront à propos de faire usage du colysée.

La destination ultérieure & générale de cet établissement, formé pour 30 années, consiste à donner des danses publiques, des fêtes hydrauliques & pyrrhiques, fêtes étrangeres & toutes autres qui ne seront point concurrentes & de nature de l'académie royale de musique, & des comédies françoise & italienne.

La premiere destination n'a pu avoir lieu, parce que la condition absolue imposée aux ouvriers d'achever au plus tard leurs ouvrages au 15 mai 1770, le mariage du dauphin étant fixé au 16, les travaux n'étant point achevés, l'ouverture n'a pu se faire alors, ni même en 1770.

La seconde destination d'ailleurs n'a pas rendu de quoi suffire aux dépenses de cet établissement immense.

Il paroît aujourd'hui un *Mémoire à consulter* de la compagnie du colysée, contenant aussi une consultation de Me. *Oudet*, ancien avocat au parlement, & un bordereau & état des paiements faits à la compagnie, qui méritent une discussion particuliere.

11 *Avril* 1773. Quoique le mémoire de la

compagnie du colysée soit d'une confusion difficile à débrouiller, & qu'il soit impossible d'en extraire ce que le public desireroit pour fixer ses idées concernant le goût, les dépenses, & la recette de cet établissement, sur lesquels on varie beaucoup, voici ce qu'on a pu en résumer de plus certain & de plus curieux.

D'abord cette compagnie, sans qu'on sache quels en sont les membres, d'après les plans du sieur le Camus, architecte, éleve de l'académie, présentés au roi & approuvés, ainsi que d'après son devis, ne devoit consacrer à cet objet, fixé à son plus haut prix, que 700,000 livres, cependant il a déja été payé plus d'un million 100 mille livres, &, suivant l'état des sommes demandées montant à 2,675,507 livres, il resteroit encore dû près de 1,500,000 livres.

Les intéressés n'ont encore touché ni fonds ni revenus.

Ils veulent revenir d'abord contre les propriétaires des terreins d'environ 16 arpents loués par an 38,875 livres, tandis que chacun d'eux auparavant ne rapportoit pas 120 livres par an; ils veulent ensuite être indemnisés par certains ouvriers, auxquels ils attribuent toute leur perte à cause du retard de leurs ouvrages; par d'autres qui ont contrevenu à leurs marchés dans la qualité de ces mêmes ouvrages; enfin, il est question de faire régler les mémoires de tous. Ils voudroient aussi se faire affranchir des 10,000 liv. de réparation par an qu'ils doivent à l'opéra, ainsi que des vingtiemes, autres impositions, & droits réclamés par les fermiers-généraux.

Il résulte de tout cela que cette entreprise est une des plus folles qui ait été conçue depuis long-temps ; qu'elle ne peut subsister sans la plus haute & la plus injuste faveur, & que même avec tous les secours qu'elle demande, elle doit à la longue ruiner les intéressés. Malgré toutes ces réflexions, ils annoncent dans le mémoire que le colysée doit se rouvrir au premier mai prochain.

12 *Avril* 1773. Le concert spirituel est beaucoup plus suivi depuis l'arrangement nouveau qu'on y a mis, & le choix particulier de musique qu'on y observe ; on l'a presqu'italianisé, & l'on convient qu'aujourd'hui pour la partie instrumentale, c'est le concert le mieux composé de l'Europe. On n'a point encore vu une affluence pareille à celle du vendredi-saint, & d'hier jour de pâque.

17 *Avril* 1773. Il n'est aucune tournure que les frondeurs ne prennent pour entretenir la fermentation, & décrier le ministere actuel ainsi que les mœurs du siecle corrompu où nous vivons : après en avoir fait des peintures directes & personnelles, ils varient aujourd'hui. L'un d'eux a imaginé d'emprunter l'allégorie, & sous des noms romains de caractériser les auteurs de nos calamités. Voici le titre de cette satire nouvelle :

TRADUCTION *littérale, par le R. P. Léonard Minime, d'un fragment trouvé dans la bibliotheque du Vatican, d'une satire de Caïus Lucilius.*

Quel siecle ! quels excès ! quelle aveugle licence !
Nos chevaliers vendus à l'or du plébéien !
L'art glacé du sophiste étouffant l'éloquence,

Des raisonneurs en foule & pas un citoyen !
L'un de Thémis en pleurs a brisé la balance,
L'autre au blâme endurci, bravant tout, n'aimant rien,
Etale effrontément, sa coupable opulence.
Le faste a de l'état séché les réservoirs,
Le palais de Poppée insulte à nos miseres,
L'amour a son trafic & Vénus ses comptoirs.
La toilette d'Alcine est un bureau d'affaires.
L'égoïsme a gagné, tout est vil ou méchant,
Et le guerrier lui-même a les mœurs d'un traitant.
Peindrai-je nos besoins & nos plaisirs factices,
Les crimes enfantés par l'abus du pouvoir,
Un consulat timide & souillé d'injustices,
L'audacieuse intrigue assiégeant les comices,
Des prêtres impudents profanant l'encensoir,
D'imbécilles tyrans dont nos dieux sont complices,
Et de jeunes Romains, notre dernier espoir,
De mollesse hébétés & vieillis par les vices !
Ah ! pourquoi suis-je né dans ces jours malheureux !
Pleurons, amis, pleurons nos maux & nos injures,
De nos proscriptions le tableau douloureux,
Rome, hélas ! enfonçant le fer dans ses blessures,
Et, la hache à la main, le despotisme affreux ;
A ce peuple abattu défendant les murmures ;
Pleurons l'oubli des loix & le mépris des mœurs,
Les progrès menaçants d'une fausse sagesse,
Le rapide déclin des arts consolateurs,
L'indigence qui naît du fond de la richesse,
Et tous les sentiments éteints dans tous les cœurs.
J'ai vu nos légions, parjures à la gloire,

Se laisser, sans combattre, arracher la victoire ?
J'ai vu le laboureur, accablé de subsides,
Sacrifiant sa vie à des maîtres avides,
Consumé par la faim, mourir sur la moisson ;
J'ai vu de nos tyrans la débauche effrénée
Dévorer dans un jour les tréfors d'une année ;
Et tandis qu'auprès d'eux leurs lâches complaifants,
De la baffeffe active épuifant l'induftrie,
Ranimoient la langueur de leur ame flétrie,
Tandis qu'à leurs feftins brûlant un vil encens,
Ils leur verfoient dans l'or le fang de la patrie :
J'ai vu de vieux guerriers, à vivre condamnés,
Traîner dans le befoin des jours infortunés ;
Je les ai vus fuyant une plainte frivole,
Ne confier leurs maux qu'aux murs du capitole,
Baifer en foupirant l'urne de nos héros,
Et chercher Rome encore autour de leurs tombeaux.

On voit qu'il y a d'affez beaux vers dans cette fatire, de la force, de l'énergie, mais qu'elle eft trop vague, & ne caractérife pas affez les principaux auteurs des calamités publiques. On l'attribue à M. Dorat.

19 Avril 1773. C'eft demain la rentrée publique de l'académie des belles-lettres. M. Dupuis, le nouveau fecretaire, y prononcera les éloges hiftoriques de M. de Fontenelle & de M. Bignon.

M. l'abbé le Blond doit lire enfuite un mémoire fur la marine & les vaiffeaux des anciens, & M. le Beau un mémoire fur la légion romaine.

20 Avril 1773. Le nom de la *Vérité* déclarera fur chaque feuillet de ce livre qu'elle feule en a dicté le contenu à celui qui le met au jour: il devoit ce tribut à sa gloire. L'ordre que demandoit cet ouvrage a nécessité sa division en deux parties: chaque partie forme un volume.

La premiere développe *l'histoire générale du monde*, base des saints livres qui constituent l'ancien testament des chrétiens.

La deuxieme éclaircit *les trois grands mysteres*, ainsi que *les quatre Evangélistes de Jesus*; base de nos sept sacrements, de tous nos dogmes théologaux & de toutes les cérémonies de notre *loi nouvelle*.

On voit par cette annonce, cette espece de frontispice qui rassemble en bref tout le contenu du livre de la vérité, combien son auteur est une imagination exaltée, un philosophe cabalistique, qui voudroit réduire la science des religions à des hyérogliphes, des énigmes, des hypotheses, des allégories, des types, c'est-à-dire, à des chimeres. Il y a pourtant dans ce systême un plan, une série d'idées, un développement d'érudition qui mérite qu'on en dévore l'ennui, qu'on en supporte les folies pour juger si ce nouvel Hardouin rit ou parle sérieusement.

16 Avril 1773. Le sieur Marin, le rédacteur de la gazette de France, dont la cupidité sans bornes cherche tous les moyens de grossir sa fortune, a imaginé un moyen d'étendre & de s'approprier plus personnellement le fruit de ses fonctions: il a fait entendre au ministre des affaires étrangeres, à M. le chancelier, & aux autres ministres que, pour mieux disposer la nation à prendre l'esprit du gouvernement, il seroit bon de répandre une gazette manuscrite, où sans affectation on décréditeroit tous les faits contraires,

& on exalteroit tous ceux ceux tendants à l'accroiſſement & à la juſtification du ſyſtême. D'après cette excuſe, il a eu permiſſion tacite de travailler à ces bulletins dont il infecte la province, avide de tout ce qui vient & parle de Paris: en dit qu'il en gliſſe également dans les pays étrangers.

16 *Avril* 1773. La premiere nouveauté que les François doivent donner, c'eſt *Terée*, tragédie du ſieur *Renou*, peintre peu connu, mais qui a ſi vertement ſemoncé les hiſtrions dans une lettre pleine de reproches ſur leur lenteur, leur mauvaiſe foi & leur impertinence, qu'ils ſe ſont mis à la raiſon, & vont le jouer.

30 *Avril* 1773. Les comédiens italiens doivent donner inceſſamment une piece en opéra comique, travaillé d'après le conte de M. de Saint-Lambert, intitulé *Miſſ Sara*. Les paroles ſont d'un jeune avocat, qui dans ſon enthauſiaſme patriotique, ne voulant pas reprendre ſes fonctions auprès du nouveau tribunal, s'eſt amuſé à faire ce petit ouvrage : il eſt aujourd'hui attaché au marquis de Noailles, notre ambaſſadeur auprès des états-généraux, & doit partir avec lui.

La muſique eſt d'un violon nommé le *Vachon*, peu connu juſqu'à préſent.

4 *Mai* 1773. Le colyſée, qui dans ſon mémoire annonçoit ſon ouverture pour le premier mai, eſt toujours fermé, & il eſt à préſumer qu'il le ſera long-temps. Le ſieur Torré a enfin obtenu la permiſſion de rouvrir ſon wauxall, & il fait travailler avec beaucoup d'activité aux réparations de l'édifice & aux embelliſſements de l'intérieur. On ne doute pas qu'il ne ſoit très-ſuivi dans les commencements ; mais il eſt à craindre

craindre que ce spectacle muet, froid & vuide ne puisse durer.

9 *mai* 1773. Un certain abbé de Launay, tête chaude & facile à s'exalter, a imaginé de donner du nouveau à l'occasion de la résurrection du patriarche de la littérature. En conséquence, il a broché une piece, intitulée : *la Nouvelle de Ferney*, ou Divertissement en l'honneur de la convalescence de M. de Voltaire, en trois parties, dont l'une en récit, la seconde en chant & la troisieme en danses : il a lu son canevas à l'assemblée des comédiens, qui, pour ne pas s'attirer l'animadversion du philosophe satirique, ont paru accéder de grand cœur au projet, en déclarant qu'ils étoient tout prêts, mais qu'il falloit avoir l'attache des gentilshommes de la chambre, & même du duc de la Vrilliere, puisque n'ayant point chez eux de sujets pour le chant & pour la danse, il faudroit leur fournir des détachements de la comédie italienne ou de l'opéra, ce qui ne pouvoit se faire sans le concours d'une autorité supérieure : ils se doutoient bien qu'avant qu'on eût concilié tant d'intérêts divers, les partisans de M. de Voltaire se refroidiroient, l'à-propos seroit manqué, & sans se compromettre, ils se trouveroient ainsi débarassés d'une telle corvée ; c'est ce qui est arrivé : l'auteur cependant ne perd pas tout-à-fait courage, & il compte être au moins joué chez mademoiselle Guimard, sur-tout si M. de la Borde fait la musique, comme il en est sollicité par le maréchal de Richelieu.

10 *Mai* 1773. Les directeurs de l'académie royale de musique voyant le peu de succès de *Daphnis & d'Alcimadure*, prennent le parti de retirer ce bal-

let, & d'y substituer les actes d'*Ismene & de Zélindor*, dont les paroles sont de feu Moncrif, & la musique des sieurs Rebel & Francœur; comme l'un des deux est surintendant général du tripot lyrique, il y a apparence qu'il n'épargnera aucun frais pour faire valoir ces ballets agréables, & qui ont toujours été goûtés du public.

13 *Mai* 1773. Les *Mélanges lyriques* remis à l'opéra le 11 de ce mois, & le ballet héroïque, composé de l'acte d'Ismene, & de celui de Zélindor, roi des Sylphes, n'ont pas eu le succès ordinaire. Jamais on n'a vu une premiere représentation aussi pauvre, presque personne aux premieres loges, l'amphithéatre peu garni, & le reste à proportion. Ces deux actes dont les paroles sont charmantes, ont paru froids, languissants, tristes, sur-tout celui d'Ismene. Les ballets seuls l'ont un peu réchauffé, & Mlle. Allard qui a reparu pour la premiere fois depuis ses couches, a fait une sensation prodigieuse. Mlle. Arnoux a joué aussi dans Zélindor avec son onction ordinaire; il est fâcheux que le sieur le Gros ne l'ait pas secondée.

15 *Mai* 1773. L'auteur du *Maupeou tyran*, pour mieux faire passer les injures qu'il dit au chancelier, prodigue au roi les plus grands éloges; il le trouve doué de toutes les qualités qui font le bonheur des peuples : il dit que tous les malheurs de l'état lui sont étrangers, & affligent son ame naturellement bienfaisante; il appuie tout cela de citations tirées des *Mémoires de Pompadour*, & il présume que cette femme devoit bien le connoître.

Dans le second paragraphe l'écrivain développe Maupeou le tyran & petit génie; il détaille ses étourderies, ses faux points de vue, ses inepties, ses impostures, les forfanteries; comment il a insulté les princes du sang, le conseil, les loix & les magistrats; exposé le royaume aux plus grands dangers; corrompu les mœurs; perdu les finances; ses insolences, sa vengeance, ses violences, sa cruauté: il ne demande pas sa mort, mais qu'il devienne l'exécration de l'Europe entiere.

Dans le troisieme, on reconnoît aisément un homme de robe, entiché de son état au point de prétendre que le parlement est préférable aux états de la nation; il s'échauffe dans son harnois pour prouver cette étrange assertion, & il porte le délire jusqu'à vouloir que le parlement d'Angleterre n'ait qu'une ombre de liberté, & il conclut que la demande des états est un beau rêve.

Dans le quatrieme enfin, l'on prouve comment le tyran écrase la nation dont le roi ne peut plus entendre les gémissements, s'il ferme la bouche des magistrats, si la moindre résistance est punie par des exils, si un simple porteur d'ordres fait admettre des impôts, & leur donne force de loi; si un ministre tyran fait périr les membres du seul corps qui réclame les intérêts des peuples, la noblesse & le clergé restant en silence; si la flatterie offre au prince de le délivrer de ces avertissements aussi désagréables que nécessaires, qui seuls peuvent lui apprendre le danger des impôts & la nécessité de l'économie.

C'est d'après cet exposé même que l'auteur

eſpere & eſpérera juſqu'à ce qu'il voie le tyran culbuté.

Il termine par une priere au roi.

Cet ouvrage ſort vraiſemblablement de la même plume que *le Maire du palais* : il eſt plein de bon ſens, mais d'un coloris foible, d'un ſtyle lâche & ſentant dans tout ſon contenu l'homme de loix trop prévenu pour ſa robe : il reſpire d'ailleurs un reſpect profond pour le monarque, un amour ſincere de ſa perſonne ſacrée, & porte à la fois tous les caracteres d'un bon citoyen & d'un fanatique enragé contre le chancelier.

18 *Mai* 1773. L'ouvrage de M. Helvetius, intitulé : *Le Bonheur, poëme en ſix chants*, &c. eſt déteſtable ; nul ordre, nulle fiction, une aſſez méchante poéſie ; il n'eſt pas fini au ſurplus, & ne méritoit guere d'être tiré du portefeuille du défunt : il n'eſt pas d'une complaiſance moins vile d'avoir fait imprimer des fragments d'épîtres qui, fuſſent-elles entieres, auroient dû reſter dans le même *incognito*.

20 *Mai* 1773. L'opéra eſt dans le plus grand délabrement, & la repriſe des mélanges lyriques eſt ſans aucun ſuccès.

Pluſieurs auteurs ſont ſur les rangs pour faire jouer des opéra nouveaux au mariage de M. le comte d'Artois ; juſqu'à préſent le ſeul agréé, c'eſt *Ernelinde*, que le ſieur *Sedaine* refond, & dont il étend les trois actes en cinq. Philidor change auſſi & améliore la muſique. M. de Chabanon propoſe celui dont on a parlé il y a quelque temps ; un certain abbé Floquet voudroit faire paſſer les *Troubadours*, dont il y a eu auſſi une répétition au wauxhall de la foire Saint-Germain, qui a eu du succès, & dont M. Moline a fait les paroles. Enfin, le capitaine *Becquet*, qui a refait en musique l'opéra de Roland, est venu exprès de Stugard pour l'offrir.

22 *Mai* 1773. Extrait d'une lettre de *Maſtricht*, du 17 mai 1773..... Le libraire Dufour n'a point été enlevé, comme on l'avoit dit, pour avoir imprimé & débité *la Correspondance* ; mais inquiété par les plaintes du ministere de France aux États-Généraux : il a eu peur : il s'est tenu caché pendant quelques jours, ce qui avoit donné lieu au bruit de son enlevement ; il a raccommodé depuis son désastre en payant une légere amende, & reparoît.....

28 *Mai* 1773. On manœuvre secrétement pour empêcher la réussite du projet de la salle de comédie du sieur Liégeon. Quoique les lettres-patentes soient entre les mains du procureur-général depuis long-temps, on prétend que le nouveau tribunal se fait un scrupule de les enrégistrer avant celles qui concernent l'hôtel-dieu, monument plus important & plus essentiel à la capitale.

En outre, M. le prince de Condé intervient & a présenté requête au conseil pour demander que la ville soit obligée de tenir le marché fait anciennement avec lui pour son ancien hôtel près le Luxembourg.

29 *Mai* 1773. On a placé au haut de l'abbaye de Montmartre un phare pareil à celui dont on a parlé, & qu'on voit à l'observatoire ; il est question d'examiner l'effet qu'il produira de cette hauteur.

1 *Juin* 1773. Les comédiens françois sont

décidés à donner après-demain jeudi la premiere repréfentation de *Térée & Philomele*, tragédie annoncée depuis quelque temps.

2 *Juin* 1773. Le fieur Torré a rouvert, hier premier juin, fon wauxhall. Le public lui a témoigné par fon empreffement à s'y rendre, combien il aime cet ordonnateur de fêtes. On n'y a remarqué aucune innovation confidérable. On attend avec impatience les fêtes qu'il prépare pour le colyfée.

4 *Juin* 1773. C'eft Mlle. Raucoux qui a fait le rôle de Philomele dans la tragédie de ce nom; comme c'eft le premier où elle joue d'après elle-même, les connoiffeurs étoient à l'affût; elle y a paru mettre du fien, & déployer de l'intelligence; mais il eft fi médiocre, fi piteux, fi monotone, qu'on ne peut l'apprécier au jufte d'après fes éfforts en ce genre : c'eft un coup d'effai qu'il faudra qu'elle oublie, car on ne croit pas que la piece reparoiffe. Elle n'a pas été même annoncée.

5 *Juin* 1773. L'infolence des comédiens s'eft tellement accrue aujourd'hui par la bonhommie du parterre, qu'il n'eft plus de pieces qu'ils n'aient l'audace de vouloir lui reproduire, malgré la profcription générale : c'eft ainfi que n'ayant ofé annoncer fur le théatre la feconde repréfentation de *Térée & Philomele*, ils mettent fur l'affiche : *en attendant la feconde repréfentation*, &c.

6 *Juin* 1773. Il paroît un nouveau *Supplément à la gazette de France*, daté de Paris du 22 mai 1773, fous le titre du N°. 13 : c'eft fans doute par erreur, car le N°. 12 n'a pas paru, ni même, à proprement parler, le N°. 11, à moins qu'on

ne veuille réputer pour tel le pamphlet dont on a parlé sous le titre de *Supplément à la gazette de France du 1 janvier*. Quoi qu'il en soit, celui-ci, qui malheureusement ne sort pas de la même plume, est écrit avec un ton qui n'est pas à coup sûr celui de la bonne compagnie ; il contient des anecdotes assez piquantes pour le fond, mais qui exigeoient la broderie d'une main plus légere : au surplus, l'auteur a atteint son but, qui est de désoler les inquisiteurs toujours en défaut sur l'origine & la distribution de ces ouvrages.

8 *Juin* 1773. L'hôtel nouveau de la monnoie commence à prendre forme ; & quoiqu'on critique ce monument, parce qu'on critique tout, il a cette solidité imposante que doit offrir un pareil édifice, ce qui le fait trouver lourd aux gens qui ne savent pas apprécier les choses.

10 *Juin* 1773. Le sieur Bauvin, qui avec sa bonhommie ne laisse pas que d'être intrigant, a tant remué auprès des députés des états d'Artois, qu'il les avoit engagés à demander aux comédiens la reprise des Chérusques, cette espece de tragédie nationale pour eux & à laquelle ils s'intéressoient. Il faut se rappeller toutes les tracasseries de l'auteur avec les comédiens, & les menées de ceux-ci pour se dispenser de le jouer, & pour faire tomber sa piece en la jouant, ainsi que la chaleur que le parterre a mise dans cette querelle, où, par haine pour les histrions, sans avoir égard au fonds de la tragédie très-médiocre, il a voulu la protéger & la faire aller. Cependant, après quelques représentations, les comédiens avoient si bien manœuvré, que *les Chérusques* étoient restés là. C'est

pour fortir de cet oubli que l'auteur a mis en mouvement les députés en queſtion. Les comédiens n'ayant pu ſe refuſer à leurs inſtances, avoient promis de reprendre la piece ; cependant peu de jours après ils avoient écrit une lettre où ils marquoient que, malgré toute leur bonne volonté pour faire quelque choſe d'agréable à meſſieurs les députés des états d'Artois, & malgré leur promeſſe, ils prévoyoient que des engagements pris avec divers auteurs ne leur permettroient pas d'y ſatisfaire.

Les députés, piqués de cette lettre cavaliere, ont eu recours à M. le maréchal duc de Richelieu, gentilhomme de ſervice, qui, après avoir fouaillé les comédiens d'importance, les a obligés de jouer hier *les Chéruſques*!; & le public, inſtruit de tout ce micmac, s'y eſt rendu en foule. Les acteurs ſembloient faire de nouveaux efforts pour les faire tomber ; mais ils n'ont pu réuſſir : la piece a été très-applaudie : on a demandé une autre repréſentation avec tant de clameurs que les hiſtrions, qui ne vouloient pas acquieſcer au vœu du parterre, n'ont point annoncé.

12 *Juin* 1773. Les directeurs de l'académie royale de muſique, voyant que le public déſertoit abſolument leur ſpectacle, ont jugé à propos de varier : ils ont ſubſtitué à l'acte d'*Iſmene*, le prologue de *Platée*, & l'acte de *Théonis* ou *le Toucher*. Malgré la gaieté du premier, ſoutenue d'une excellente muſique, & les danſes agréables du ſecond, le public n'eſt pas revenu, & hier jour de la premiere repréſentation de ces fragments nouveaux, il n'y avoit ni premieres loges, ni amphithéatre, &c. Ces meſſieurs ſont déſolés, & ne ſavent plus de quel bois faire fleche.

13 *Juin* 1773. On voit par le mémoire des entrepreneurs du colysée, que non-seulement ils s'y plaignent des artistes, ainsi que des ouvriers employés à cette folle entreprise, mais encore qu'ils attaquent les propriétaires des terrains comme les ayant usurés dans la vente de leurs fonds. En conséquence, ils ont pris des lettres de rescision contre ces actes. M. le Roi, de Senneville, fermier-général, l'un des vendeurs, s'oppose à leur enrégistrement, & vient à ce sujet de publier un mémoire contre ces entrepreneurs, qui démontre l'absurdité de leurs prétentions & l'injustice qu'il y auroit à les admettre. L'affaire est à la décision d'une commission du conseil nommé, à la tête de laquelle est M. de Sartines, le lieutenant-général de police.

14 *Juin* 1773. Les comédiens italiens donnent aujourd'hui la premiere représentation de *l'Erreur d'un moment*, suite de *Julie*, comédie en un acte & en vers, mêlée d'ariettes: cette derniere étoit du sieur *Montvel*, comédien françois, & il y a apparence que celle d'aujourd'hui est du même auteur.

30 *Juin* 1773. Le sieur Caillot, qui a reparu sur la scene aujourd'hui en faveur de la circonstance, a joué le rôle du déserteur avec son aisance & sa vérité ordinaire; mais on a trouvé sa voix extrêmement affoiblie.

Madame la dauphine a témoigné aux comédiens son contentement, & leur a dit qu'elle comptoit revenir à cette comédie peut-être avant le voyage de Compiegne.

1 *Juillet* 1773. On doit se rappeller un arrêt du conseil qui a créé l'année derniere une com-

mission de médecine pour prévenir & arrêter le cours du charlatanisme qui se multiplie de jour en jour: la faculté de Paris vient de présenter une requête au roi, pour supplier S. M. de retirer cet arrêt comme contraire aux vues de l'humanité qui l'ont dicté, prétendant qu'à la faveur de cette commission les abus ne feront que s'accroître; & elle entre dans des détails à ce sujet pour prouver les justes motifs qui la forcent de mettre aux pieds du trône sa réclamation. Par une bizarrerie assez commune aujourd'hui, où l'autorité se trouve souvent en contradiction avec elle-même, le doyen de la faculté, qui en cette qualité en est le chef, & a dû souscrire la requête, est en même temps président de cette commission, contre laquelle on dit tant de mal. Le public n'avoit pas jugé si défavorablement de cette institution, & il n'y avoit vu que son avantage, sans y appercevoir des inconvénients qui, au fond, ne sont que l'abus de la chose.

On attribue cette requête, assez mal digérée, au sieur Petit, médecin de la faculté très-accrédité.

1 *Juillet* 1773. On est fâché de savoir positivement, ce dont on se doutoit fort cependant, que tout ce qui s'est passé à la comédie françoise, étoit tellement ajusté au théatre, que le récit qu'on en a vu dans la gazette de France, & qui, contre l'ordinaire, y a été inféré avec promptitude, étoit fait avant même que la représentation du *Siege de Calais* eût lieu: on en infere assez naturellement que les anecdotes de la comédie italienne étoit également préparées. Quant au premier récit, des gens dignes de foi attestent avoir

vu l'épreuve le mardi 22, quoique madame la dauphine ne soit venue à la comédie françoise que le mercredi 23.

4 *Juillet* 1773. Depuis la fameuse piece du *Jeune Homme* de M. de Bastides, on n'avoit jamais tant ri à la comédie françoise qu'hier à la pastorale érotique de madame *Chaumont*, auteur de *L'heureuse Rencontre*, faite en société avec Mad. *Rozet*. Il n'est pas possible de voir rien de plus plat, de plus niais, & de plus sotement obscene: on en peut juger par une dissertation qui s'établit sur le théatre entre une bergere & son berger: celui-ci lui apporte un nid de tourtereaux, & dans un parallele soutenu de ces deux amants, lâche tous les propos bêtes & ridicules que deux personnages de cette espece, mis au naturel sur la scene, pourroient tenir effectivement. On se dilatoit la rate, on s'en donnoit à cœur-joie; on applaudissoit à tout rompre, lorsque les insolents histrions se sont avisés de prendre de l'humeur & de quitter la scene avant la fin du premier acte: le parterre a eu la bonté de ne les pas forcer à revenir, à dégoiser tout ce qu'ils savoient, & à supporter toutes les huées qui rejaillissoient moins sur l'auteur femelle digne de pitié, que sur les juges ineptes & impertinents, capables d'adopter de pareilles balourdises, d'en farcir leur mémoire & d'oser inviter le public à venir les entendre.

6. *Juillet* 1773. Il y a eu dimanche une fête au colysée, & l'ouverture s'en est faite avec une assez grande affluence de spectateurs: on avoit fait courir le bruit que M. le dauphin & Mad. la dauphine honoreroient ce lieu de leur présence, ce qui avoit attiré beaucoup de curieux; mais le couple

augufte n'y eft pas venu : il n'y a d'ailleurs eu rien d'extraordinaire qu'un feu d'artifice ; il n'a pas répondu à la bonne opinion qu'on a des talents de l'artifte ; par une mal-adreffe finguliere, la fumée & le vent qui portoient du côté de l'affemblée lui ont dérobé le coup d'œil de ce fpectacle, infiniment mieux vu par ceux qui étoient dehors ; il n'a pas dailleurs été fervi avec la vivacité que le fieur Torré y met ordinairement.

9 *Juillet* 1773. L'affemblée de la faculté de théologie au *primâ menfis* de ce mois, a été très-tumultueufe. Un arrêt du confeil du premier, intervenu à l'occafion de la thefe dont on a parlé il y a déja du temps, & qui depuis lors agite ce corps, a jeté la confternation dans fon fein en confommant le defpotifme du fyndic Riballier, même dans les matieres théologiques, dont la cour, fuivant eux, ne devroit pas fe mêler.

10 *Juillet* 1773. L'académie royale de mufique fe difpofe à fubftituer de nouveaux fragments aux anciens, qu'on annonce la derniere fois pour mardi 13.

11 *Juillet* 1773. Il paroît un N°. 13 des fuppléments à la gazette de France, où l'on reftitue les erreurs des précédents en déclarant que le fupplément fans N°. eft le 11, celui déja défigné fous le 13 eft le 12 feulement, & celui-ci le 13 véritable. Ce dernier contient un peu plus de faits, mais n'eft pas mieux écrit, & n'eft encore qu'une vraie rapfodie très-informe.

14 *Juillet* 1773. La requête de la faculté de médecine au roi eft dirigée contre la déclaration du 25 avril 1772, *portant établiffement d'une com-*

mission royale de médecine pour l'examen des remedes particuliers, & supplie S. M. de vouloir bien anéantir cette nouvelle commission, & proscrire pour l'avenir tous autres semblables établissements, comme contraires aux loix de l'état & au bien des sujets, en ce qu'ils ont le dangereux inconvénient de confier l'administration des remedes prétendus spécifiques à des *vendeurs d'arcanes*, à de simples particuliers, qui, suivant les réglemens les mieux observés en cette partie, n'ont pas la liberté d'administrer même les remedes les plus salutaires & les plus connus.

La plus ancienne époque de ces commissions ne remonte pas plus loin qu'à l'année 1728, qu'il en fut établi une pour la premiere fois par arrêt du conseil du 25 octobre de cette année; il fut renouvellé le 17 mars 1731, ensuite le 13 octobre 1752, & le 10 septembre 1754. Enfin aujourd'hui on veut rendre la commission permanente par une loi qui a été enrégistrée au parlement, ce qui oblige la faculté de s'élever avec plus de force & de s'écrier que c'est évidemment une chose mal conçue, puisque c'est travailler à établir ce qu'on doit détruire, ou bien à soutenir ce qui mérite d'être renversé; enfin, elle prétend qu'il n'est aucun remede qui ne doive être en bonne police administré par un médecin ayant fait ses études & subi les examens nécessaires.

C'est le 27 avril 1773 que M. Petit, un des commissaires nommés par la faculté pour cet objet, a lu ladite requête, sur laquelle ayant été délibéré, il a été arrêté:

1°. Que, quoiqu'on en fût content à bien des égards, elle seroit encore revue par les docteurs *Moreau* & *Lezurier*, conjointement avec le rédacteur.

2°. Qu'elle seroit présentée manuscrite au roi par le docteur *le Monnier*, & que le même jour une certaine quantité d'exemplaires imprimés seroient présentés par le doyen, & les docteurs de *Gevigland*, *Petit*, *le Clerc*, *Moreau*, des anciens; *Lezurier*, *Darcet*, *le Preux* & *Deseffart*, des nouveaux députés au chancelier, aux ministres & aux grands du royaume.

3°. Qu'incessamment le doyen & le docteur le Clerc partiroient pour Versailles, afin de communiquer le décret de la faculté aux docteurs *le Monnier* & *Laffonne*, médecins en cour, pour les engager à interposer leurs bons offices convenablement à leur dignité & à leur amour zélé pour la faculté.

Cette requête n'a produit encore aucun effet. Le doyen de la faculté intrigue le plus qu'il peut pour la conservation d'une commission qui lui rend beaucoup d'argent, & en rendra tant qu'il n'y aura pas de premier médecin.

15 *Juillet* 1773. Tout le Palais-Royal a été fort scandalisé une de ces nuits dernieres, où M. le duc de Chartres, après avoir joué & soupé chez un seigneur Polonois, s'est promené dans le jardin avec lui & autres seigneurs qui avoient été de la partie, & y ont tenu tout haut les propos les plus obscenes & chanté les chansons les plus grivoises : on ne peut attribuer cette scene peu digne d'un aussi grand prince, qu'aux fumées du vin, dont, dans la chaleur du souper, il s'étoit laissé surprendre la tête.

17 *Juillet* 1773. L'académie royale de musique

a donné hier les *Fragments héroïques*, ballet composé de l'acte d'*Ovide & Julie*, de celui du *Feu des éléments*, & de l'acte des *Sauvages*. Les paroles du premier sont de *Fuzelier*; la musique est de M. *Cardonne*. Il falloit nécessairement mettre beaucoup d'esprit dans un poëme où l'on introduisoit Ovide en scene, & c'est ce qu'a fait le poëte : il y a fondu quantité de morceaux tirés de l'auteur latin le plus ingénieux, le plus délicat & le plus tendre : il est fâcheux que les acteurs n'aient pu rendre les personnages comme il convenoit. Madame Larrivée ne pouvoit être propre à exprimer les agitations du cœur de la fille d'Auguste, emportée par une passion violente pour un simple chevalier romain ; & celui-ci auroit exigé un autre représentant que le sieur le Gros, capable de peindre tout l'embarras d'un sujet brûlé d'amour pour la fille de son empereur ; l'adresse avec laquelle il lui dévoile ses sentiments ; enfin l'excès de sa reconnoissance & de sa joie lorsqu'il apprend qu'il est aimé, par une déclaration non moins fine. Mlle. Beaumesnil n'a pas non plus mis dans son jeu tout celui que vouloit le rôle d'une soubrette zélée, qui chercheroit à faire revenir sa maîtresse d'un égarement funeste. D'ailleurs, la musique foible, traînante, & dans le genre antique, n'a produit que peu de sensation : les ballets n'ont eu rien de remarquable.

On connoît plus l'acte du *Feu*, poëme de le Roi. La musique est de *Destouches*, c'est-à-dire, d'un compositeur proscrit aujourd'hui & regardé comme gothique par nos modernes : cependant Mlle. *Duplant*, qui jouoit le rôle de la grande-prêtresse de Vesta, & le sieur Larrivée, son amant, ont mis par leur jeu du mouvement dans la scene & relevé la froideur du musicien. D'ailleurs, la Dlle. Guimard & le sieur Vestris, qui ont dansé dans les ballets, ont fixé l'attention du public & excité son admiration ordinaire. On a regretté qu'une entorse, venue très-mal-à-propos, ait empêché la Dlle. *Heynel* de paroître dans cet acte où l'on se flattoit de la voir.

Les Sauvages sont trop connus pour en rien dire de plus, & c'est là leur grand défaut dans un pays où l'on exige pour premier mérite la nouveauté. D'ailleurs, ils ont été très-mal joués, même par Mlle. Rosalie, qui n'a qu'imparfaitement rendu le rôle ingénu & tendre de *Zima*, fille du chef des sauvages: les sieurs *Tirot*, faisant l'officier françois; *Geslin*, l'officier espagnol, & *Adario*, sauvage, amant de *Zima*, n'ont pas mieux réussi. Le premier n'a mis ni grace, ni légéreté dans son jeu; on n'a trouvé ni noblesse, ni expression dans le second, & le dernier a joué sans nulle onction, ou plutôt avec une sécheresse révoltante. Heureusement la Dlle. Allard, le sieur Dauberval, & le sieur Gardel ont figuré dans une pantomime tout ce qu'auroient dû peindre ces acteurs; on en a admiré la vivacité, la précision, l'intelligence, & les spectateurs sont restés avec plaisir sur cet excellent morceau de chorégraphie, qui a terminé le spectacle.

18 *Juillet* 1773. Il y a eu un grand concours de monde hier au wauxhall, amené par l'annonce d'un fameux concert, où le sieur Baër devoit exécuter un concerto de clarinettes, & les sieurs *Nioul* & *Dumoulin* chanter.

16 *Juillet* 1773. Les comédiens françois se dis-

posent à donner incessamment *Regulus*, tragédie de M. Dorat, déja imprimée & non jouée ; le même jour ils représenteront *la Feinte par amour*, comédie du même auteur, absolument nouvelle.

27 *Juillet* 1773. La clameur générale contre l'ineptie des comédiens est telle, que dans la crainte qu'on ne leur ôte absolument la connoissance des pieces nouvelles, on assure qu'ils ont fait rédiger un mémoire où ils demandent eux-mêmes qu'on leur associe quelques gens de lettres & membres de l'académie à cet effet. Mais quels seront les infames qui voudront d'une pareille aggrégation, & juger concurremment avec ces histrions ?

30 *Juillet* 1773. L'académie royale de musique ne sachant comment ramener le public, absolument aliéné, retire au bout de quinze jours l'acte *d'Ovide & Julie*, & remet celui *d'Apollon & Coronis*, tiré du ballet des *Amours des Dieux*, acte très-goûté jusqu'à présent, mais trop connu pour faire sensation.

31 *Juillet* 1773. Un voyageur a rapporté de l'Inde un instrument du mystere amoureux fort extraordinaire. C'est une boule érotique. Elle est de la grosseur d'un œuf de pigeon, d'une écorce, ou peau extrêmement douce & lice; elle est dorée : on l'introduit dans la partie naturelle du sexe; elle y acquiert à l'instant une espece de mouvement continu, qui occasione à la femme une titillation, prurit plus vif que celui du doigt ou du membre viril, & lui procure des extases multipliées jusqu'à ce qu'elle veuille terminer cet exercice, qui pourroit à la longue lui devenir funeste. On ne connoît pas le méchanisme de cette

pomme d'amour, dans laquelle on préfume qu'il y a du vif argent. On ne doute pas que les habiles méchaniciens ne foumettent cette machine à leur examen à mefure qu'elle viendra à leur connoiffance ; & fi quelqu'un pouvoit en découvrir le fecret, on conçoit quel débit il en auroit, furtout dans les couvents de filles.

6 *Août* 1773. On a dit l'an paffé qu'on avoit annoncé à la féance publique de l'académie françoife, pour la diftribution du prix de poéfie, qu'il avoit été remis ; que M. d'Alembert, le fecretaire de la compagnie, avoit parlé d'une piece avec diftinction, en exhortant l'auteur de la remettre au concours après l'avoir retouchée : tout le monde jugea qu'elle étoit de M. de la Harpe : c'eft en effet lui qui a le prix cette année, & fon fujet eft la *Navigation*.

Quant à celui de profe, le fujet étoit *l'Eloge de Colbert*. On prétend qu'un difcours du banquier *Necker* a emporté les fuffrages.

7 *Août* 1773. Le rôle d'*Apollon*, rendu par le fieur le Gros dans l'acte de ce nom & *Coronis*, n'a pas dans fa bouche l'expreffion qu'il devroit avoir ; celui d'*Iphis* n'eft pas mieux rempli par le fieur *Durand* ; enfin, Mlle. *Châteauneuf* a une figure dure, une voix peu flûtée, qui ne vont point au perfonnage d'*Ifmene* qu'elle repréfente. Les coryphées de l'opéra fe repofent déja pour être en état de briller aux fêtes qui doivent avoir lieu cette automne au mariage de M. le comte d'Artois, ce qui préfage encore pour long-temps la défertion abfolue de ce théatre.

10 *Août* 1773. L'oraifon funebre dont on a parlé, a pour titre : *oraifon funebre de Charles-*

Emmanuel, *roi de Sardaigne & duc de Savoie*, prononcée le 17 mars 1773 par M. ***, vicaire de la paroisse de St.*** à Chambéry. Cet ouvrage est toujours fort rare.

13 *Août* 1773. Un jeune auteur débutant, nommé M. *Salaun*, avoit fait un petit ouvrage contre les comédiens à l'occasion de leur querelle avec le sieur *Renou*, l'auteur de *Térée* ; il y rapportoit les lettres insolentes des histrions & les réponses humbles & basses du poëte ; il citoit diverses anecdotes qui mettroient au jour les prétentions de ces messieurs sur les auteurs, & le despotisme fou qu'ils voudroient exercer sur eux. M. le lieutenant-général de police n'avoit point absolument refusé la permission ; mais, comme il craignoit de se compromettre vis-à-vis les gentilshommes de la chambre, il a enjoint à l'auteur de s'en référer à eux ; ce qu'il a fait. M. le duc de Duras, qui s'est mêlé de la négociation, non-seulement n'a pas voulu permettre que ce pamphlet parût, mais il a défendu les histrions avec la plus grande chaleur ; il a exigé que M. *Salaun* remît son manuscrit, & l'a rendu responsable de ce qui en paroîtroit.

14 *Août* 1773. Le sieur de Wailly, architecte, avoit anciennement obtenu des lettres-patentes pour faire une salle de comédie où étoit l'hôtel de Condé ; depuis la rupture de ce marché, on a vu qu'il avoit été question de la restauration de l'ancienne salle ; cette restauration a été abandonnée au commencement de l'entreprise, & le projet du sieur Liégeon au carrefour de Bussy, avoit repris faveur ; on lui en avoit demandé ensuite un autre pour un théatre au jeu de boule de *Manus* ; il

avoit auſſi obtenu des lettres-patentes pour celui-ci; enfin, depuis que la ville a repris le marché de l'hôtel de Condé, on vient d'expédier de troiſiemes lettres-patentes pour y ériger une nouvelle ſalle ſur les deſſins du ſieur Moreau, architecte de la ville. Telles ſont les variations qu'a éprouvé cette négociation, qui n'eſt peut-être pas encore à ſon dernier terme, car le ſieur Liégeon eſt à Compiegne, & ſes protecteurs le bercent encore de leurs chimeres.

15 *Août* 1773. Le nouveau pamphlet du ſieur Linguet a pour titre: *Examen abrégé* d'un nouvel écrit public contre le comte de Morangiès, intitulé *Preuves réſultantes*, &c.: il ſe plaint de l'abondance de ſes adverſaires, qui, après une *dénonciation* enrichie de notes, *ſept mémoires, trois réponſes, un précis*, ſans compter les *libelles clandeſtins compoſés en forme de brochures littéraires*, répandent encore une autre production. Du reſte, cette réfutation prétendue n'eſt qu'une rapſodie indigeſte de dits & de contredits, de faits avancés & déſavoués, dont les juges peuvent ſeuls connoître la vérité. On voit ſeulement que l'orateur s'eſt preſſé de faire cet *examen*, où il n'y a ni ordre ni clarté, ni raiſonnement: il finit par dire qu'il ne ſe laiſſera plus diſtraire de ſon plan, qu'il continuera d'exécuter celui qu'il s'eſt propoſé pour la défenſe définitive du comte, qu'il va publier, dans laquelle il s'occupera de la procédure & diſcutera bien moins ce qui y eſt, que ce qui n'y eſt pas & devroit y être.

16 *Août* 1773. La Dlle. *Billioni*, qui a fait le rôle d'*Acajou* dans la piece de ce nom, s'y eſt diſtinguée tant par un jeu charmant, que par une

voix naturelle, agréable, flûtée, onctueuse & pleine de sentiment.

17 *Août* 1773. Le sieur Corré, malgré tout son talent, a peine à soutenir son wauxhall, qui, n'ayant rien de bien vif, est un spectacle très-ennuyeux à la longue, & semble devoir tomber nécessairement. Le colysée, qui s'ouvre de temps en temps pour voir si l'aversion du public contre ce lieu commence à se passer, ne le ramene pas davantage: il n'y avoit dimanche dernier que 1800 personnes. En général il n'y a que les filles, les gens absolument désœuvrés & les étrangers qui aillent en ce lieu froid, où l'on est toujours tenté de demander *quand cela commencera-t-il ?*

18 *Août* 1773. La lettre de M. de Voltaire à madame la comtesse Dubarri, fait une sensation prodigieuse parmi les courtisannes de cette capitale. Il n'en est aucune d'une certaine espece qui n'en ait une copie sur sa toilette. Les patriotes en sont indignés, & sur-tout de l'assimilation qu'il fait de cette divinité avec la nymphe *Egérie*, nom allégorique qu'il lui donne, comme si à l'exemple de celle-ci, qui inspira *Numa* lors de la formation de ses loix pour le peuple romain, il exaltoit la part que la favorite a eue dans la révolution de la magistrature & de la constitution de l'état. On voit, au surplus, que le philosophe de Ferney voudroit bien, à la faveur de tant d'adulation, faire donner son opéra de *Pandore* pour les fêtes du mariage du comte d'Artois.

19 *Août* 1773. Me. Linguet n'a pas tardé à faire paroître son nouveau mémoire très-volumineux. Il a pour titre: *Résumé général pour le comte*

de Morangiès. Il a moins d'éloquence que les autres ; mais c'est celui qui contient des raisonnements plus spécieux.

20 *Août* 1773. Un cauftique vient de répandre des *obfervations* fur la requête préfentée au roi par la faculté de médecine de Paris, contre l'établiffement de la commiffion royale de médecine. Elle eft imprimée à Louvin. L'auteur ne fe nomme point, & craindroit avec raifon la vengeance des docteurs de Paris pour les vérités dures qu'il leur dit.

21 *Août* 1773. C'eft décidément M. *Necker* qui a le prix d'éloquence ; il n'eft point remis comme on le craignoit. Quant à M. *de la Harpe*, fa victoire a été bien balancée : une partie de l'académie vouloit que le prix de poéfie fût remis, mais la cabale volterrienne l'a emporté.

22 *Août 1773. Preuves réfultantes du procès pour la dame Romain & le fieur Dujonquay fon fils ; contre le comte de Morangiès, maréchal-de-camp ; le fieur Dupuis, infpecteur de police ; le fieur Desbrugnieres, fon adjoint, & encore contre M. le procureur-général.*

Tel eft le titre du nouveau mémoire de Me. Vermeil : il eft divifé en deux parties.

1°. La décharge de l'accufation qui avoit été pourfuivie contr'eux fur une plainte en excroquerie de 327,000 livres de billets.

2°. Les condamnations civiles prononcées à leur profit.

Au foutien de la premiere partie, l'avocat adminiftre trois fortes de preuves : preuves littérales, preuves teftimoniales & judiciaires, preuves morales.

Les preuves littérales consistent dans les billets qui subsistent dans toute leur force, puisque les déclarations contraires sont nulles : 1°. comme étant l'ouvrage des manœuvres & de la violence pratiquée par Desbrugnieres ; 2°. comme portant avec elles-mêmes la preuve de leur fausseté.

Des preuves testimoniales & judiciaires il conste, 1°. que la dame Romain a toujours joui d'une aisance honnête; 2°. que la dame Verron avoit beaucoup d'or en sa possession avant le prêt; 3°. qu'on en a beaucoup compté dans le cabinet de Dujonquay le 21 septembre 1771 ; 4°. que Dujonquay a fait dans la matinée du 23, plusieurs voyages, chargé de sacs, en montant au fauxbourg Saint-Jacques, où demeuroit alors le comte de Morangies ; 5°. que Dujonquay a porté son or chez lui, & qu'il recevoit à chaque voyage une reconnoissance de la somme qu'il lui remettoit.

Enfin, les preuves morales sont établies par la conduite du comte lors de ses billets, postérieurement à ses billets, & dans tout le cours de cette affaire.

L'orateur ne se dissimule pas les objections de son adversaire & les réfute avec la même force.

Dans la seconde partie il discute cinq dispositions de la sentence relativement aux condamnations civiles envers Dujonquay & la dame Romain ; il en fait voir la justice, ou plutôt combien elles sont modiques relativement aux vexations longues, multipliées & inouies que ces malheureux ont éprouvés.

Il est impossible de procéder avec plus de logique, d'ordre, de méthode que ne le fait Me. Vermeil. Sa péroraison est un chef-d'œuvre d'éloquence par l'adresse avec laquelle il ramene dans son parti même les partisans les plus zélés du comte de Morangiès, en faisant voir qu'il est de leur intérêt qu'il succombe avec éclat, & portant la peine due à son crime, rassure tous les ordres de citoyens alarmés.

.23 *Août* 1773. Copie d'une lettre de M. de Voltaire à madame la comtesse Dubarri.

MADAME,

M. de la Borde m'a dit que vous lui aviez ordonné de m'embrasser des deux côtés de votre part.

Quoi, deux baisers sur la fin de ma vie,
Quel passe-port vous daignez m'envoyer !
Deux, c'en est trop, adorable Egérie,
Je serois mort de plaisir au premier.

Il m'a montré votre portrait : ne vous fâchez pas, Madame, si j'ai pris la liberté de lui rendre les deux baisers.

Vous ne pouvez empêcher cet hommage,
Foible tribut de quiconque a des yeux :
C'est aux mortels d'adorer votre image,
L'original étoit fait pour les dieux !

J'ai entendu plusieurs morceaux de *Pandore* de M. de la Borde ; ils m'ont paru dignes de votre protection.

protection. La faveur donnée aux véritables talents est la seule chose qui puisse augmenter l'éclat dont vous brillez. Daignez, Madame, agréer le profond respect d'un vieux solitaire, dont le cœur n'a presque plus d'autres sentiments que celui de la reconnoissance.

Nota. Pour l'intelligence de cette lettre, il faut savoir que M. de la Borde, le valet de chambre du roi, est allé à Geneve, qu'il a fait une musique pour les paroles de l'opéra de *Pandore* de M. de Voltaire.

23 *Août* 1773. Les lettres-patentes pour l'érection de la salle de comédie à l'hôtel de Condé, ont été enrégistrées ces jours derniers au nouveau tribunal. Le préambule contient un grand éloge de ce spectacle.

23 *Août* 1773. Il paroît un *Mémoire sur l'usage qu'il conviendroit faire du revenu des abbayes qui sont en commande.* Le projet de l'auteur mérite qu'on en rende un compte particulier.

24 *Août* 1773. Voici le préambule des lettres-patentes pour la construction des bâtiments devant servir à la comédie françoise.

« L'hôtel dans lequel nos comédiens fran-
» çois donnoient leurs représentations, étoit
» devenu dans un tel état de caducité, qu'il
» n'étoit plus possible de les y continuer : pour
» ne point laisser interrompre un spectacle, *de-*
» *venu célebre par les acteurs*, encore plus par
» les drames qu'ils représentent, & dont le
» but est de contribuer autant à la correction
» des mœurs & à la conservation des lettres,
» qu'à l'amusement de nos sujets, nous avons
» bien voulu permettre à nos comédiens fran-

» çois l'usage du théatre de notre palais des
» Tuileries ; mais nous reconnûmes dès-lors
» l'impossibilité d'y laisser subsister un spectacle
» public, s'il nous plaisoit de séjourner dans
» la capitale de notre royaume ; d'ailleurs
» l'étendue & la disposition primitive de ce
» théatre, pour un autre genre de spectacle,
» ont fait connoître qu'il étoit *incommode aux*
» *acteurs de la comédie*, par la nécessité de for-
» cer continuellement leurs voix pour se faire
» entendre, inconvénient qui en rendant la dé-
» clamation pénible & désavantageuse, préju-
» dicie également *à la santé des acteurs*, & à
» la satisfaction des spectateurs : ces considéra-
» tions, que nous avons envisagées, & que les
» comédiens françois nous ont fait exposer,
» nous avoient déterminés à leur permettre de
» reconstruire leur salle sur le même emplace-
» ment que l'ancienne ; nous avions même
» pris des mesures pour les aider ; & notre
» bonne ville de Paris leur avoit déja avancé
» la somme nécessaire pour acquérir quelques
» maisons contiguës à cette ancienne salle,
» afin d'en rendre les dispositions plus commo-
» des & les issues moins difficiles ; mais sur
» ce qui nous a été observé par les officiers
» de police, que les abords en étoient incom-
» modes & ne suffisoient pas à l'affluence des
» spectateurs & au nombre des carrosses, en
» sorte qu'il en résultoit souvent des accidents,
» & toujours des embarras qui empêchoient
» le passage des voitures nécessaires au service
» & au commerce de notre bonne ville de
» Paris ; il nous a paru que pour l'utilité &
» la commodité publique, il convenoit de

» choisir un autre emplacement. Parmi les divers
» plans & projets qui nous ont été proposés,
» nous n'en avons point trouvé de plus propre
» à remplir en même temps les différents objets
» d'agrément & de commodité auxquels il con-
» venoit de pourvoir, que celui d'une nou-
» velle construction sur une partie des empla-
» cements de l'ancien hôtel de Condé, en
» suivant en cela les dispositions par nous pri-
» mitivement indiquées, puis qu'en acquérant
» ledit hôtel & un très-petit nombre de mai-
» sons qui y sont contiguës, ladite salle de
» comédie se trouvera isolée au milieu d'un
» vaste emplacement, & que sur le surplus
» du terrein, l'on pourra construire avec avan-
» tage nombre d'hôtels & de maisons qui con-
» tribueront à embellir de plus en plus un quar-
» tier déja orné par notre palais du Luxembourg,
» & principalement fréquenté par les étran-
» gers, &c. »

26 *Août* 1773. Monsieur de Voltaire n'est pas resté muet parmi tant de mémoires répandus dans l'affaire du comte de Morangiès; il a repris la plume & a écrit : *Précis du procès de monsieur le comte de Morangiès, contre la famille Verron*. Il ne fait qu'y ressasser ce que Me. Linguet a dit & répété, & ce qu'il a déja dit lui-même dans ses diverses probabilités. Mais quelque peu raisonné que soit ce pamphlet, il est très-dangereux pour le gros des lecteurs aisé à séduire par le charme du style, & ce persiflage amer que le philosophe de Ferney entend si bien.

Non content de cet écrit anonyme, il en répand un autre qu'il avoue plus authentiquement. Il eſt intitulé : *Lettre de M. de Voltaire à meſſieurs de la nobleſſe du Gévaudan, qui ont écrit en faveur de M. le comte de Morangiès*: elle eſt datée de Geneve du 10 auguſte 1773. Elle roule ſur la déclaration dont on a parlé, inſérée dans un mémoire de Me. Linguet, & ſouſcrite par quelques gentilshommes prétendus voiſins du comte de Morangiès. Ce qui rend ce nouvel ouvrage de M. de Voltaire extrêmement inſidieux, c'eſt l'adreſſe infernale qu'il a eue d'y inſérer le propos ſoi-diſant du roi : *il y a mille probabilités contre une, que M. le comte de Morangiès n'a pas reçu les cent mille écus*, propos qu'il fait ſonner bien haut, *comme du plus grand ſens & du jugement le plus droit*, & par lequel il ſemble vouloir forcer les ſuffrages non-ſeulement des ſpectateurs, mais encore des juges intimidés par cet oracle ſorti de la bouche du légiſlateur même.

28 *Août* 1773. Il paroît *une ſeconde lettre de monſieur de Voltaire à meſſieurs de la nobleſſe du Gévaudan*, ſur le procès de M. le comte de Morangiès, datée de Geneve le 16 auguſte 1773. Il y reſſaſſe de nouveau les improbabilités prétendues de l'accuſation des Verron, qu'il réduit à 22 & qu'il ſuppute ſe monter à plus de cent. Le fonds de l'ouvrage n'eſt qu'une répétition de ce qu'il a déja dit ; mais on voit que l'objet principal de cette épître eſt de faire valoir le propos du roi, comme mettant à couvert l'honneur de M. de Morangiès dans le cas où il ſuccomberoit, & d'atténuer l'effet qu'auroit produit l'excellent mémoire de Me. Vermeil, en

cherchant à y trouver des contradictions, & en insinuant qu'il ne se mêle plus de cette cause abominable, que parce qu'il y est engagé.

29 *Août* 1773. Le nouveau mémoire dont on a parlé, a pour titre : *Mémoire relatif à l'affaire du comte de Morangiès avec les héritiers Verron, pour le sieur Gronstel, ancien procureur au parlement, retiré volontairement de son état en septembre* 1762 ; *contre* Me. *Falconnet, avocat, ses adhérants & complices.* Il est signé *Gronstel, autor & actor.* Et cette chûte burlesque annonce déja une tête échauffée & un peu folle. Le contenu du mémoire ne dément point cette idée : c'est un bavardage fort long, où l'on ne voit d'autre but que celui de faire diversion dans l'affaire de M. de Morangiès, & de dire de grosses sottises à Me. *Falconnet*, qu'il a prétendu *expulsé de la communauté des procureurs, connu & méprisé de tout Paris*. Il fait en conséquence l'histoire de sa vie, divisée en trois parties, 1°. depuis sa naissance jusqu'au traité de son office de procureur au parlement ; 2°. depuis sa réception dans cet office, jusqu'à l'instant qu'il s'en est défait ; 3°. Depuis qu'il a vendu sa charge jusqu'à ce jour. Ce qu'on y voit de plus clair, c'est qu'il est auteur d'une brochure intitulée : *Essai sur la profession de procureur*, de beaucoup d'autres ouvrages en ce genre, ainsi que de divers projets restés en suspens, & le tout pour l'instruction, l'honneur & la gloire de sa communauté. On ne peut disconvenir qu'à travers la singularité du mémoire & de son style, on ne reconnoisse un homme d'esprit, mais dont il faudroit qu'une tête plus mûre arrêtât les écarts. Quoi qu'il en

soit, cet ouvrage ne pouvoit rien faire au fonds du procès.

30 *Août* 1773. On a recommencé hier au Colysée les joûtes sur l'eau, qui n'ont pas eu plus de succès que de coûtume, le local étant trop étranglé & ne pouvant suffire à un pareil jeu, qui doit être un simulacre en petit d'un combat maritime.

La foire Saint-Ovide s'est ouverte depuis quelques jours à son emplacement ordinaire : Madame, & Mad. Elisabeth, sa sœur, s'y sont rendues jeudi dernier, & ce spectacle, fait pour des jeunes personnes de leur âge, les a infiniment amusées.

30 *Août* 1773. Quoique le discours de monsieur Necker, couronné à l'académie françoise suivant l'usage qu'a rétabli un dernier arrêt du conseil, soit approuvé par deux docteurs de sorbonne très-connus, la faculté de théologie, ou du moins quelques membres de cette faculté, sont scandalisés de la maniere cavaliere dont le philosophe orateur y parle de l'existence de Dieu, qu'il semble ne donner que comme une opinion utile ; cependant, comme le passage n'est que louche, & que l'écrivain s'exprime ailleurs d'une façon plus catégorique, on ne croit pas que l'on s'en occupe en sorbonne.

30 *Août* 1773. Le propos du roi qu'on a cité sur l'affaire de monsieur le comte de Morangiès, quoique contradictoire à celui qu'il avoit tenu dans le commencement du procès sur cette même matiere, est vrai. Il avoit dit d'abord qu'il falloit *que M. de Morangiès fût un fripon ou un sot.* Il a dit depuis, en effet, qu'il y avoit mille

contre un à parier que M. de Morangiès n'avoit pas reçu les cent mille écus; mais il a ajouté qu'il y avoit à parier cependant qu'il perdroit ; & monsieur de Voltaire en le rapportant a jugé à propos de le mutiler, & de s'en tenir à la premiere partie.

3 *Septembre* 1773. Les *Observations sur la requéte de la faculté contre la commission de médecine*, sont assez généralement attribuées au sieur *Louis*, chirurgien fameux, qui a écrit sur son art. La faculté est furieuse contre lui, & lui reproche beaucoup d'âneries dans son ouvrage.

6 *Septembre* 1773. Le feu roi avoit institué des prix pour les arts, la peinture, la sculpture & l'architecture, & cet établissement se perpétue encore ; mais en outre les jeunes gens couronnés passoient à Rome aux dépens de S. M. & y étoient entretenus & guidés dans la perfection de leur talent sous l'inspection d'un homme célebre de l'académie, directeur de celle de France, dans la capitale du monde chrétien. C'est aujourd'hui M. *Natoire* qui y réside en cette qualité. Depuis quelques années aucun éleve n'y avoit été envoyé, & le défaut de fonds sans doute empêchoit de maintenir cette institution. M. le contrôleur-général, qui préside aux arts aujourd'hui, a été déterminé à le faire revivre, & l'on va faire partir ceux qui ont remporté le prix cette fois dans les divers genres.

8 *Septembre* 1773. M. de Voltaire a écrit une troisieme lettre à messieurs de la noblesse du Gévaudan, en date du 26 auguste 1773, où il confirme le bruit de la souscription dont on a parlé. C'est un fonds fait par plusieurs officiers pénétrés de l'innocence du comte de Morangiès en connoissance de cause, en présence du marquis de Mon-

xeynard : il demande en conséquence, au nom de M. de Floriau, son neveu, permission à la noblesse du Gévaudan de souscrire avec elle, si elle prend le même parti. Tout cela est une tournure pour rendre la chose plus touchante, pour entrer en matiere & bavarder de nouveau. Il imite ici le sieur Linguet, & maltraite fort le bailli du palais, ainsi que les divers particuliers impliqués dans la cause. Rien de nouveau qu'une plus grande impudence.

10 *Septembre* 1773. M. de Voltaire vient d'adresser une *Epître à M. Marmontel, auteur de jolis contes, historiographe de France*. Telle est sa dédicace. C'est au surplus un persiflage assez léger de la cour & de Paris, où il n'y a rien de neuf que des tournures ingénieuses & piquantes pour faire passer les sarcasmes que le philosophe de Ferney ne peut s'empêcher de lancer sans relâche.

11 *Septembre* 1773. L'exécution dans le chant de l'opéra de *L'union de l'Amour & des Arts*, n'a été aussi parfaite que l'exigeoit un pareil spectacle : dans le premier acte le sieur le Gros fait assez bien le rôle de Bathile qu'il chante à demi-voix, & avec cette timidité qui doit caractériser le véritable amour ; mais celui d'Harpage étoit rempli par le sieur Beauvalet, personnage sans noblesse dans la figure, dans les attitudes & dans la maniere de chanter. La Dlle. Beaumesnil a toujours une voix seche & aigre, qui ne peut aller aux situations de sentiment où elle se trouve dans cet acte ; & l'organe chevrotant de Gelin le rend désormais insoutenable sur la scene.

La Dlle. Duplan & le sieur Larrivée réussissent

très-bien dans la seconde entrée : la premiere, quoique d'une taille & d'un développement trop fastueux peut-être pour rendre une beauté timide, jusqu'alors habituée à l'obscurité de la solitude, a du moins de la sensibilité & de l'onction ; l'autre a une aisance dans le chant & un jeu naturel qui caractérisent à merveille un empereur qui va choisir entre tant de beautés celle qu'il ne tient qu'à lui de rendre heureuse.

Mad. Larrivée, dans la troisieme entrée, en sa qualité de présidente & d'amante qui combat l'amour, sauve très-bien la froideur ordinaire de son jeu, qu'elle répare encore mieux par les agrémens de sa voix & la gentillesse de son exécution. Mais le sieur Tirot, court & gros comme un tambour, a plus l'air d'un suivant de Bacchus que d'un esclave de l'Amour. On est fâché de retrouver encore la Dlle. Beaumesnil dans le rôle de Céphise ; cependant comme il exige plus de finesse que d'onction, elle réussit mieux dans ce dernier acte que dans le premier.

12 *Septembre* 1773. *Epître à M. Marmontel, auteur de jolis contes, historiographe de France, par M. de Voltaire.*

Mon très-aimable successeur,
De la France historiographe,
Votre foible prédécesseur
Attend de vous son épitaphe.
Au bout de quatre-vingts hivers,
Dans mon obscurité profonde,
Enseveli dans mes déserts

Je me tiens déja mort au monde,
Mais fur le point d'être jeté
Au fond de la nuit éternelle,
Comme tant d'autres l'ont été,
Tout ce que je vois me rappelle
A ce monde que j'ai quitté.
Si vers le foir un trifte orage
Vient ternir l'éclat d'un beau jour,
Je me fouviens qu'à votre cour
Le temps change encore davantage.
Si mes paons de leur beau plumage
Me font admirer les couleurs,
Je crois voir vos jeunes feigneurs
Avec leur brillant étalage ;
Et mes coqs d'Inde font l'image
De leurs pefants imitateurs.
De vos courtifans hypocrites,
Mes chats me rappellent les tours ;
Les renards, autres chatemites,
Se gliffant dans mes baffes-cours,
Me font penfer à des jéfuites.
Puis-je voir mes troupeaux bêlants,
Qu'un loup impunément dévore,
Sans fonger à des conquérants
Qui font beaucoup plus loups encore !
Lorfque les chantres du printemps
Réjouiffent de leurs accents
Mes jardins & mon toit ruftique ;
Lorfque mes fens en font ravis,
On me foutient que leur mufique

Cede aux bémols des Moncinis,
Qu'on chante à l'opéra comique.
Quel bruit chez le peuple helvétique !
Brionne arrive, on est surpris,
On croit voir Pallas ou Cipris,
Ou la reine des immortelles ;
Mais chacun m'apprend qu'à Paris
On en voit cent presque aussi belles.
Je lis cet éloge éloquent
Que *Thomas* a fait savamment
Des dames de Rome & d'Athenes ;
On me dit : partez promptement,
Venez sur les bords de la Seine,
Et vous en direz tout autant,
Avec moins d'esprit & de peine !
Ainsi du monde détrompé,
Tout m'en parle & tout m'y ramene.
Serois-je un esclave échappé,
Qui porte encor un bout de chaîne ?
Non, je ne suis pas foible assez
Pour regretter des jours stériles,
Perdus bien plutôt que passés
Parmi tant d'erreurs inutiles.
Adieu, faites de jolis riens,
Vous encor dans l'âge de plaire,
Vous que les Amours & leur mere
Tiennent toujours dans leurs liens.
Mos solides historiens
Sont des auteurs bien respectables,
Mais à vos chers concitoyens
Que faut-il, mon ami ! Des fables.

13 *Septembre* 1773. M. de Voltaire, dans sa troisieme lettre aux gentilshommes du Gévaudan, en s'élevant contre les arrêts injustes, cite dans le dénombrement celui rendu par le parlement de Paris contre M. de Lally, qu'il appelle *le brave Lally*: cela a confirmé le bruit que le philosophe de Ferney travailloit à l'apologie de ce criminel supplicié; en effet, depuis quelques jours il court dans Paris un *factum* en faveur de cet illustre scélérat, & l'on ne doute pas que ce ne soit le premier effort de ce grand réparateur des torts.

14 *Septembre* 1773. M. de Voltaire n'a pas manqué de faire éclater sa joie à la réception de l'arrêt du comte de Morangiès : il a écrit une *quatrieme lettre à la noblesse du Gévaudan*: elle est datée du 8 septembre. Elle contient un pompeux éloge du nouveau tribunal, qui s'est abstenu, dit-il, de manger depuis cinq heures du matin jusqu'à six heures du soir. Il s'écrie qu'il voit dans cet arrêt *qu'on a été plus occupé à justifier la vertu opprimée qu'à punir le crime* ; & il ajoute que M. de Morangiès lui a mandé *que ses sentiments s'accordoient avec l'arrêt*.

18 *Septembre* 1773. Les vers suivants faits à la louange de Me. Linguet, prouvent à quel point de délire peut monter une imagination exaltée par l'esprit de parti : au surplus, ils sont pleins de verve, d'harmonie & d'images; il ne leur manque que d'être mieux appliqués.

Tu triomphes, Linguet; laisse frémir l'envie,
Donne lui le tribut que lui doit le génie ;
Ce monstre par ses cris, dès tes plus jeunes ans,
Aux vils persécuteurs dénonça tes talents ;

Il leur dit : armez-vous; je vois naître un grand homme...
Punis-les par ta gloire, & souviens-toi qu'à Rome,
Couronnés de lauriers, les Scipions vainqueurs,
Montoient au capitole au bruit de leurs clameurs.
Ministres dévoués à sa rage intrépide,
Et souillés des poisons de sa bouche livide,
Tes ignobles rivaux, tes ennemis rampants,
Autour de ton trophée enlacent les serpents :
Mais l'hydre est abattue, & ses têtes impures
S'épuisent du venin qui sort par leurs blessures :
Ce peuple audacieux, contre toi déchaîné,
S'agite dans la fange à ton char entraîné,
Et les chefs insolents, écrasés sous la roue,
Mêlent en vain l'outrage, à la voix qui te loue :
Tu t'avilirois trop à répondre à leurs cris :
Un généreux athlete abandonne au mépris
D'obscurs gladiateurs descendus dans l'arene ;
Eschile pouvoit seul défier Démosthene,
Et dans les jeux brillants d'un peuple de héros,
Alexandre vouloit des rois pour ses rivaux.
Respecte tes talents, sois fidele à la gloire :
Eh ! qui pourroit ternir l'éclat de ta victoire ?
Sur toi du haut du trône entouré des beaux arts,
J'ai vu, j'ai vu Louis attacher ses regards :
En spectacle à la cour autour de toi rangée,
Tu conduisois vers lui l'innocence vengée.
Et j'ai vu les François idolâtrant leur roi,
L'oublier un moment pour n'admirer que toi.

 Il faut, pour comprendre cette fin, savoir que

Me. Linguet est allé à Versailles avec le comte de Morangiès ; mais il n'a pas été plus regardé du roi que son client. Cette épître est d'un M. du Ruflé officier.

22 *Septembre* 1773. Il y a une réponse de monsieur Marmontel à la jolie épître de M. de Voltaire ; mais c'est l'âne qui braie à côté du rossignol.

30 *Septembre* 1773. M. de Joslau, l'auteur d'une ingénieuse critique du sallon de 1769, sous le titre de *Raphaël*, qui en avoit donné une en 1771, moins bonne, mais plaisante encore, a continué cette année son travail sous un autre titre : *Eloge des Tableaux exposés au Louvre, le 25 août 1773, suivi de l'entretien d'un lord avec M. l'abbé A.....* Cette nouvelle tournure auroit pu être très-gaie & très-piquante, si les artistes, en garde contre ce frondeur téméraire, n'avoit eu recours à l'abbé Terrai, leur protecteur actuel, & prévenu d'avance la police pour arrêter ce qui les blesseroit ; en sorte que cet écrit a eu toutes les peines du monde à percer, & qu'il paroît dans un état pitoyable, corrigé, défiguré, en un mot sans nul intérêt, ni sarcasme.

3 *Octobre* 1773. M. Gilbert de Préval ne nie pas aujourd'hui avoir fait sur lui-même la honteuse expérience qui a donné lieu à la faculté de le rayer. Voici les expressions latines de son décret : *In promptu est quàm gravi, quàm acerbo dolore affecta fuerit quando in suis comitiis audivit magistrum* Gilbert de Préval ; *unum è suis, sic dignitatis suæ oblitum fuisse ut argyrtarum more remedium quoddam antivenereum &, ut temerè ac impudenter jactitabat, prophilacticum, ven-*

ditaret, imò sic morum austeritatis quos medicum decet, immemorem fuisse, ut infami portentosoque experimento publico, scorto prostituere se non erubuerit, ut eidem remedio famam fidemque conciliaret.

Mais sans dire ni oui ni non dans son mémoire, il prétend que les docteurs nommés pour informer du fait, & qu'ils rapportent avoir oui dire par des grands & autres très-illustres personnes, n'ont pu être d'une autorité assez grave pour opérer sa radiation & le faire déclarer infame.

Son mémoire qui auroit pu être très-plaisant par des détails curieux, ne l'est nullement, & d'ailleurs est très-mal digéré, n'attaque pas le fonds, & ne le défend que sur la forme, que l'avocat prétend mal observée.

6 Octobre 1773. *Orphanis* se trouve interrompue par le voyage de Fontainebleau; on a arrêté cette tragédie à la troisieme représentation, & annoncé qu'on ne la reprendroit qu'au retour; ce qui donnera à l'auteur le temps de changer & de corriger.

7 Octobre 1773. On répand diverses critiques sanglantes de *l'ode sur la navigation*, de M. de la Harpe: on sait que ce candidat a été couronné par l'académie, & ses rivaux furieux s'efforcent de faire voir l'ineptie de la piece & des juges, qui sont très-mortifiés de ces satires.

9 Octobre 1773. Un jeune peintre nommé *Trinquet*, non illustre encore, mais enflammé du desir de la gloire, a voulu se faire connoître par quelque tableau d'éclat. Il a imaginé de peindre

Mlle. Raucoux, espérant participer à la célébrité d'une actrice qui a fait tant de bruit, & dont tout le monde voudroit voir le portrait : en conséquence, il en a demandé la permission à la comédienne : elle y a consenti. Il a voulu prendre quelque situation intéressante des divers rôles où elle joue, & il en a donné le choix à son modele. Elle a préféré d'être peinte en Hermione dans le moment où Oreste vient lui annoncer le meurtre de Pyrrhus. Le public s'empresse d'aller voir cet ouvrage qui est achevé. Mlle. Raucoux est de grandeur naturelle ; sa figure paroît extrêmement ressemblante ; il y a beaucoup d'expression dans la physionomie ; la situation violente de son ame y est très-bien rendue ; elle semble régner dans toute l'habitude du corps ; & ses pieds même sont dans une contraction violente ; il y a beaucoup d'art aussi dans la draperie extrêmement riche, & dont les détails sont savamment traités. Il paroît que le coloris est la partie par où l'auteur peche. En général son ouvrage annonce beaucoup de talent, & sa noble émulation sera certainement récompensée par des succès.

11 *Octobre* 1773. Les deux comédies sont dans le plus grand délabrement au moyen d'une innovation introduite cette année par M. le maréchal duc de Richelieu, qui ne veut point que ceux destinés pour jouer à Fontainebleau devant le roi, en reviennent, & exige qu'ils y séjournent pendant tout le voyage. C'est ce qui a obligé de suspendre les nouveautés.

19 *Octobre* 1773. Les Graces, les Amours & les Muses pleurent également la mort de madame la princesse d'*Egmont*, fille du maréchal

duc de Richelieu, & qui à ce titre avoit droit de prétendre à figurer parmi toutes ces divinités. Il paroît qu'un attrait invincible pour le plaisir a abrégé les jours de cette femme très - voluptueuse.

21 *Octobre* 1773. Les badauds s'empressent d'aller voir la Samaritaine, qui est enfin réparée à neuf. Ce monument très - médiocre ne plaît pas aux gens de goût. Au lieu de bronzer les figures qui forment le grouppe au milieu duquel est la coquille, on les a dorées, ce qui présente un mat qui les révolte, & éblouit les sots.

25 *Octobre* 1773. Le *mémoire à consulter & consultation* du sieur Marin, est très-peu de chose; ce n'est qu'un préliminaire pour annoncer au public qu'il s'occupe de sa défense. Il y demande conseil sur la voie qu'il doit prendre pour obtenir une réparation authentique d'un *outrage qu'il ne sauroit dissimuler sans lui donner plus de consistance & de crédit*. Il annonce qu'il a des preuves très - évidentes de la *fausseté* des calomnies; qu'il fera tomber le masque à un autre coupable qui se cache, & qu'il donne grande envie de connoître, & qu'à la Saint-Martin il fera tout éclater.

Après ces trois pages in - 4°. du mémoire à consulter, suit une consultation de l'avocat *Labourée*, qui n'est connu de personne. Ce grand jurisconsulte lui trace le chemin qu'il doit prendre pour avoir acte de la plainte qu'il rendra des faits, injures, calomnies à détailler dans la requête, pour fixer les preuves & les empêcher de dépérir. Cette consultation, un peu plus longue, est délibérée du 9 de ce mois, & ne paroît que depuis peu, quoique le mémoire de Beaumarchais fût publié depuis six semaines.

26 *Octobre* 1773. On va voir par curiosité au palais la nouvelle chambre des vacations. Messieurs du parlement ne pouvoient obtenir aucune réparation ; cette salle, connue sous le nom de Saint-Louis, tomboit en ruine depuis long-temps, & l'on n'en tenoit compte. On sait que dans plusieurs chambres des magistrats ont fait faire à leurs dépens les reconstructions & embellissements nécessaires. M. le chancelier n'a pas voulu que son tribunal fût dans le même cas ; il a si bien représenté les besoins de la chose, que le domaine a été obligé d'y subvenir. Cette salle est plus belle que la grand'chambre, aussi vaste & beaucoup mieux éclairée : elle est tendue en tapisseries des Gobelins, distribuées en différents cartouches parsemés de fleurs de lis, où sont au milieu les armes du roi. Dans le vestibule qui précede cette piece, on remarque dix médaillons représentant les bustes de différents législateurs, orateurs & poëtes anciens ; l'association de ces derniers a paru bizarre en pareil lieu. L'inscription qui est sur la porte ne frappe pas moins ; elle porte : *Raro antecedentem scelestum sequitur pede pœna claudo* ; elle a rapport à la destination générale de la piece, qui doit être une chambre de tournelle, dans le cours de l'année ; mais on critique cette sentence, quoique très-juste, comme tirée d'un poëte, & devant l'être de l'écriture sainte, ou de quelque livre de morale plus grave. Quoi qu'il en soit, elle annonce que messieurs du nouveau tribunal sauront allier

le goût de la belle littérature, à l'étude ingrate du digeste & du code. Il est fâcheux que l'abord de cette superbe partie du temple de Thémis ne soit pas ouvert & accessible, comme il le faudroit.

29 *Octobre* 1773. On parle de remontrances imprimées du parlement de Bordeaux actuel contre le monopole, qui sont bien écrites, quoiqu'un peu fades en adulation.

30 *Octobre* 1773. Lettre de Mlle. Arnoux de l'opéra à M. le duc d'Orléans, pour lui demander la permission de tirer un feu d'artifice sur le Palais-Royal, à l'occasion de la naissance de M. le duc de Valois.

Monseigneur,

« Le théatre lyrique semble plus spécialement que les autres dévoué à vos amusements & à ceux de votre auguste maison, & par l'honneur que nous avons eu de représenter long-temps dans votre palais, & par celui d'être en quelque sorte encore vos commensaux à raison des communications que vous avez bien voulu nous conserver. Des titres plus flatteurs vous attachent le sexe de ce spectacle. Il se rappelle que deux beautés (1)

---

(1) Mlle. Deschamps, tirée des chœurs de l'opéra, & Mlle. Marquise aussi; cette derniere est aujourd'hui Mad. de Villemouble, & a des enfants du duc d'Orléans.

tirées de son sein ont eu le bonheur de partager votre couche, de mêler leur sang au sang illustre qui coule dans vos veines, & de recevoir de vous dans leurs flancs des gages chers de leur union avec V. A. Ce seront des événements glorieux à jamais consacrés dans nos fastes. Nous n'oublierons pas non plus qu'une troisieme (1) a fait goûter à un prince cher, votre fils unique, les prémices du plaisir; que vous en avez félicité ce jeune athlete dans la carriere de l'amour, & qu'il a si heureusement pratiqué ses leçons avec la princesse aimable, depuis sa compagne, qu'elle vient enfin de vous donner un rejeton précieux. Pourrions-nous rester insensibles à ce qui fait la joie de tout Paris & de la France entiere? Permettez, Monseigneur, que nous témoignions notre alégresse, & que nous vous donnions en cette occasion des marques de notre zele respectueux.

» Suivant un usage antique à la naissance des rois, on apportoit de l'or, de la myrrhe, de l'encens. L'or aujourd'hui seroit une offrande trop vile pour un grand prince, comme vous; la myrrhe est, je crois, un aromate peu agréable; & quant à l'encens, tant de mains délicates le font fumer devant vous, que je n'ai garde de m'en mêler. Par la position de ma demeure, Monseigneur, sur le jardin de votre palais (2),

---

(2) Mlle. Rosalie, aujourd'hui Mlle. Duthé, si fameuse par son faste & sa beauté.

(1) Mlle. Arnoux loge sur le jardin du Palais-Royal,

je me trouve à portée de faire parvenir jusqu'à l'auguste accouchée, l'éclat & le bruit de notre hommage. Le dédaignerez-vous? Je n'ai à présenter à V. A. qu'un petit feu, une explosion vive & beaucoup de fumée. Celui dont brûlent nos cœurs pour V. A. est plus durable & ne s'éteindra qu'avec nos vies.

Je suis avec un profond respect,

Monseigneur,

De votre Altesse Sérénissime,

la très-humble, &c.

Paris, ce 20 octobre 1773.

Le 22 octobre, monseigneur le duc d'Orléans ayant donné la permission à mademoiselle Arnoux de tirer son feu d'artifice, il a eu lieu à la sortie de l'opéra.

1 *Novembre* 1773. L'opéra profite du délabrement où sont les comédiens pour recruter des spectateurs. Comme il n'a pas été obligé d'aller à Fontainebleau, étant réservé tout entier pour les fêtes, les meilleurs acteurs jouent habituellement dans l'*union de l'Amour & des Arts* : & ce spectacle, très-agréable par lui-même, attire journellement du monde, & dédommage un peu le théâtre lyrique de son inaction.

---

au fond de la grande allée; en sorte que madame la duchesse de Chartres, de son appartement, pouvoit voir & entendre le feu d'artifice.

4 *Novembre* 1773. Quoique beaucoup de gens critiquent le nouvel hôtel de la monnoie, il est admiré par les connoisseurs impartiaux : il réunit l'étendue, les commodités, la solidité, la noblesse ; sa façade est simple & imposante ; on regarde la salle du conseil comme une des belles choses qu'on puisse voir ; en un mot, c'est un vrai monument. Tout paroît annoncer qu'il sera fini & habité en grande partie à la fin de l'année prochaine.

5 *Novembre* 1773. L'empressement qu'auroit M. le prince des Deux Ponts à voir jouer la tragédie du sieur de Fontanelle qu'il protege spécialement, jette un peu d'embarras dans le répertoire des comédiens. La regle est qu'on joue alternativement une tragédie & une comédie nouvelle. On vient de donner *Orphanis*, qui sera reprise après le voyage de Fontainebleau : en conséquence ce seroit actuellement au St. Dudoyer à passer, le premier en date pour sa comédie, ou plutôt pour son drame du *Vindicatif* ; mais celui-ci, inquiet du succès, ne paroît pas avoir grande envie d'être joué, & seroit disposé à témoigner sa déférence au protecteur de son camarade. Mais les auteurs comiques en tour après lui, se plaignent de sa mollesse qui les recule d'autant. C'est la matiere d'une discussion portée devant l'aréopage comique, & que les gentilshommes de la chambre jugeront sans doute digne de leur attention.

Le sieur Fontanelle est rédacteur de deux gazettes faites aux Deux-Ponts, & qui en portent le nom, l'une politique & l'autre littéraire ; ce qui lui donne lieu de prétendre à la faveur du prince.

6 Novembre 1773. Les divers spectacles nouveaux donnés à Fontainebleau n'ont eu aucun succès : ce sont différents opéra comiques d'auteurs cependant connus avantageusement.

8 Novembre 1773. C'est demain que les directeurs du théâtre lyrique remettent *Callirhoé*.

9 Novembre 1773. On ne sait comment messieurs du parlement de Bordeaux, malgré les défenses rigoureuses faites par le nouveau réglement de discipline de rien laisser percer dans le public de leurs remontrances, ont donné communication des leurs au sujet du monopole, en date du 31 août 1773. Elles sont touchantes; elles contiennent des vues très-sages sur cet objet, & annoncent au roi que les auteurs des calamités de la province étoient près du trône. Elles font une grande sensation dans les provinces où elles sont répandues, & d'où elles ont percé dans cette capitale.

10 Novembre 1773. C'est le sieur Dauvergne qui a rectifié la musique de *Callirhoé*, en l'enrichissant de différents airs de danse & de ballet, & n'a pu l'améliorer assez pour faire passer ce spectacle, qui n'avoit pas eu lieu depuis trente ans. Il avoit été applaudi dans le principe, mais n'est pas supportable au goût moderne. Les divertissements y sont en petit nombre & mal amenés. Le ballet des prêtres de Bacchus dévastant tout dans la fureur, portant le feu dans toute la ville, n'a produit aucune sensation. par

le jeu mesquin des danseurs , & le peu d'effet de l'action.

On ne doute pas que les directeurs n'aient senti que cet opéra ne pouvoit reussir ; mais par un vice radical de la constitution de ce spectacle , ces messieurs étant appointés & n'ayant aucun intérêt sensible de l'améliorer & de plaire au public, s'embarrassent peu du succès, & ne se donnent aucun soin pour attirer les spectateurs ; de façon que la manutention du théatre lyrique devient de jour en jour plus dispendieuse pour la ville , qui, depuis quelques années, l'a reprise sous sa direction, & ne pourra la conserver.

12 *Novembre* 1773. On craint que la multitude des répétitions qui se font aux menus pour les différents spectacles du mariage , ne leur fasse tort, les acteurs en étant extrêmement fatigués.

16 *Novembre* 1773. Les spectacles nouveaux donnés à Fontainebleau, sont, 1°. *la Rosiere de Saleney*, opéra lyri-comique en quatre actes , représenté le 23 du mois dernier. Les paroles sont de M. le marquis de Pezai, & la musique du sieur Gretry. 2°. *Sémire & Mélide*, comédie en deux actes , mêlée d'ariettes. Les paroles sont du sieur *Anseaume* , & la musique du sieur *Philidor*. Enfin , *la Belle Arsenne* , comédie féerie, en trois actes , mêlée d'ariettes, paroles du sieur Favart , musique d'un anonyme. Ce sont ces spectacles qu'on prétend n'avoir pas eu de succès : mais arrêt fort incertain par la difficulté de connoître le cri de la nature, le vrai vœu du public , dans une salle où l'on ne peut

peut qu'être spectateur muet, sans se livrer par aucun battement de mains à l'enthousiasme de l'admiration.

17 Novembre 1773. Une frégate espagnole vient de découvrir six isles habitées dans la mer du sud, à 800 lieues de celle de l'isle de Ferdinand : les peuples y sont doux, affables, policés, & semblent tenir des bonnes mœurs européennes. La plus considérable a seize lieues de large sur quatre de long. L'officier espagnol qui a rendu compte de cette découverte à sa cour, n'a pas cru devoir en donner un plus long détail à ses concitoyens par des raisons politiques. Au surplus, la nouvelle en question est plus sûre que la tribu de juifs trouvée dans le Canada, dont parle le sieur Marin dans sa gazette.

22 Novembre 1773. Le second mémoire du sieur de Beaumarchais fait encore plus de sensation, s'il est possible, que le premier : il révele au grand jour les turpitudes de la femme & du mari, avec une candeur, une ingénuité qui charment. Le détail de ses réponses à madame Goezman, toujours honnêtes, polies, même galantes, forme un contraste délicieux avec les bêtises, les injures, les grossiéretés de celle-ci. On y trouve un portrait de lui-même, où il repousse toutes les calomnies atroces dont on le charge envers ses deux femmes dans des gazettes étrangeres, entr'autres dans celle de la Haye ; il réfute également les autres horreurs dont ses ennemis veulent que sa vie ait été un tissu.

Cette affaire est une espece de farce, de parade dont cet auteur amuse le public en attendant sa comédie du *Barbier de Séville*, retardée par la circonstance malheureuse de sa rixe avec le duc de Chaulnes.

29 *Novembre* 1773. Dans le conseil d'Alsace, depuis 1755, il fut question d'en tirer le sieur Goezman pour le faire envoyé de l'électeur de Cologne, & ensuite de l'évêque de Spire en France. Ces projets ne réussirent pas. Ramené à Paris pour ses affaires, il s'y livra à son goût pour l'étude du droit public & des sciences. Il publia en 1768 un *Traité du droit commun des fiefs*, dont tous les journaux, nationaux & étrangers, ont parlé avec éloge, cité dans un grand nombre de mémoires & de consultations, & auquel l'université de Strasbourg a accordé une place honorable dans la bibliotheque publique. La même année l'académie de Metz ayant proposé pour sujet de son prix annuel trois questions importantes de droit public, le mémoire du sieur Goezman obtint la couronne académique, & on lui envoya quelque temps après des lettres d'académicien.

Encouragé par ces succès dans la vaste carriere du droit public, il céda à son attrait & quitta sa compagnie (dont on l'accuse d'avoir été chassé), & ne songea plus, dit-il modestement par l'organe de sa femme dans le mémoire de celle-ci, qu'à marcher sur les traces des Pithou, des Mabillon, des Bignon, des Baluze & des Ducange, & il étoit même sur le point de publier le premier volume d'un ouvrage dans lequel ils reconnoîtroient peut-être leur éleve, s'ils vivoient encore, lorsque des circonstances irrésistibles le rappellerent à ses premieres fonctions.

Tel est le grand magistrat aujourd'hui calomnié.

29 *Novembre* 1773. On parle du *Taureau blanc*, conte en prose, qu'on dit être de monsieur de Voltaire, mais dont on ne cite encore que le titre.

Fin du vingt-quatrieme Volume.

www.ingramcontent.com/pod-product-compliance
Lightning Source LLC
Chambersburg PA
CBHW071509160426
43196CB00010B/1469